政治概念の歴史的展開　第10巻

「まつりごと」から「市民」まで

米原　謙編

晃　洋　書　房

序文

本巻は第九巻と同様に日本政治思想を対象としている。二つの巻を合計すると二三の項目が収録されているが、両巻のあいだに系統的な区別があるわけではない。相互に緊密に関連する項目（例えば「天皇」と「まつりごと」、「権利」と「自由」「理と利」、「民主主義」と「市民」など）が別々の巻に収められている場合もある。同じ巻に収めることができなかったのは、主として脱稿時期に差がでたためであるが、それによって読者に大きな不都合が生じるとは思えない。この二つの巻に収録された概念は、多かれ少なかれ相互に連関し、むしろ相互補完的な関係にある場合が多いからである。したがって読者は、この二つの巻に収録された個々の概念がいずれも自己完結的なものではなく、使われる文脈によって種々なかたちで別の概念と関連しあうことを認識し、両巻を相互補完的なものとして読んでほしい。

以下、本巻に収録された各項目の内容について、ごく簡単な紹介をしておく。「まつりごと（政治）」（相原耕作執筆）は、日本政治思想のもっとも基礎的な概念の意味の変遷を追究したものである。相原によれば、「まつりごと」の意味については二つの解釈がある。一つは本居宣長に代表されるもので、臣下による君主への「奉仕」と考える。これに対して、もう一つは政治の基本は君主による祭祀の実践（したがって祭政一致）とする理解である。相原は前者を適切とする理解にたち、それが古代から近現代までの「政治」（統治）の意味を規定してきたと考えている。つまり律令国家（古代）、武家支配による朝廷の弱体化（中世と近世）、明治憲法体制での神権的天皇と国家機関説的な天皇の共存など、いずれも上からの統治という形式をとっていたが、その表層の背後に天皇への「奉仕」という観念が潜在し続けたという。

神話や物語が戦闘のエピソードで満ちていることでもわかるように、集団間の戦闘行為は、人間が集団的生活を始めた時から常に存在していたと考えてよい。「戦争」（片山慶隆執筆）は、古代からの対外戦争や内乱について紹介したうえで、「戦争」という言葉がペリー来航後の対外関係と内戦の過程で本格的に使われ始めたと指摘する。そして明治以後の対外戦争では西欧文明の象徴としての国際法が意識されたが、満州事変以後は「速戦即決」の思想が軍部を支配したという。他方、「平和」(出原政雄執筆)は、まず聖徳太子の「和」の思想から徳川時代の「太平(泰平)」までを検討し、幕末に翻訳語として「平和」という語が使われることになったと指摘している。そして近代以後、「平和」は一方では戦争のない状態への希望を表現する言葉として「反戦」「非戦」の思想と結合するとともに、他方では「東洋の平和」の維持という形で、戦争を正当化する口実としても使われたと指摘する。第二次世界大戦後、日本国憲法は平和主義を宣言し、国民のあいだでもその理念に対する広い支持が存在する。しかし他方では、核兵器と冷戦の出現によって、国際関係の専門家や統治エリートのあいだでは勢力均衡という思考が支配的であるようにみえる。こうした側面については、読者は本シリーズ第七巻の「安全保障」「勢力均衡」などの項目も併読されたい。

「経済」(武藤秀太郎執筆)は、まず中国古典における「経済」という言葉の使用例を紹介し、それが江戸期の儒者に受け継がれ、さらに幕末明治初期に political economy の訳語として転用された事実をていねいに跡づけている。しかし訳語の「経済」は、常に原語の political economy との落差が意識されて論争の的となり、「理財学」「制産学」などの訳語も試みられた。背景には、それが「富国」の学なのか、それとも生産・交易などの人間活動にかかわる一般法則をあきらかにする学問なのかという対立があった。その後、英語表記が political economy から economics に代わるにつれて、「経済」学は economics の訳語として定着するが、他方では、戦前期にジャパニーズ・ポリティカル・エコノミーが盛んに論じられたという指摘も興味深い。他方、「理と利」(菅原光執筆)によれば、「理」は「欲」と、「利」は「義」と対置される概念なので、「理」と「利」は対立する概念ではないという。編者がこの二つの言葉をセットにしたのは、近世から近代への転換過程で、二つの概念が衝突し、調整する思想的営為が必要だっただろうと想定したからだが、その目算は少なくとも半分ははずれたようだ。菅原は中国の朱子学、江戸期の儒学、明治前期の功利主義の受容を順次検討して、予期されるような「理」から「利」への転換が生じたわけでないと結論している。その理由は、近世儒学において「利」を無視しうるほど「理」が強調されたわけではなく、近代以降も「利」追求が「理」を踏みにじるほど一方的に強調されることはなかったという点に帰するだろう。

「自由」（宮村治雄執筆）は、古代からの「自由」の概念を検討した自身の著書『新訂日本政治思想史――「自由」の観念を軸として』（放送大学教育振興会）を前提にして、主として福沢諭吉の自由論を検討している。議論は「自由」と「法」との関係がどのように理解されたかを焦点にしており、『西洋事情』各版での自由論の変化が詳細にあとづけられる。それによれば、福沢はブラックストーン（その背後にはロック）の自由論と取り組むことによって、法的規制と対立するものと捉えていた当初の「自由」の理解を変更し、法こそ自由を保障すると述べるにいたったとされる。

明治以後の知識人は西欧思想の動向に常に敏感に反応してきた。とくに「西欧の没落」が喧伝される第一次世界大戦後までは、日本にとって西欧は政治的にも文化的にも大きな目標であり続けた。「近代」（田﨑嗣人執筆）によれば、「近代」という言葉で西欧の思想や制度を表現するのは、それを相対化し批判する思考が出現して以後のことだという。それによれば、ニーチェの翻訳で知られる生田長江『超近代派宣言』（一九二五年）がその先駆で、この流れは戦中の「近代の超克」に引き継がれた。しかしこうした近代批判の言説が日本の戦争を正当化する役割を果たしたことへの反省から、戦後は、日本社会の前近代性（半封建性）を強調する講座派の影響もあって、西欧近代の精神を理念とする思想が強い影響をもつようになる。しかし経済成長を果たし、「経済大国」が喧伝されるようになると、近代主義の言説も色あせ、その後はさまざまな形でポスト・モダンが強調され、その流れのなかで西欧とは異なった形での日本的「近代」が存在したとの主張も出現する。

西欧的価値観の受容とそれへの反発の裏側をなすのが、アジアへの共感と反発である。「アジア（亜細亜）」（萩原稔執筆）は、この言葉が西欧からの「他称」であるとの共通認識から出発し、アジアとの関係で日本をどのように位置づけるか、またどの地域までがアジアなのかという基本的な認識が、政治的立場や国際政治の動向によって、大きく変動した事実を指摘する。そして脱亜論とアジア主義という反対方向を目指すかにみえる二つの主張も、西欧との関係で日本を位置づけ、他のアジア諸国よりも西欧に近い発展段階に達しているとの自己認識では共通していると指摘している。つまり「アジア」は政治状況や思惑によって、中身を自由につめ変えることができるフィクションだという。「アジア」と密接な関係をもつのが「植民地」（浅野豊美執筆）である。他の政治概念と同様に、植民地統治についても、日本の統治エリートは西欧から学ぼうとした。しかし西欧の場合とは異なり、日本の植民地統治は、大量の日本人が現地に移住したこと（一九四五年の時点で三四〇万人の居留民が存在したという）、その結果、「同化」と「差別」を併存させた独特の支配従属体制が出現することになったという。浅野によれば、西欧諸国の植民地統治は、ポール・ラインシュの著書の翻訳などをつうじて日本の植民地経営のモデルになった。その後、持地六三郎『台湾植民政策』が日本の実態を考慮して農業移民の必要性を唱え、その延長線上で、東郷実や矢内原忠雄などが「科学」的な植民政策学の構築を企図した。かれらの学は第一次世界大戦後の脱植民地主義の流れに沿ったものだったが、それは現地の日本人居留民の意向とは対立するもので、実際の植民地統治に十分反映したとはいえないようだ。こうした事情は、戦後の脱植民地化の過程で、現在まで尾を引く負の遺産をもたらしたという。

一九二〇年代後半から約半世紀のあいだ、日本知識人は、いかなる立場をとるにせよ、マルクス主義と社会主義の動向を意識しないわけにはいかなかった。「社会主義」（大田英昭執筆）によれば、この言葉は主要な西欧近代の政治概念とともに明治初期にすでに輸入されていたという。そして二〇世紀初頭から社会主義思想が本格的に受容されるとともに、治安当局が「国体」に対する挑戦として、極度に警戒していたこと、その結果、社会運動としては有力とはいえない状態だったのに、知識人に対して大きな影響を与えたと指摘する。さらに第一次世界大戦後、社会主義が国際化するとともに、国内の諸勢力も激しい路線対立に巻き込まれて、日本の現実にそくした社会主義の思想的営みは、ごくわずかの例を除いてきわめて貧弱だったと示唆し、社会主義が提起した問題は未解決なままなのに、冷戦終結後、社会主義は思想としては生命を終えたかのようにみなされていると述べる。

「市民」（都築勉執筆）は、この概念を一種の検索語にして、明治以後の日本政治のみごとな鳥瞰図を描いている。それによれば、市民という語はすでに明治期の文献に、都市の住民という意味で出現し始める。それが政治的な含意で使われ始めるのは一九三〇年代で、その後一九六〇年代、一九九〇年代を画期とする変化を経て、現代政治の不可欠な概念として定着した。三〇年ごとの三つの画期はいずれもマルクス主義や社会主義の動向と密接に関係しており、階級理論にもとづく「小市民（プチブル）」という概念から出発しながら、階級や国家の枠を超えた政治的主体という役割と意味が付与されるにいたる。戦中戦後を通じて持続した都市の中産階級の成長がこうした変化の根底にあることが、小津安二郎の映画などを援用して説明されているのも興味深い。

第九巻と第一〇巻に収録された合計二三の項目を通読すると、個々の項目がそれぞれかなり異なった政治的・社会的・歴史的な脈絡のなかで出現し、政治現象を説明する語彙として定着したことが改めて納得される。初学者が系統的に本書を通読できるようにするために、わたしはこれらの項目をいくつかのグループに整理し、一種のマトリクスを作図することも考えた。しかしそれにはかなり強引な分類をしなければならず、逆に読者に誤った指針や誤解をあたえてしまうことも避けがたい。さらに個々の筆者もそうしたマトリクスを念頭に置いて執筆したわけではないので、混乱は倍加するだろう。結局、読者には、自分の関心にしたがって、気が向いた個所から読み始めていただくしかない。どの項目も筆者の問題関心や考え方の特徴（あるいは癖）がでており、しかも字数の制約から十分に叙述できなかった論点もある。あきらかに本書はすべての論点を論じつくしているとはいいがたい。読者に対しては、本書を手がかりに、さらに政治思想への関心を深めてほしいと願うばかりである。

最後に「あとがき」めいたことを書きとめておきたい。古賀敬太氏から本シリーズの第九巻と第一〇巻の編者を依頼されたとき、わたしは執筆者の年齢や研究履歴に偏りが生じないように配慮し、政治思想学会会員を中心にできるだけ広くメンバーを配置したいと考えた。わたしの交友関係は限られており、とくに若い世代の研究動向には疎い。そこでこうした弱点を補うために、松田宏一郎氏（立教大学）に協力をお願いした。松田氏は助力を惜しまず、この二巻の項目と執筆者は二人の協議で決まった。氏の提案で実現した項目や筆者も少なくない。ここにこの二巻の企画の経過を明示し感謝の言葉とする。また松田氏とわたしの執筆要請を快諾してくださった筆者各位には、執筆から出版までの平坦ではない道のりを辛抱強く付きあっていただいた。深く感謝する。

末筆ながら、「政治概念の歴史的展開」というまことに地味なテーマで全一〇巻ものシリーズの構想を練り、出版社の協力を取りつけて実現までこぎつけた古賀敬太氏には、政治思想の研究者の一人として深い敬意を表したい。また採算を危惧しながら、本シリーズ全一〇巻を完結させた晃洋書房に対して、その出版人としての良識と勇気をたたえたいと思う。

編者　米原　謙

「まつりごと」から「市民」まで――目次

まつりごと（政治）

相原耕作

はじめに

日本には、後進国として先進国の文明を輸入し続けてきた長い歴史がある。近代以降の先進文明は西洋文明であり、現代日本では政治概念の殆ど全てが西洋由来のものとなっている。しかし、日本には古来、「政治」的営みがあり、東アジアには西洋政治学に匹敵する伝統をもつ「政治学」が存在した。近代以前、東アジアの先進国は中国であり、日本は長くその影響を受けてきた。近代以前の日本の「政治」と「政治学」の歴史の積み重ねのうえに、近代以降の日本の「政治」と「政治学」は成り立っている。

日本における政治概念をめぐる自覚的な営みは必ずしも内発的なものではなく、外来の先進文明の影響を受けて生じた。その意味で、日本の政治学は「後進国の政治学」である。但し、「先進国の政治学」の単なる受け売りではない。日本では、外来の要素が消化・吸収されて在来の要素と混淆することが繰り返されてきた。したがって、日本の政治概念には、由来を異にするさまざまな要素が混在しているうえ、それらは歴史の流れに沿って順序よく登場する訳ではない。

そこで、便宜的に日本在来の政治観、中国由来の政治観、西洋由来の政治観に分け、いくつかのタイプに類型化したうえで、時代を追って検討する。その際、「政治」に関わる言葉の意味の変遷ではなく、政治観と政治構造とを関連づけて分析する。そのことを通じて、後進国・日本の実情とは必ずしも合致しない先進国の政治制度・政治学との苦闘の歴史を素描したい。

一　類型論

「政治」を意味する在来の日本語の語彙の代表は「まつりごと」であろう。「まつりごと」は祭政一致の「祭事」であるとする説がある。『神皇正統記』は「祭事《まつりこと》」について、「祭《まつり》をつかさどるは即《すなわち》政《まつりこと》をとれるなり〈政の字の訓《くん》にても知べし〉」とし、[1]『日本国語大辞典（第二版）』も「まつりごと（政）」を、「（古代においては、神をまつり、神の意を知ってそれを行なうことが、そのまま国を統治することであったところから、転じて）君主・主権者が、その国の領土・人民を統一し治めること」と説明する。

江戸時代の国学者、本居宣長はこれに異を唱え、「まつりごと」の語源は、臣下が君主に服従して奉仕することを意味する「奉仕事」だと主張した。天皇の臣下である「臣連《おみむらじ》八十《やそ》伴緒《とものお》」が「天皇の大命」を受けて各自の「職《わざ》」によって「奉仕《つかえまつ》」ることが「天下の政」であり、神を「祭る」のも神に「奉仕《つかえまつ》」ることを意味する。古言では「政」の主語は天皇ではなく「奉仕」する臣下であるから、「まつりごと」という在来の日本語と「政」という漢字は対応しないが、臣下が「奉仕」することが天皇が国を治めることになるので、結局は同じことになるという。[2]

宣長の「奉仕事」説は、修正を受けつつも、現在でも有力である。例えば丸山眞男「政事の構造」は、「何かものを献上する、という意味での「献上事」が「まつりごと」のヨリ古い意味合いではないか」とし、[3]『古事記』注釈にも、「マツリゴトは、本来マツリ（奉）＋コト（事）で、貢ぎ物を差し出して君主に仕えることを意味する。君主の行為でなく、臣下の行為」とする例がある。[4]小異はあるが、いずれにせよ、臣下が君主に対して何らかの形で奉仕するのが「まつりごと」である。[5]

また、宣長の議論の特徴は、「政《まつりごと》」「事依《ことよさし》」（「御任《みよさし》」）・「職《わざ》」の三つの要素を組み合わせて、政治秩序が構築されるメカニズムに迫ったことにある。そこで、宣長説に依拠しながら、「まつりごと」の構造について整理しておきたい。[6]

「まつりごと」は、君主の統治ではなく臣下が君主に奉仕することであるから、下から上へ行われる。但し、宣長は、「道は天皇の天下を治めさせ給う、正大公共の道」であり、「上に行い給いて、下へは、上より敷き施し給うもの」であると述べているから、[7]

上から下へ行われる統治が、臣下の天皇に対する奉仕として行われるのである。

このように、下から上への「奉仕」として政治がイメージされることは、天皇の絶対的な権力を意味しない。「奉仕」の前提として、上から下へ「事依」＝委任が行われる。委任を受ける臣下は、代々受け継がれてきた「職」を遂行する専門家集団・職能集団のリーダーであり、専門家に専門のことを丸投げ委任する形になる。したがって、実質的な政治的決定は臣下が行うのである。また、天皇も下から上へ「まつりごと」を行う。神々の祭祀は天皇の「まつりごと」であるし、天皇はアマテラスの「天壌無窮の神勅」によって天下を治めることを委任されているから、天下統治は天皇の「家」の「職」であり、アマテラスへの「奉仕」である。他方、統治の対象である民も、租税を納め労役や軍役を果たすことで「まつりごと」を行うと解される余地がある。但し、宣長は民の「まつりごと」は想定していないと思われる。

以上のように、固定的な「職」と「事依」─「政」の上下関係が組み合わさることによって安定的な秩序が構築されるというのが、宣長の「まつりごと」の構造である。

中国由来の政治観としては、儒学的な政治観、法家的な政治観、古代日本が導入した律令制という国家組織の方法が重要である。儒学は、政治において道徳を重視し、有徳者が徳によって治める徳治主義の立場をとる。道徳的に優れた者が道徳的に劣った者を、道徳的に劣った者のために支配するのが、政治のあるべきあり方である。こうした儒学の政治観を象徴する言葉が「政は正なり」である。これについて、『論語』顔淵17は、「政治とは、人の不正を正して善いものにすることであるが、自分が正しくなくては人を正すことはできないから、上に立つ者が率先して正しい道を行わなければならない、そうすれば、皆が正しくなる」とする(8)。また、『論語』為政3は、政・刑による政治と徳・礼による政治を対比して後者の優越を説く。法律や命令によって規制をかけ、それに外れたら刑罰を科すというスタイルの政治では、民は刑罰を免れさえすればよいと考えて、悪いことをしても恥と思わなくなるが、道徳によって民を導き、礼によって規制をすれば、民は悪いことをすると恥を感じるようになって、善に至るという(9)。このように、儒学では、法律と刑罰による外面的な秩序維持よりも、徳と礼の教育的効果による人々の内面からの陶治が重視される。儒学者は刑罰を否定しないが、「徳治」を基調とし、「礼治」を組み合わせるのが、正しい政治の方法だと考えるのである。

儒学とは対照的に、政・刑を重視するのが法家である。法家は、道徳的修練によって人々を善に導くことに懐疑的であり、信賞必罰の「法」によって人々を操作・誘導し、統治者の「自由」な支配を実現しようとする。これを「法治」という(10)。

但し、中国の現実の政治は、儒学を正統思想としつつ、法家の統治技術を組み合わせたもので、律令もそのようなものとして捉えられる。また、儒学のなかでも正統的な地位を占めるようになる朱子学も、政・刑の必要性・短期的な有効性を認め、バランスの取れた解釈を施す（『論語集注』為政3参照）。朱子学者にとって、礼楽刑政の制作は統治者の重要な政治課題なのである。

なお、中国由来の政治観では、政治権力は君主にあり、政治が上から下へ行われるとイメージする。人々は君・臣・民の三つに分かれ、君・臣が統治階級、民が統治される階級であって、両者ははっきりと区別される。

西洋由来の政治観については本シリーズで縷々論じられているので、ここでは注意点を一つだけ挙げる。一般的に、政治は上下関係のなかで行われ、上から下へ権力が行使されるというイメージが強い。そのような「政治」観は西洋にも見られるが、西洋には、水平的な人間関係のなかで「政治」を捉える発想が古典古代からあった。この点を西洋に特徴的な政治観として指摘しておく。

以上を踏まえて、日本における「政治」概念の歴史的展開を素描する。

二　古　代

ヤマト政権は、私有地・私有民を支配する豪族たちのゆるやかな連合体であり、多元的な権力が存在していたが、中国モデルの中央集権国家の建設が試みられた。律令制を導入し、「公地公民」によって豪族たちの私的支配を排除することで、律令国家が全国を統一的に支配するという観念が成立し、天皇を中心とする統一的な国家像が生まれた。水林彪氏は、国土と住民全体に対して、官僚制機構を道具として、一般的包括的で公的な性質の支配を行う命令的秩序が形成され、「主権的王権」が成立したとしている(11)。

また、中央集権国家の建設に伴い、政治的な技術としての法家的な観念や、国家の正統性を支える儒学的な観念も導入された。呪術的な「祭事」ではなく、「合理的」な国家統治が目指された。但し、律令国家の成立によって合理的で統一的な国家運営が実現した訳ではない。大津透氏によれば、日本と中国では文明の発展度も社会の質も異なっており、儒教的な礼と切り離して、統治技術としての律令を日本の社会に合わせて継受した。呪術的な要素が一掃された訳ではなく、天皇の司祭者としての本質に関わる固有な習俗・タブーがあったために、当初、天皇に関わる礼は導入されず、また、高度な統治技術としての文書行政が導入される一方で、天皇が口頭で「のる」「みことのり」の呪術的機能も必要だった。奈良時代半ば以降になって、律令制の基礎にある唐の礼を導入する動きが本格化して天皇制の唐風化が進み、格式法の形で天皇とその周辺の制度が規定されるようになったという。(12)

また、天皇が中国皇帝のような強大な権力を持った訳ではない。「天皇は律令を超越する存在である」とする説に大津氏は疑問を呈し、実際には日本の天皇はしばしば律令法に拘束された事実があるとする。(13)平石直昭氏は、天皇は臣下に対して政事の具体的執行を委ねるのが通例であり、政事的奉仕のために「群卿」＝有力氏族の長による合議が必要とされた伝統をうけて、「日本律令制に独特な最高合議体としての太政官制」が設けられたと指摘する。(14)佐藤進一氏も、律令国家の統治構造の基本的な特質として、天皇に国家権力を集中させる天皇専権と貴族の合議制との対立・競合・相互牽制を指摘し、「天皇大権すらも実際には骨抜きになっていた」と述べ、さらに、平安時代の王朝国家においては、天皇権の強化を目的とする令外の官の新設などの改革が行われたが、個別の官庁と個別の氏族とが結合し、君主専制の基盤とはなりにくい官司請負制の国家になっていったとする。(15)そもそも天皇以前の「大王」は強力な権力基盤を持たなかったのだから、制度を整えたからといって天皇が専制権力を行使できるとは限らない。形式的には天皇に権力を集中しつつ実質的には臣下に権力が分有される状況になるのも、当然かもしれない。

こういった状況を政治語彙と関連づけてみよう。成沢光氏によれば、古い素朴な支配・領有を表すシク・ヲス・ウシハクなどに代わって、シラス・シロシメスが、「天下」を支配する天皇の正統且つ普遍的支配を表す語彙として使われるようになる。他方、中国では、専制的な王権による統治の比喩として「馭馬」が使われた。特に法家は、統治の技術を馬を御することにたとえた。日本の律令国家でも、「馭宇」という言葉が「治天下」に代わって使われるようになるが、「治」と同じくシラス・シロシメス・ヲサムと訓まれ、法家的な馭馬の比喩による統治イメージは受容されていないという。また、「徳」という言葉が使われても当初は儒学的な徳治の観念とは異なっており、後に徳治の観念が見られるようになっても徳治意識は希薄であったという。(16)このような政治語彙のあり方は、天皇が形式的には天下の支配者となりつつも、実質的な権力を持たない現実と対応しているであろう。

律令国家の現実は、宣長の「まつりごと」の構造と合致しているように見える。中国の影響を受ける以前の古の日本の政治像として宣長が示した「まつりごと」の構造は、豪族の連合政権に弱体な大王が乗っかる状況に、天皇を頂点とする統一国家の形式をかぶせ、日本在来の要素と中国由来の要素が融合することによって成立したと考えられる。

三　中　世

中世はさまざまな権力が分立した時代である。但し、佐藤氏によれば、前述の官司請負制は、国家統治上のさまざまな機能を分離独立させて個々の集団が請け負う大規模な国家的な請負にまで発展し、後世に受け継がれたという(17)。これを、さまざまな権力集団が各自の職能を通じて国家に「奉仕」する体制と捉えれば、宣長の「まつりごと」の構造は中世国家においても機能しており、朝廷を蔑ろにしたとして宣長が批判する中世の武家政権も、軍事・警察部門を担当して国家に「奉仕」していたと見ることが可能である。

また、「御恩」と「奉公」による主従関係を基礎として武士団を結集させる武家内部の組織原理も、「まつりごと」の構造として捉えることが可能である。将軍に従う御家人の独立性は高く、各自の所領支配を本領安堵という「御恩」によって追認されつつ、軍事・警察に関わる職務を遂行して幕府への「奉公」＝「まつりごと」を行った。また、武家政権には「奉行」のつく職名が多い。「奉行」は、「主君などの命を受けて他を指揮し、事を執行すること」を意味し、「奉行の字はうけて行也、上の仰を承て下て行義也」という説明もあったという（『日本国語大辞典（第二版）』）。これも、上からの委任と下からの奉仕と捉えることができる。

このように、中世は、国家全体のあり方を見ても武家内部の組織原理を見ても、弱体な上位権力の下にさまざまな権力が並び立つなかで、「まつりごと」の構造が成り立っていたと見なしうる。このような中世の政治を特徴づけるのは「道理」の支配だと言われる。その典型的な表現が、「御成敗式目」に関する「北条泰時消息」の「ただ道理のおすところを被記《しるされ》候《そうろう》者也」である(18)。

但し、「道理」は要注意の言葉である。『日本国語大辞典（第二版）』によれば、「道理」は、古くは「種々の物事についての個別的な筋道・正当性・論拠などの意でも用いられ」、「一般的・普遍的な正当性を示すものではない。従って、一般的・普遍的には不当と思われることでも、個々の分野の基準としては「道理」になり得る」という。中世には多元的な「道理」同士の争いがあったのであり、それを裁定する役割が公権力に求められた。中世の政治語彙に「沙汰」「成敗」といった裁判に関わるものが多いのはこのためであろう。しかも、有無を言わさず争いに決着を着けられる強力な権力を、中世の政治権力は持たなかった。だからこそ、公平・公正な裁きが求められた。つまり、「道理の支配」とは、多元的な権力の紛争を弱体な上位権力が処理するためには「道理」に依拠するしかなく、「道理」に基づく公平な裁判が政治の果たすべき役割として観念されたということなのである。[19]

しかし、多元的な「道理」の争いを裁定できる「道理」とは何であろうか。菅野覚明氏によれば、源頼朝に代表される武家の棟梁は、各人の主張する道理同士の抗争に決着をつけ、多くの主張のなかから一つの道理を確定しうる力量を持つ、すぐれた裁定者である。頼朝の死後、鎌倉幕府は、将軍個人の人格に替えて、客観的な政治機構や法制度として表現される一つの理念である「道理」を統治の基礎に据えた。その代表が「御成敗式目」であり、この「道理」は、個別具体的な「道理」を超えた、抽象化・客観化された「道理」であるという。[20] 笠松宏至氏も、「理非を超越したところに一次元高い法理を創出する力をもつものが、道理という名のロジックである」と指摘している。[21]

また、鎌倉幕府に求められたのは、武家政権内部の「道理」の裁定だけではなかった。新田一郎氏によれば、中世には、さまざまな「権門」が並び立ち、各権門がそれぞれの文脈で「法」を運用し「裁判」が行われ、裁判相互の関係を規律するルールの存在しない「法の分立」状況が生じていた。さらに、武士が既存の秩序の攪乱要因となり、鎌倉幕府には、異なる文脈が交錯する局面で多発する問題を処理することが期待された。そのなかで制定された「御成敗式目」の「道理」は、「武士社会の慣習」ではなく、律令によって代表される既存の文明社会の作法・実践に根ざしたものであったという。[22]

さらに、新田氏によれば、「法の分立」状況に対し、個別具体的な状況の外部から人々を条件づけ規律することのできる「法」を供給する役割が求められ、その担い手は「公方《くぼう》」と呼ばれた。中世の「公方」に相当する仕組みは、近世にはより強固となり、「公儀」と呼ばれるようになるという。[23]

四　近　世

多元的な権力が割拠する中世の状況は、戦国大名の地域的な統一権力が確立することで変化し、「非理法権天」と言われるように、「理」は「法」に勝たず、「理を破る法」による支配へと移行してゆく。さらに、これらの地域単位の集権的権力を束ねる統一政権が生まれ、徳川政権が成立するに至り、日本史上、かつてないほど強力な中央政権が誕生した。「武家諸法度」の「法を以て理を破るも、理を以て法を破らざれ」に象徴されるように、「道理の支配」とは正反対の、上からの権力的支配へと変容した。[24]

但し、近世の政治権力が恣意的な支配を行った訳では必ずしもない。天下泰平のなかで「家」が固定化し、政治権力にとって御家を守ることが何よりも重要になると、恣意的な権力行使を行って御家をつぶす訳にはいかなくなった。また、戦闘の機会を失った武士の官僚化が進行した。ボトム・アップ型の意志決定手続きが定着し、先例を踏襲するスタイルが常態化した。トップの一存で政治が行われる状況ではなかった。これを三谷博氏は「手続きの専制」と表現している。[25]さらに、渡辺浩氏によれば、専制的権力が安定すると、権力が一々指示する必要が減り、各人が先例通りに動くようになる。それは無為にして治まった最強の専制にも見えるが、権力が拡散し、合意に頼る統治にも見えるという。[26]

他方で、長い平和な時代に学問が発達し、政治に関する自覚的な取り組みも増えた。近世の学問の主流は儒学である。儒学的な理念を背景とした江戸時代の「政治」語彙に、「経世済民」「経国済民」「経済」といった言葉があり、「世の中をおさめ、人民をすくうこと」「国家を経営し人民を救うこと」「国を治め、民を救済すること。政治」を意味した（『日本国語大辞典（第二版）』）。太宰春台『経済録』は、「凡《およそ》天下国家を治《おさむ》るを経済と云《いう》。世を経して民を済《すく》うと云《いう》義也《なり》」と説明している。[27]江戸時代の経世論は、貨幣経済・商業社会への対応を迫られるなか、当初は儒学的な「仁政」の理念に支えられていたが、やがて儒学的な理念が放棄され、国益追求のための技術的な議論へと変化してゆき、日本国内での国家＝藩を単位とした競争に勝つための「富国」策、日本全体を単位とした「富国」化、さらに、厳しい経済競争が行われる近代国際社会での「富国強兵」論へと展開していったという。[28]

また、儒学を批判する宣長の「まつりごと」の構造は、徳川政権が全国的支配権を行使する一方で大名領国が分立する状況や、「職」をもった「家」が積み重なったものとして国家全体がイメージされる「家職国家」によく対応している。[29] 朝廷―大将軍家―各大名の間の「御任《みよさし》」（委任）と「政」を想定し、古代の「国造」などは「今の諸大名」のようなものだと説明し、「臣連八十伴緒」は「家々の職業」を受け継ぎながら天皇に「奉仕」してきたとする宣長の議論は、[30] 江戸時代の状況を古の日本に投影しているようにすら見える。さらに、宣長と異なり、「まつりごと」の構造に庶民まで組み込む議論が数多く見られるようになる。

例えば荻生徂徠は、統治の対象である「民」も含む「満世界の人」全てが「人君の民の父母となり給《たま》うを助け候《そうろう》役人に候」とする。[31] 石田梅岩『都鄙問答』は、農工商も「草莽の臣」「市井の臣」として君を助けると主張する。これは下からの自己主張と解釈することができるという。[32] また、高野秀晴氏は、「庄屋年寄と云《いう》者は、御公儀様の仰《おおせ》を承《うけ》て村中の仕置《しおき》をする役人」であるとする『河内屋可正旧記』の議論を引きながら、「「天道」を体現する「御公儀様」の「仰を承」ること」で庄屋クラスの人々も「「天道」に主体的に参画していくことへとつながっていく」とする。恰も村役人が公儀から「事依」を受けて「奉仕事」を行うかのようである。さらに、高野氏は、常盤潭北『民家分量記』（『百姓分量記』）を引いて、「庶民」も「職分」を通じて「天下」の「政」に積極的に参与すると解し、「職分論」は支配のためのイデオロギー的性格と民衆の自己主張としての性格とをあわせ持っていたとする。[33] 民は「職分」によって「奉仕」することを通じて、自ら積極的に支配に組み込まれていたということになるだろうか。このように、江戸時代の「家職国家」は、支配される民をも巻き込んだ「まつりごと」国家でもあった。これは、君臣と民とをはっきりと区別する中国的な政治観とは異なるもので、近代日本で盛んに使われる「臣民」の概念にもつながってゆくことになる。

以上のように、江戸時代には、儒学を中心として「政治」に関する自覚的で学問的な営みが活性化したが、現実の統治者は儒学を正統思想とした訳ではなかった。近世の統治者たちは、戦国時代を勝ち抜いて政治権力を握り、平和が続いても軍人であることを止めず、「御武威」「御威光」によって支配した。[34] しかも、江戸時代は世襲の身分制社会であった。こうした政治の現実は、儒学的な有徳者支配にはそぐわない点が多かったが、逆説的にも、幕末維新期に西洋流の政治が儒学的な観点から評価される素地となった。[35]例えば、横井小楠『国是三論』は、西洋では「政教悉《ことごと》く倫理によつて生民の為にするに急ならざるはなし。殆《ほとんど》三代の治教に符合するに至る」とする。[36]西洋の政治・教育は儒学の理想の時代である三代のそれと合致していると、高く評価するのである。このような発想は、近代日本において、西洋流の近代化をスムーズに進めることにつながっていった。

他方で、軍人が支配する政治の現実は、軍事モデルの政治の捉え方、兵法・兵学の論理で平時の政治を論じる態度につながり[37]、法家的な統治技術の観点も加わって、上からの「術」としての政治、上からの操作としての政治という発想をもたらす。こうした政治観は徳治主義に立つ儒学者にも見られる。荻生徂徠は、朱子学が政治における「術」の観点を欠落させたことを批判し、「碁盤の目をもる」改革論を説く。目のない碁盤では名人でも碁を打つことはできないが、「法を立て替」えて「碁盤の目をも」れば、「碁はいかようにも打たるべき也」という。[38]これは、名人が碁を打つように、臣や民を自由自在に操作して秩序へと流し込むことを目指す議論に見える。このような上からの「術」としての政治論は、近世後期以降、西洋ではキリスト教が人民の支配・動員と海外侵略の道具として利用されているという見方とも相俟って、学問的立場を超えて活発になっていったと思われる。[39]

さらに、儒学の理想と懸け離れた現実に対して、日本の律令国家に目を向けた儒学者もいた。礼楽制度の制作を重視する儒学者には、徳川政権はまともな制度を制作せずに政治を行っているように見え、日本における中国モデルの制度制作の唯一の前例として律令制度の導入が浮上してくる。山県大弐『柳子新論』のように、律令国家では礼楽に基づく政治が行われたとして、礼楽の失われた武家政治を厳しく批判するケースもあった。山県大弐は処刑されたが、天皇を頂点とする中央集権国家が武家政権以前に「実在」したという「記憶」は、近代国家を建設する際、「一新」と「復古」を両立させる足場を提供した可能性がある。[40]

以上のように、江戸時代の「政治」をめぐるさまざまな状況や議論は、近代日本に直接的につながるものが多かった。こういった状況を前提として、日本は西洋流を導入する。

五　近現代

近代日本には、西洋から新しい政治概念が大量に流入した。政治構造と関連づけて政治観を考えるという観点から重要なのは、西洋モデルの近代国家の建設が行われ、憲法が制定されたこと、「統治」という概念が成立したことである。成沢氏によれば、「統治」は、近代以前の用例は少なく、「いわば近代語であって、近代天皇制の成立と共に新たな意味内容を盛られたのちに一般化した語」であるから(41)、近代日本の政治構造と政治観を考えるためのキーワードと言えるかもしれない。

「統治」は訓読すれば「統《す》べ治《おさ》める」である。成沢氏は、憲法制定に際し、イギリス型立憲制の「国王は君臨すれども統治せず」とは異なる、「君臨し且つ支配する」天皇の政治行為を表す特殊な語として、「統治」が創出されたと推測する(42)。大日本帝国憲法では、「大日本帝国は万世一系の天皇之を統治」（第一条）し、「天皇は国の元首にして統治権を総攬」（第四条）することになった。

このことは、天皇が非立憲的な専制君主であることを意味しない。天皇は「此の憲法の条規に依《よ》り」（第四条）統治権を行使するのである。西洋流の主権国家に倣って統一的で強力な国家の形式を導入し、さしたる政治権力を持たなかった弱体な天皇を主権者に仕立ててトップに置きつつ、実質的な権力行使は補佐（輔弼）機関が行った。「天皇は神聖にして侵すべからず」（第三条）とは法的には君主無答責を意味し、責任は天皇を補佐する側が負う一方で、神権主義的な天皇イメージも人々に植えつけられた(43)。

神権主義的な天皇イメージと天皇機関説的な憲法運用の組み合わせは、古代律令国家の「まつりごと」の構造とよく似ている。異なるのは、補佐機関を束ねる太政官のような機関がなく、各機関が独立して天皇に直結する形をとったことである。これは、「統べ治める」天皇に相応しいが、法的責任を負わない天皇が「統べ治める」ために政治的に行動すれば、政治責任が生じかねない。しかし、天皇が行動しない場合、多元的に割拠する補佐機関を統合するのは至難の業となる。体制統合主体の役割は憲法外の存在である元老集団が担ったが、元老たちが退場するにつれて、明治憲法体制は統合力を喪失して崩壊に向かった。とはいえ、近代的な立憲主義を導入し、立憲政治・議会政治・政党政治・民主政治の経験が蓄積されていったことは、戦後につながるものであった。

近世までの日本と異なる新しい現象は、国民の政治参加の拡大である。明治憲法の定める「臣民」の「権利」に「選挙権」はなく、当初の選挙資格は極めて限定的であったが、明治憲法は選挙資格について選挙法に丸投げしたため（第三五条）、選挙法改正によって選挙権は徐々に拡大してゆき、戦後、新憲法制定をまつことなく、明治憲法の下で、二〇歳以上の男女普通選挙が実現した。(44)

このような近代日本の新しい現象は、統治の対象である「民」を「まつりごと」の構造に組み込んでいった近世の議論と連続的に捉えることも可能である。明治憲法によって「民」は天皇の「臣民」とされ、いわば公式に「奉仕」する側に組み込まれたから、政治参加も「臣民」の「奉仕」「奉公」であったのかもしれない。そのような発想は政治参加を要求する民間の側にも窺われるのであって、例えば、「民撰議院設立建白書」は、「政府の事を与知・可否するの権理」を要求すると同時に、民撰議院を開くことによって人民が「天下を分任するの義務」を弁え知ることになるとしている。政治参加の権利と義務を認めることによって、政府と人民が一体となり、強力な国家・政府が形成されるというのである。(45)これは国民の政治参加が認められていなかった時代の特殊な議論ではない。大正デモクラシーの担い手であった吉野作造も、参政権は「国家的経営の積極的責任の分担」に根拠があり、これを「公共の義務」といっても「国民としての権利」とみても「本義に於ては異なるところはない」としている。(46)

政治参加の権利と責任を一体的に捉えるのは通常のことかもしれないし、天皇を頂点とする国家体制の下では、天皇の下での「臣民」の平等に依拠し、「一君万民」型のデモクラシーを主張することが、政治参加拡大の早道だったのかもしれない。しかし、「まつりごと」の構造は、政治参加を、「権利」として以上に「奉仕」として捉える傾向を生んだ可能性がある。西村裕一氏によれば、天皇機関説論争の当事者であった二人の憲法学者のうち、普通選挙に積極的だったのは、「天皇機関説」の美濃部達吉ではなく、「天皇主権説」の上杉愼吉だった。天皇への絶対服従という「信仰」と結びついた「一君万民」思想が上杉の普選論を支えており、上杉は、国事を自分に関係ないと思うのは選挙に参加できないからであって、「挙国選挙」は「挙国一致」の要件であり、「仁政」をもたらすと主張したという。(47)片山杜秀氏によれば、第一次世界大戦後の徳富蘇峰も、一君万民型のデモクラシー国家への改造を訴え、それが「国家的大活動」「国民的総動員」を可能にすると主張したという。(48)

政治参加を「奉仕」と捉える発想の極限が、昭和の戦時体制であろう。「総動員」体制とは、一方的に国民を動員するのではなく、臣民が自ら積極的に「奉公」「報国」することを求める万民「翼賛」体制であった。挙げ句の果てに、臣民の天皇に対する「奉仕」不足ゆえの敗戦責任が問われ、「一億総懺悔」が求められた。このように、国民の政治参加を臣民の「奉仕」と結びつける発想のもとでは、水平的な人間関係のなかで行われる「政治」は苦難の道を歩んだ。戦後、日本国憲法によって、「奉仕」する「臣民」は主権者「国民」となり、「統治権の総覧者」天皇は「象徴」とされ、国民の平等な政治参加に基づく政治が、少なくとも憲法理念上は実現した。しかし、一九九〇年代以降は、トップ・ダウン型の政治の構築が求められ、首相に権力を集中する改革が重ねられた。このなかで、国民は国家に「奉仕」する主体となることを求められているように見えなくもない。

おわりに

日本が歴史上殆どの期間、「後進国」であり続けたことは、日本の政治学を「後進国の政治学」として特徴づけることになった。結果を原因と取り違え、「先進国」が歴史的に作り出してきた、その意味で「結果」である「制度」を部品のように輸入すれば、それが「原因」となってよき政治が実現するはずだという思い込みが、時に見られる。

しかしながら、歴史的産物である「先進国」の「制度」を、「後進国」の異なる文脈でうまく機能させるにはどうしたらよいのかという問題と真摯に取り組むことも、「後進国の政治学」の特徴である。現代日本の政治学の主流は、西洋で発達した「政治学」を普遍理論として扱う一方、近代以前の日本の政治的な営みや東洋の「政治学」については殆ど関心を示さないが、さまざまなスタイルの政治学が錯綜している日本の歴史を分析することを通じて、日本の政治を分析するに相応しい「政治学」を構想する必要があるのではないか。そのことは、普遍的な政治理論の構築にも資するはずである。

注

（1）『神皇正統記』（岩波書店［岩波文庫］、一九七五年）八一頁。

（2）『古事記伝』十八之巻、『本居宣長全集』一〇（筑摩書房、一九六八年）三二一―三二二頁。

（3）丸山眞男「政事《まつりごと》の構造――政治意識の執拗低音――」（『丸山眞男集』一二、岩波書店、一九九六年）二一五頁。

（4）山口佳紀・神野志隆光『新編日本古典文学全集1　古事記』（小学館、一九九七年）一四一頁。神野志氏は、神武天皇の「政」に関する『古事記』の記述について、「平けく天の下の政を聞こし看」すこと＝「天の下を治め」ることであり、政治の実行は臣下の側にあって、政治を行う臣下が「まをす」ことを天皇が「聞く」と捉える。基本的に宣長と同様の理解である。但し、神野志氏は「オーラルなことばの世界における「聞く」天皇」を「『古事記』における独自な天皇のありよう」として捉え、一般化を拒む。神野志隆光『複数の「古代」』（講談社〔講談社現代新書〕、二〇〇七年）三二―四九頁。

（5）成沢光氏と保立道久氏は異説を立てる。成沢氏によれば、宣長説と異なり、君主を「政」の主体とする例は記紀に少なくなく、「政」は「君臣に通用するマツリゴト」である。また、「祭事」と「政事」との「連関関係」を指摘する。しかし、宣長が臣下の「政」とした用例を、論証ぬきに君主の「政」とするのは不可解である。また、宣長は、天下統治をアマテラスに対する天皇の「奉仕事」と捉えていると考えられること、天皇の神への「祭事」は「奉仕事」であるとしていることにも注意すべきである。

保立氏は、「機」が「マツリゴト」とも「ハカリゴト」とも訓まれたことに着目する成沢氏の議論を受けて、次のように論じる。「ハカリコト」とは思量・知謀の力であり、政治は「ハカリコト」の力である。「マツリゴト」は、「ハカリゴト」の下に位置し、「マツリゴトヒト」が三等官（「判官《じょう》」）を意味するように、必ずしも高級な仕事ではなく、細々とした「経営・管理的雑事」の処理を意味し、釣り糸の「オマツリ」を処理するような煩瑣な手続きである。「マツリゴト」の「マツル」とは「マツハル（纏・繚・結）」（他のものに絡みつく）と同系の言葉で、主人にマツワリツクように奉仕する。これらのマツリゴトを担うのはツカサ（「官」「吏」「職」）である。保立氏はこのように論じるが、「マツリゴト」が高級な仕事でないことを一つの用例で証明するのは無理があり、君主の「マツリゴト」を想定する成沢説と整合しないように見える。また、「ハカリゴト」と「マツリゴト」を上下関係で捉えるのも、成沢氏が「ハカリゴトを要するマツリゴト」と表現するのと異なる。保立氏は、思兼神の「議《ハカリゴト》」の例に言及するが、思兼神は「天孫降臨」に際して「前の事を取り持ちて政《マツリゴト》せよ」と命ぜられているのであるから、思兼神は「ハカリゴト」によって天皇に「マツリゴト」をすると解釈するべきではないか。以上、成沢光『政治のことば　意味の歴史をめぐって』（講談社〔講談社学術文庫〕、二〇一二年）「マツリゴトとタテマツリモノ」の項、保立道久「解説」（成沢、前掲書）、保立道久『かぐや姫と王権神話　『竹取物語』・天皇・火山神話』（洋泉社、二〇一〇年）一三二―一三七頁参照。

（6）詳細は相原耕作「本居宣長の言語論と秩序像」（二）（『東京都立大学法学会雑誌』第三九巻第二号）一九九九年。
（7）『宇比山踏《ういやまぶみ》』（『本居宣長全集』一、筑摩書房、一九六八年）一〇頁。
（8）吉川幸次郎『論語』（中）（朝日新聞社［朝日文庫］、一九七八年）一〇一―一〇二頁参照。
（9）吉川幸次郎『論語』（上）（朝日新聞社［朝日文庫］、一九七八年）五〇―五一頁参照。
（10）宮村治雄『日本政治思想史――「自由」の観念を軸にして――』（放送大学、二〇〇五年）2「「自由」と「専擅」――「人主独擅」と「天皇《みかど》事《わざ》」の間」参照。
（11）但し、これは内発的必然性を欠く擬制であったという。水林彪『天皇制史論　本質・起源・展開』（岩波書店、二〇〇六年）一二三―一二八頁。
（12）大津透「律令と天皇」（『日本思想史講座1　古代』ぺりかん社、二〇一二年）一〇四―一二二頁。
（13）同論文、一一〇頁。
（14）平石直昭「前近代の政治観――日本と中国を中心に――」（『思想』七九二号、岩波書店、一九九〇年）一五一頁。中国の場合、皇帝が天下の「大政」を統べるという建前から、各省を統べる太政官にあたる職制がない。丸山、前掲「政事の構造」二一八頁。
（15）佐藤進一「合議と専制」、同『日本中世史論集』（岩波書店、一九九〇年）三一四―三一八頁。
（16）成沢、前掲書『政治のことば』の「カトル、ウナガス」「シル、シラス、シロシメス」「イキホヒと勢・威・徳・権」の項参照。
（17）佐藤、前掲「合議と専制」三一八頁。
（18）『中世政治社会思想　上』（日本思想大系二一、岩波書店、一九七二年）四〇頁。
（19）平石氏は、「中国的専制権力」を欠くなかで紛争を平和的に処理するというさし迫った必要があったと指摘している。平石、前掲「前近代の政治観」一五七頁。
（20）菅野覚明「武士の倫理と政治――中世の「道理」をめぐって――」（『日本思想史講座2　中世』ぺりかん社、二〇一二年）一五一、一七一―一七三頁。
（21）笠松宏至「中世の法意識」（『講座日本思想第三巻　秩序』東京大学出版会、一九八三年）一〇一頁。
（22）新田一郎「法と歴史認識の展開」、前掲『日本思想史講座2』一二八―一三一頁、新田一郎「日本人の法意識――その歴史的背景――」、『秩序と規範――「国家」のなりたち――』（岩波講座日本の思想第六巻、岩波書店、二〇一三年）一五七―一六〇頁。「北条泰時消息」の有名な一節「武家のならい、民間の法」は、「武士・庶民を問わず律令に通ずるものは皆無である」という意味で使われており、「武士や庶民の間の慣習法」という意味を持たせるのは誤りであると、笠松氏は指摘している。前掲『中世政治社会思想 上』四一頁、笠松、前掲「中世の法意識」一〇八頁。

（23）新田、前掲「法と歴史認識の展開」一三一―一三三頁、一三七―一四四頁。新田、前掲「日本人の法意識」一六四―一六九頁。

（24）水林彪「近世的秩序と規範意識」、前掲『講座日本思想第三巻』は、中世から近世への「道理」観の転換について論じる。これとは異なる立場を示す、笠松、前掲「中世の法意識」の「非理法権天」の項も参照。平石氏は、法家的な権力支配としての政治という発想が戦国大名たちに採用され、徳川政権へとつながってゆくことを指摘している。平石、前掲「前近代の政治観」一六〇頁。「武家諸法度」は『近世武家思想』（日本思想大系二七、岩波書店、一九七四年）四五四頁。

（25）三谷博『愛国・革命・民主　日本史から世界を考える』（筑摩書房［筑摩選書］、二〇一三年）二六七―二七五頁。武士の官僚化の諸相については、中田喜万「武士と学問と官僚制」（『日本思想史講座3　近世』ぺりかん社、二〇一二年）参照。

（26）渡辺浩『日本政治思想史［十七～十九世紀］』（東京大学出版会、二〇一〇年）三九四頁。

（27）『徂徠学派』（日本思想大系三七、岩波書店、一九七二年）一六頁。

（28）八木清治「経世論の系譜」、前掲『日本思想史講座3』、ダヴィッド・メルヴァルト「経済の思想」、前掲『岩波講座日本の思想第六巻』、板東洋介「「経世済民」から「経済」へ」、『ニュクス』創刊号（堀之内出版、二〇一五年）を参考にした。

（29）家職国家については、渡辺浩『近世日本社会と宋学　増補新装版』（東京大学出版会、二〇一〇年）一五〇―一六〇頁参照。

（30）『玉くしげ』、『本居宣長全集』八（筑摩書房、一九七二年）三一九頁、『古事記伝』二十六之巻、『本居宣長全集』一一（筑摩書房、一九六九年）一八五頁、「直毘霊《なおびのみたま》」、『本居宣長全集』九（筑摩書房、一九六八年）四九―五〇頁。

（31）『徂徠先生答問書』、『荻生徂徠全集』第一巻（みすず書房、一九七三年）四三〇頁。

（32）『近世思想家文集』（日本古典文学大系九七、岩波書店、一九六六年）四二六頁。田尻祐一郎『江戸の思想史　人物・方法・連環』（中央公論新社［中公新書］、二〇一一年）一二三頁、宮村、前掲書『日本政治思想史』一四〇頁参照。

（33）高野秀晴『教化に臨む近世学問――石門心学の立場――』（ぺりかん社、二〇一五年）八三―八五、九八、九二頁。

（34）渡辺浩「「御威光」と象徴——徳川政治体制の一側面——」（同『東アジアの王権と思想』東京大学出版会、一九九七年）参照。
（35）渡辺浩「西洋の「近代」と儒学」・同「「進歩」と「中華」——日本の場合——」（渡辺、前掲書『東アジアの王権と思想』）参照。
（36）『渡辺崋山・高野長英・佐久間象山・横井小楠・橋本左内』（日本思想大系五五、岩波書店、一九七一年）四四九頁。
（37）前田勉『近世日本の儒学と兵学』（ぺりかん社、一九九六年）、野口武彦『江戸の兵学思想』（中央公論新社［中公文庫］、一九九九年）、前田勉『兵学と朱子学・蘭学・国学　近世日本思想史の構図』（平凡社、二〇〇六年）参照。
（38）『政談』（岩波書店［岩波文庫］、一九八七年）九、一六—一七頁。
（39）渡辺浩「「教」と陰謀——「国体」の一起源——」（渡辺浩・朴忠錫編『韓国・日本・「西洋」——その交錯と思想変容——』慶應義塾大学出版会、二〇〇五年）参照。
（40）例えば「徴兵告諭」と「軍人勅諭」は、武家に兵権、さらには政権が握られてきたことを厳しく批判し、天皇に権力が集中し、戦時には農工商の区別なく成年男子が兵役について天皇に統率された「郡県の古」に復すとしている。国民皆兵の理念に基づく徴兵制度による近代的な軍隊の創設を「復古」と捉えるのであるが、成年男子が兵役に就く制度が作られたのは律令国家の時代であろう。『軍隊　兵士』（日本近代思想大系四、岩波書店、一九八九年）六七—六九、一七二—一七四頁参照。
（41）成沢、前掲書『政治のことば』二四七頁。
（42）同書、二六〇—二六一頁。
（43）北岡伸一『日本政治史　外交と権力』（有斐閣、二〇一一年）七四—七七頁参照。大日本帝国憲法は解釈の幅が広い。坂野潤治「明治憲法体制の三つの解釈」（同『近代日本の国家構想　一八七一—一九三六』、岩波書店［岩波現代文庫］、二〇〇九年）参照。
（44）美濃部達吉は、第一九条を参政権と捉えているが、これは臣民が公職に就く権利を定めたものであり、「人民が国会議員を選挙する権利」が含まれていると解釈するのは無理があるのではないか。美濃部達吉『憲法講話』（有斐閣、一九一二年）六一、五七〇頁。
（45）『憲法構想』（日本近代思想大系九、岩波書店、一九八九年）六七—六九頁参照。
（46）「民本主義の意義を説いて再び憲政有終の美を済すの途を論ず」（『吉野作造選集』二、岩波書店、一九九六年）一一一、一二七頁。美濃部も「参政権は同時に参政の義務」としている。美濃部、前掲書『憲法講話』五七〇頁。
（47）西村裕一「憲法　美濃部達吉と上杉慎吉」（河野有理編『近代日本政治思想史　荻生徂徠から網野善彦まで』ナカニシヤ出版、二〇一四年）

二四五―二四九頁。

（48）　片山杜秀『未完のファシズム　「持たざる国」日本の運命』（新潮社［新潮選書］、二〇一二年）三九―四〇頁。第一次世界大戦後にはこのような国家主義的視点からの普選論がかなり見られたようである。古川江里子『美濃部達吉と吉野作造　大正デモクラシーを導いた帝大教授』（山川出版社・日本史リブレット人、二〇一一年）一四―一六頁。

参考文献

『日本国語大辞典（第二版）』全一三巻＋別巻一（小学館、二〇〇〇―二〇〇二年）。

日本語の言葉の意味の歴史を知るために不可欠の辞書である。

成沢光『政治のことば　意味の歴史をめぐって』（講談社［講談社学術文庫］、二〇一二年、原本は一九八四年刊）。

日本語の政治語彙についての歴史的な研究は貴重である。

丸山眞男「政事《まつりごと》の構造――政治意識の執拗低音――」（『丸山眞男集　第十二巻　一九八二―一九八七』岩波書店、一九九六年、初出一九八五年）。

「日本政治の執拗低音」という発想には賛成できないが、語彙レベルでなく政治の「構造」を捉える点は参考になる。

佐藤進一「合議と専制」（同『日本中世史論集』岩波書店、一九九〇年、初出一九八八年）。

合議と専制のせめぎあいに注目して日本の古代・中世の歴史を素描する。地域と時代を超えて応用可能な視角であり、政治学者にとっても参考になる。

平石直昭「前近代の政治観――日本と中国を中心に――」（『思想』七九二号、岩波書店、一九九〇年）。

前近代の政治観について、①奉仕としての政事、②教化としての政治、③裁判としての政治、④権力支配としての政治の四類型を提示しつつ、類型論と時代の変遷を絶妙に交錯させる議論は、有益である。

『日本思想史講座』全五巻（ぺりかん社、二〇一二―二〇一五年）。

思想史の講座ものはいくつかあるが、オーソドックスな通史の形式を採る本シリーズは利用しやすい。

戦争

片山慶隆

はじめに

日本の「戦争」概念を論じるのは、二つの難しさがある。

一つは、「戦争」という言葉が広く使われだしたのは比較的新しく、近代以降だからである。前近代に日本人が戦争という言葉を使用した例はまれにあるが(1)、一般的には、いくさ、役、戦役、乱といった言葉が使われた。ただし、近代以降の戦争と、前近代のいくさ、役などは、全く同じ意味で用いられていたわけではない。

二つめの難しさは、戦争に関する抽象的な議論が必ずしも多くないからである。そのため、各時代の代表的な思想家による戦争論を紹介しながら、政治概念としての戦争の歴史的展開を分析していくこともできない。

そこで本章では、抽象的な戦争論ではなく、日本が関わった対外戦争、あるいは日本国内で行われた戦争を具体的にあつかう。古代から現代までの各時代に戦争という言葉が、いかなる意味合いで使われ、また、戦争にどのようなイメージが抱かれていたのかを叙述していくことで、戦争概念や戦争観の変化を論じていく。戦争が珍しくなかった古代から「平和国家」となったアジア・太平洋戦争後の現代まで、大きく変遷してきた日本の戦争概念の歴史的展開を明らかにしていきたい(2)。

一　古　代

日本列島で戦争の記録が文献に現れるのは二世紀末である。だが、もちろんそれ以前に戦争があったことは考古資料でわかっており[3]、三世紀以降も戦争は何度も起こっている。

古代の戦争でまず思い浮かぶのは、六六三（天智二）年の白村江の戦いや、六七二（天武元）年の壬申の乱であろう。前者は、旧百済勢力と倭国の軍隊が唐・新羅連合軍に大敗し、外国が侵攻することへの危機意識を強めた対外戦争であり、後者は大海人皇子が大友皇子から皇位を奪った内乱として有名である。一〇年足らずの間に日本は大きな戦争を二度経験したが、大海人皇子が天武天皇として即位し、大宝律令を整備して中央集権的な国家を確立する契機となった重要な戦争であった。

征　夷

律令国家成立後の戦争で注目すべきは、「征夷」である。豪族連合軍が相互の意思疎通を欠いて敗れた白村江の戦いの反省から、中央政府が各地の軍団を掌握し、中央集権的な指揮命令系統を定めた軍団制を確立させた[4]。「日本」国号が天武朝で成立したといわれるように、この時期の日本は外国の脅威を強く意識していた。だが、律令国家確立期の日本が実際に軍事力を行使したのは、日本列島でまだ服属していない東北の蝦夷と南九州の隼人であった。これ以前は蝦夷と朝貢を媒介とした政治関係を結ぼうとしていたが、大宝律令の制定によって律令国家体制が完成した直後から、支配領域の拡大を目的として征夷が実施されるようになったのである[5]。

天皇が軍事指揮権を一時的にゆだねる証しが、節刀である。中国では旗だったが、日本では刀剣が霊力を持つと信じられていたので、刀に代わったという。白村江の戦い、壬申の乱では見られず、将軍に対する節刀授与は七〇九（和銅二）年の越後国への征夷が初例である[6]。権力が強大になった天皇が、敵を軍事力で圧倒し、威光を及ぼす意志を示す象徴となったのが、節刀だったといえよう。その後、七七四（宝亀五）年から八一一（弘仁二）年にかけては「三十八年戦争」と呼ばれる蝦夷に対する徹底的な征夷が行われるが、将軍に節刀を授け、征夷の成果を権威強化に利用する軍人天皇は、桓武天皇が最後となった。天皇に「武」が求められた時代が終わり、桓武天皇以後は諡号から「武」が消えることからも、征夷が古代の日本にとって重要だったことが窺える。[7]

なお、一八六八（慶応四）年一月三日に鳥羽伏見の戦いで戊辰戦争が始まったが、翌四日に仁和寺宮嘉彰親王が征夷大将軍に任ぜられ、天皇から錦旗と節刀を渡された。近代の戦争でも、官軍と賊軍を峻別する上で、節刀は大きな意味を持ったのである。[8]

天慶の乱と武士の台頭

一〇世紀前半の日本を揺るがしたのが、九三九（天慶二）年に関東と瀬戸内海でほぼ同時に起きた平将門の乱と藤原純友の乱、あわせて天慶の乱である。九世紀から一〇世紀にかけて、地方長官である国司が地方支配を強めることに反発して、富豪層が集団で反抗する「郡党蜂起」が問題化していた。そして、この蜂起を鎮圧するために武装して兵士たちが動員されたが、彼らがのちに武士団の始祖と見なされるようになっていく。だが、武装した兵士たちには、自身が「郡党蜂起」を起こす者もいた。なかでも、平将門の乱と藤原純友の乱は、これまでとは比較にならない大規模な反乱であった。[9]

天慶の乱がいかに重大な出来事だったかは、九四〇（天慶三）年正月に、藤原忠文が征東大将軍に任命され、二月には節刀が下されたことが物語っている。忠文は五月には帰還して節刀を返上するが、すぐに征西大将軍に任じられ、九四一（天慶四）年には藤原純友の乱を鎮圧することになった。征東大将軍、あるいは征夷大将軍は、蝦夷征討のために任命された征東使の長で、八世紀末から九世紀はじめにかけて、大伴弟麻呂、坂上田村麻呂、文室綿麻呂らが任じられたが、三十八年戦争が終わった八一一（弘仁二）年に任命されて以来、中絶していた。つまり、実に一二九年ぶりに任命されたのである。天慶の乱が朝廷に与えた衝撃の大きさが窺える。なお、次に征夷大将軍に選ばれたのは、二四三年後の治承・寿永の内乱時における木曽義仲であり、[10]その後は源頼朝から江戸時代の終わりまで代々の将軍が任命されたのはよく知られているであろう。[11]

天慶の乱が重要なのは、この反乱鎮圧で活躍した者が貴族に登用され、後の武家政治への道を開いたことである。[12]もちろん、武士が政治の実権を握るのは二百数十年先である。しかし、平忠常の乱（一〇二八―一〇三一年）、前九年の役（一〇五一―一〇六二年）、後三年の役（一〇八三―一〇八七年）といった関東・東北の反乱を鎮圧して存在感を示し、次第に政治の経験も積んでいくことで、武家政治は近づいていったのである。

二　中世

武家政治のはじまり

一二世紀後半、ついに武士が政治の実権を握った。保元の乱（一一五六年）・平治の乱（一一五九年）に勝利した平清盛率いる平氏は、栄華を誇った。だが、平氏の横暴に反発を強めた源氏武士団や寺社勢力が蜂起し、治承・寿永の内乱（一一八〇―一一八五年）、いわゆる源平の争乱が起きた。そして、内乱に勝利した源頼朝が征夷大将軍となり、鎌倉幕府を開くことになる。(13)

この時期で注目すべきは、武士による戦争観の変化である。『保元物語』によれば、保元の乱の際、後白河天皇の動員を受けた源義朝が、日ごろ私戦に明け暮れる武士は、天皇の命令を受けて朝敵討伐に臨むことを最も強く願っていたという。天慶の乱以降、朝敵の討伐は武士の本務という理念があったのである。(14)ところが、一一八九（文治五）年の源頼朝による奥州藤原氏の泰衡追討は、朝廷からの宣旨が得られないまま強行したにもかかわらず、後に追認された。(15)朝廷が、かつて後三年の役では源義家の私的な武力を使った戦いを朝敵の討伐と認めなかったことを考慮すると、(16)武士の勢力が強大になったことを物語るとともに、武士にとって朝敵との戦いが必ずしも最も重要ではなくなっていたことを示す象徴的なエピソードである。当時の頼朝にとって大事だったのは、全国の武士を動員した大軍勢を自らが出陣して指揮することで、御家人制を確立することであった。(17)また、前九年合戦の源頼義を意識し、敵を討ち取る日付や場所まで再現するなど、大軍勢に前九年合戦を追体験させることで、頼朝の貴種性を確立する狙いがあった。つまり、頼朝にとっては、朝廷の命令よりも自らの権威を高める方が優先すべきことだったのである。

もっとも、これ以降、戦争の際に武士が朝廷をないがしろにしたかといえば、そうではない。対外戦争である一三世紀後半の蒙古襲来を除くと、治承・寿永の内乱後の大規模な戦争であった南北朝の内乱（一三三六―一三九二年）の様相は、これをよく表している。鎌倉幕府を滅亡させた数年後に後醍醐天皇と袂を分かった足利尊氏は、持明院統を擁立して、北朝と南朝が争うことになった。そして、お互いに自陣の天皇を「正統」として、相手を「朝敵」と見なした。つまり、武力で勝る尊氏も戦争の正当化を図るためには、天皇の権威が必要だったのである。[18]その意味では、後白河法皇の院宣や朝廷の宣旨を必要とした源氏と、安徳天皇や三種の神器を確保して自らの正当性を主張した平氏が戦った治承・寿永の内乱と変わりがなかった。[19]「私戦」ではなく、正当な戦争である「公戦」を訴えるためには、天皇の権威は必要不可欠だったのである。[20]

戦争の様相

戦闘の専門家集団である武士が次第に戦争の主役になってきたが、戦争の様相は時代によって変化してきた。まずは、戦争の作法から見ていこう。

『今昔物語集』巻二五には、源《みなもとのあつる》充と平《たいらのよしぶみ》良文の有名な逸話が残されている。彼らは、大勢の軍勢を前に正々堂々と一騎打ちで戦い、勝負がつかなかった後は友誼を結んで二度と争うことはなかったという。[21]実際にこのような一騎打ちが一〇世紀前半に行われたかはわからないが、手紙で日取りや場所をお互いに知らせて確認し合い、白昼に正々堂々と戦うなどルールを遵守することが「理想の合戦」だった。

すでに院政期には奇襲や暗殺が横行し、治承・寿永の内乱でも夜討ちや不意打ち、だまし討ちがあり、必ずしもこの通りに戦争が行われたわけではない。[22]それでも、規範的な戦争の作法は鎌倉時代に残っていた。そのため、名乗り合い、一対一の勝負を挑みたがる日本の武士は、一二七四（文永一一）年の蒙古襲来時に集団戦法で攻め寄せたり、取り囲んだりする元・高麗連合軍に大苦戦することになる（文永の役）。蒙古襲来では、すさまじい爆発音と破壊力を持つ火薬を使った鉄砲《てつはう》や、飛距離が日本の長弓の二倍にも達し、毒をぬった矢を放つ短弓など、元・高麗連合軍が優れた兵器を持っていただけではなく、戦争の作法の違いも日本が苦戦する理由の一つだったのである。[23]

次に、農民の戦争との関わり方を述べていきたい。武士が戦争の主役となった天慶の乱の時期でも、「伴類《ばんるい》」と呼ばれる農民が歩兵として多数動員されていた(24)。そのため、戦闘に勝った場合、敵陣営の営所だけでなく、農民兵士の家も焼き払った。軍事拠点だけでなく、農業を含む生産拠点も焼き討ちすることで、戦闘能力とともに生産能力を失わせる狙いがあったのである。なお、農民兵士である伴類は、ふだんは農作業に従事し、農閑期になると戦争にかり出された。それゆえ、基本的に戦争は秋の取り入れ後に行い、農繁期に大規模な合戦はしないのが暗黙の掟であった。平将門は、この原則を次第に守らなくなったので、農民が離れていく大きな原因となった。

中世になると、戦争は基本的に武士が行うようになる。そして、戦争の際、敵の本拠地を焼き討ちすることはあっても、戦闘終了後に焼き払ったり、略奪したりする例はまれになる。これは、戦争で獲得した土地を武士に恩賞として与える必要が生じたからである。もっとも、戦争に兵士として動員されたり、敗戦のたびに焼き討ちや略奪されたりすることはなくなっても、農民が戦争の惨禍を逃れられたわけではない。兵糧の提供や人夫の徴発といった負担や、戦火に襲われて命を落とすなど、中世の戦争でも農民が被害を受けることは少なくなかった(25)。さらに南北朝の内乱期になると、北朝軍も南朝軍もこれまでにない軍勢の大移動を行うようになるが、兵站という発想はなく、行く先々で食糧や資材を略奪した。これに対抗するために、村々の人々は武装して自らを守るようになり、中には兵士として戦争に動員される者も現れるようになった(26)。

戦国時代から天下統一へ

一三三八（暦応元年・延元三）年、征夷大将軍となった足利尊氏が室町幕府を開いた(27)。三代将軍の足利義満が半世紀以上に及んだ内乱を終息させ、一三九二（明徳三・元中九）年に南北朝を統一するが、一五世紀後半に日本は再び大規模な内乱に突入する。いわゆる戦国時代である。

戦国時代の開始をいつと見なすかは、意見が分かれている。最も早いのは、一四五四（享楽三）年に鎌倉公方の足利成氏《しげうじ》が関東管領上杉憲忠《のりただ》を謀殺したことをきっかけにして、上杉氏の一門や家臣が成氏と戦いはじめた享楽の乱からとする説である(28)。また、応仁の乱（一四六七―一四七七年）から、あるいは将軍権力が分裂する明応の政変（一四九三年）からとする見方もある(29)。いずれにせよ、これ以降、一五九〇（天正一八）年に豊臣秀吉が北条氏の小田原を平定して天下を統一するまで、短く見積もって一〇〇年弱、長くとれば一三〇年以上もの長期にわたって日本は内乱状態にあったのである[30]。戦国時代には、新兵器である鉄砲が登場したが、特に後期になると重要性が高まり、戦争の勝敗を左右する大きな要因となった。また、農民をはじめとする村々に住む人々は、戦争時に武士から襲撃されないために、武装して村を守るだけでなく、兵士や人夫として軍勢に協力したり、金銭や物資を送ることで歓心を買おうとしたりして、さまざまな手段で自衛策を講じた[31]。戦国時代という戦争が珍しくなかった時代に、民衆は自らの生命と財産を守るために必死だったのである。

三　近　世

豊臣秀吉の朝鮮出兵と江戸幕府による「太平の世」

一六世紀末、戦国時代はようやく終わった。しかし、戦争が全くなくなったわけではなかった。それどころか、豊臣秀吉は二度にわたって朝鮮に大軍を派遣する大規模な対外戦争を行うことになる。

これまで日本は、四―七世紀に朝鮮半島の分裂状態に乗じて軍事介入した時期を除くと、外国との戦争経験に乏しかった。まして、外国を征服する目的ではじめた戦争は皆無だったといっても過言ではない[32]。大敗を喫した六六三（天智二）年の白村江の戦いは、滅ぼされた百済勢力を救うための軍事行動であり、必ずしも外国の国土を奪うことが目的ではない。また、蒙古が襲来した一二七四（文永一一）年の文永の役と一二八一（弘安四）年の弘安の役の後には、一二七五（建治元）年、一二八一年、一二九二（正応五）年に高麗への外征計画が存在したが、いずれも立ち消えとなり、実現しなかった[33]。つまり、明確に外国を占領する目的ではじめられた戦争は、日本の歴史上、初めてだといえる。

秀吉による征服の論理は、独特である。彼は、自らを天帝の申し子と称し、日本だけでなく、世界を統一する天命を与えられて生まれてきたと主張した。これは、基本的には百済などと結んで朝鮮半島での影響力拡大を図る古代の対外戦争の論理とも、天皇の名のもとに領土拡張を図った近代の戦争の論理とも異なっていた。日本の歴史では例外的な秀吉の対外侵略は、彼自身の特異な論理に基づいて実行された。秀吉は、自らの使命を掲げて琉球、朝鮮、「高山国」（台湾）、スペインの影響下にあった「小琉球」（フィリピン）に服属を要求したのである。[34]

明国の征服も目指していた秀吉は、朝鮮半島に出兵し、朝鮮・明連合軍と戦った。[35]日本は、一五九二（天正二〇）年―一五九三（文禄二）年と一五九七（慶長二）年―一五九八（慶長三）年の二度にわたって大規模な軍勢を派遣するが、結局、朝鮮を支配することはできなかった（文禄の役・慶長の役）。一時は半島の大部分を占領したが、明軍の救援、兵站の困難、朝鮮水軍の活躍や「義兵」と呼ばれる民衆の抵抗によって日本軍は次第に苦戦するようになり、一五九八年八月の秀吉死去をきっかけとして戦争は終わりを告げることになった。

朝鮮出兵後の混乱に終止符を打ったのは、徳川家康である。家康は、一六〇〇（慶長五）年の関ヶ原合戦、および、一六一四（慶長一九）年と一六一五（元和元）年の大阪冬の陣・夏の陣で豊臣家を滅ぼし、全国を支配下に置いた。また、一六〇三（慶長八）年、征夷大将軍に任じられた家康は、この前後から東アジア各国・各地域との関係修復に乗り出した。シャム・カンボジアなどと国書を交換し、フィリピン政庁との和解に努め、一六〇九（慶長一四）年には朝鮮との復交が明文化、一六一〇（慶長一五）年には明国との通商も回復した。一六〇九年に幕府の了解を得て行われた薩摩藩島津家による琉球出兵・服属こそ強硬な政策であったが、それ以外の国・地域とは穏健な外交政策によって日本は東アジアの国際秩序を安定させることに成功した。[36]そして、一六三七（寛永一四）年に、キリスト教徒たちによる大規模な反乱である島原の乱を鎮圧してからは、二百数十年にわたって戦争のない「太平の世」が訪れたのである。

対外危機意識の高まりと戊辰戦争

江戸時代は、「鎖国」状態だったことが知られている。だが、外国との交流が全くなかったわけではない。「四つの口」と呼ばれる朝鮮・琉球・清国・オランダ、および蝦夷地でのアイヌとは、貿易を含む交流を続け、日本にさまざまな情報ももたらした。[37]

また、戦争のない「太平の世」だったといっても、「外敵」の脅威が皆無だったわけでもない。散発的に来航する外国船に備えた沿岸警備は、怠ってはならなかった[38]。さらに一九世紀になると、樺太や択捉でロシアと武力衝突をしたフヴォストフ事件（一八〇六―一八〇七年）やイギリス艦が長崎に侵入したフェートン号事件（一八〇八年）などが起き、対外危機意識が高まったのである[39]。

幕末になると、イギリスが清国を破ったアヘン戦争（一八三九―一八四二年）を背景に、ヨーロッパへの脅威認識は強まった。注目すべきは、この時期に「戦争」という言葉が使われるようになることである。一八五三（嘉永六）年のペリー来航後には、江戸湾防備を担当する諸藩への指示の中で老中阿部正弘が「戦争之機」に言及し、一八五五（安政二）年のロジャーズ率いるアメリカ測量艦隊への対応を議論した上申書の中では「外夷之戦争」という言葉が出て来る[40]。また、一八六四（元治元）年の池田屋事件では、「元治新聞紙」が「長州屋敷あるいは三条旅籠屋にて小戦争これあり」と記し[41]、一八六八（慶応四）年の戊辰戦争では四月に宇都宮で戦った武士の日記に「大戦争と相成」という記述が見られる[42]。池田屋事件や戊辰戦争時の史料を見ると、後の使用方法とは異なり、「戦闘」も戦争という言葉で表していることがわかる。これ以降も、いくさ、役、合戦といった言葉は使われるが、「戦争」が次第に用いられるようになる画期が幕末であった。

「太平の世」が終わりを迎えた幕末には、薩英戦争（一八六三年）、二度の長州戦争（一八六四年、一八六五―一八六六年）など戦争が相次いだ。そして、この時期、最大の戦争となったのが戊辰戦争（一八六八―一八六九年）である。

戊辰戦争は、近世初期までの戦争とは戦闘方法が大きく異なっていた[43]。銃撃戦や砲弾の撃ち合いが主であり、刀で斬り合うことは少なかった。近代的な兵器が本格的に使用された戦争だといわれる所以である。だが一方で、前近代的な要素が色濃く残る戦争でもあった。すでに第一節で記したが、古代の戦争と同様に、仁和寺宮嘉彰親王が征夷大将軍に任ぜられ、天皇から錦旗と節刀を渡された。また、戦場で負傷したり死亡したりした兵士の首は取られ、捕虜の惨殺、村々での略奪や放火も少なからず見られた。近代の戦争でも虐殺や略奪などは行われたが、戊辰戦争であまり抑制が効かなかったのは、日本の戦争を「文明国の戦争」としてアピールする姿勢がこの頃にはなかったことが大きな要因だと考えられる。

四　近　代

日清戦争と日露戦争

戊辰戦争に勝利した新政府にとって最初の試練となったのは、相次ぐ士族反乱である。だが、最大かつ最後の反乱であった一八七七（明治一〇）年の西南戦争に勝利すると、武力で政府に対抗しようとする勢力は一掃された。その後、日本政府の課題になったのは、外国での勢力圏の獲得と拡張である。

西南戦争以上に大規模な戦争となったのが、日清戦争（一八九四—一八九五年）である。日本が外国と国家間戦争を行うのは、文禄・慶長の役以来、実に二九七年ぶりであり、もちろん、近代日本が初めて体験する対外戦争であった。

朝鮮半島の甲午農民戦争を契機に勃発した日清戦争で、日本は「文明の戦争」であることを強調した。[44]日本政府は、一八九四（明治三七）年八月一日に公布した「清国に対する宣戦の詔」で、戦争を戦時国際法に従って行うと宣言した。日本は戦時国際法を遵守する「文明国」であるというアピールには、欧米諸国の干渉を排除し、同時期に進められていた条約改正交渉を成功に導く狙いがあったのである。また、このような論理は政府だけでなく、知識人やメディアも共有していた。福沢諭吉は、日清戦争を文明＝日本と野蛮＝清国との間の「文野の戦争」と主張し、内村鑑三も「文明の義戦」として戦争を支持した。[45]

もっとも、日清戦争が本当に「文明の戦争」だったかといえば、必ずしもそうとはいえない。確かに、日本軍は近代的な兵器で武装し、戦時国際法を守る努力は行われた。だが一方で、輜重兵や輜重輸卒が少数だったために、補給業務を担当する臨時の軍属として、民間人を大量に軍夫として雇った。これは、日本軍が「文明国」の軍隊としては、未熟だったことを物語っていた。[46]また、大山巌のように国際法の遵守に意欲的だった軍人もいたが、国際法を尊重する意思のない指揮官のもとでは、捕虜や民間人を含めて大量の被害者を出した旅順虐殺事件が起きている（一八九四年一一月）。[47]

日清戦争では、アジアの大国である清国に勝利した日本軍だが、「文明国の軍隊」としてふさわしくない面も見受けられた。しかし、義和団戦争（一九〇〇―一九〇一年）では規律ある行動を欧米諸国から評価され[48]、翌一九〇二（明治三五）年には世界有数の大国であったイギリスと日英同盟を結ぶまでになる。

日清戦争と同様に「文明の戦争」とされたのが、日露戦争（一九〇四―一九〇五年）である[49]。開戦前に『時事新報』をはじめとする日本の新聞では、日本とロシアとの戦争を黄色人種と白色人種との「人種戦争」とする見方を否定した[50]。日本は満州を開放するために戦う「文明国」であるという論理で、ユダヤ人虐殺を行い、義和団戦争後も満州占領を続けている「野蛮国」ロシアとの戦争を正当化したのである。もちろん、戦争が勃発してからも、専制国家ロシアへのマイナス・イメージは繰り返し語られた[51]。「文明の戦争」を訴えていただけに、「文明国」の国民としてふさわしい振る舞いをすることは意識されていた。捕虜殺害のような行為もないわけではなかったが、日清戦争時の旅順で起きたような虐殺はなく、日露戦争は「文明」的な戦争だったというイメージはその後も残り続けることになる[52]。

第一次世界大戦と「総力戦」への対応

一九一四（大正三）年七月、ヨーロッパで第一次世界大戦の火ぶたが切って落とされた。日本は同盟国イギリスの申し入れを契機として、翌八月、ドイツに宣戦布告した[53]。ドイツが権益を持っていた中国の青島、および、南洋群島を占領し、後に戦勝国の地位を得た。日本にとって第一次世界大戦は、あくまで「欧州戦争」や「欧州大戦」であり、世界大戦という認識はなかった。また、第一次世界大戦は人類初の「総力戦」と言われるが、日本にとっては短期間かつ小規模の戦闘しか経験しなかったので、一般の国民にはそのような意識もなかった。

だが、軍人の中には、第一次世界大戦の実像を鋭く捉えた者もいた。開戦からわずか一年後に、陸軍中将の長岡外史は「近代戦争は全国民的」になったと述べている。そして、国民全体だけでなく、「兵器弾薬糧食被服薬品に至るまで、苟も一国が生存するに必要なる総べての資料が、敵国の夫れと相対抗して戦争する訳となった」として、大戦は総力戦だと理解したのである[54]。さらに、一九一七年以降になると、軍事力だけでなく、経済力や工業動員力が戦争の勝敗を左右するという総力戦への理解が、日本国内にも広まってきた。大戦中のヨーロッパを経験した陸軍少佐の永田鉄山は、一九二〇年の意見書で経済力や政府機能を強化するだけでなく、国民の理解と協力が総力戦時代には必要なことを力説した[55]。

また、海軍中佐の水野広徳は、戦争中と戦後の二度ヨーロッパを視察したことがきっかけで平和主義者となった[56]。彼はドイツ軍によるロンドン空襲を経験した際に日本の木造家屋は爆弾に脆弱であることを見抜き、また、戦後の視察時に総力戦は戦勝国も敗戦国も甚大な被害を受けることに衝撃を受けたため、反戦平和を唱える評論家に転身した[57]。

第一次世界大戦からどのような教訓を汲み取るかはさまざまだったが、いずれにせよ、戦争とは総力戦のことだと理解される時代になっていたのである。

満州事変からアジア・太平洋戦争へ

一九三一（昭和六）年九月に起きた満州事変を契機として、ワシントン会議（一九二一―一九二二年）後に訪れた比較的安定したアジア・太平洋の国際秩序が動揺し始めた[58]。

この時期に登場したのが、「速戦即決」論である。一九三二年、元陸軍中佐の岡田銘太郎が著した『軍事科学講座第二編　軍事政策』（文藝春秋）は、国土が広大な米ソに対して国力が劣る日本が勝利するためには、「速戦即決」で敵国の軍隊や艦隊を殲滅して戦意を挫くことが必要であると主張していた。これは岡田だけの意見ではなく、一九三六年に第三次改定された帝国国防方針と付属の用兵綱領でも、先制攻勢・速戦即決が本領とされていた[59]。総力戦を肌で感じた永田は前年に派閥抗争の中で斬殺され、すでに軍を退役し評論家となっていた水野は、言論統制で活動を制限されていた。また、近い将来の対米ソ戦争に反対していた石原莞爾は、ヨーロッパでは第二次世界大戦が始まっていた一九四〇年に、ドイツの序盤戦での勝利は例外的な状況で、まだ持久戦の時代であると判断していたが、政策決定に影響を与える立場になかった[60]。このように、「速戦即決」論が主流となる中で、一九四一年一二月の真珠湾攻撃が準備されたのである。

とはいえ、一九三七年七月に始まる日中戦争の本格化以降、戦争は長期化していた。その上、戦線がアジア・太平洋の広い範囲に拡大する中で、日本はアジア解放のための「聖戦」を唱えるようになる。アジア・太平洋戦争は思想戦・宣伝戦として戦われたが、[61]プロパガンダにはアニメや映画も利用された。[62]日本が「民族解放」を戦争目的の一つに掲げたのは、第一次世界大戦後における民族自決や脱植民地化の潮流に乗ることが、アジア諸民族に日本の指導的地位を認めさせる上で都合が良いと考えたからである。一九四三年一一月に開催された大東亜会議で、重光葵外相は可能な限り参加国の平等性を確保しようと考えていたが、共同宣言には日本の指導性を表す文言が暗に残され、また、陸軍の強い意向で各国が戦争完遂のために提携するという前文が付された。実際、各国は日本の戦争に協力することになった。[63]日本の掲げるアジアの民族解放というスローガンは、戦争遂行という目的のために矛盾したものになったのである。

五　現　代

戦後日本の「反戦」と「好戦」

アジア・太平洋戦争に敗れた日本は、戦後に「平和国家」として生まれ変わった。一九四六年一一月に公布され、一九四七年五月に施行された日本国憲法は、第九条で「陸海空軍その他の戦力は、これを保持しない」と軍事力を持たないことと、交戦権の否認を規定していたこともあり、戦後の日本は極度に戦争や軍事に対して否定的な国家となった。

もっとも、一九四〇年代後半に冷戦が始まると、日本も無関係ではいられなかった。「平和は不可能であるのに、戦争も起こりえない」状況というレイモン・アロンの有名な言葉が示すように、[64]結局、冷戦期にアメリカとソ連が直接戦火を交えることはなかった。しかし、資本主義・自由民主主義の西側陣営（アメリカ陣営）と共産主義の東側陣営（ソ連陣営）が争った冷戦は、東アジアでは「熱戦」となり、一九五〇年六月に朝鮮戦争が勃発した。北朝鮮の南侵で始まり、一時は韓国が敗北寸前まで追い詰められた危機感から、日本はこの年に警察予備隊を創設し、それが保安隊、自衛隊と発展する再軍備につながったのである。[65]

ただし、再軍備は日本の戦争観を大きく変えたかと言えば、そうではない。一九六〇年代から七〇年代のベトナム戦争では日本でも反戦運動が起き、一九七八年の「日米防衛協力のための指針」（旧ガイドライン）策定や一九九七（平成九）年の同指針改定には、戦争につながるとして批判の声があった。また、一九九二年、国際連合の平和維持活動（ＰＫＯ）への自衛隊への参加に道を開いたＰＫＯ協力法の制定とカンボジアＰＫＯへの自衛隊の派遣、二〇一四―二〇一六年の集団的自衛権閣議容認から安全保障関連法施行に際しては、「平和国家」の理念を揺るがす「戦争法案」という批判も少なくなく、国論を二分するほどの議論となった。[66]多くの国で認められている集団的自衛権の行使容認やＰＫＯへの参加が大きな問題となったのは、戦後日本で戦争や軍事が否定的に捉えられやすい状況をよく表している。

戦後の日本で「戦争」という言葉は、アジア・太平洋戦争での体験を想起させたが、それは防衛政策をめぐる議論に限らなかった。戦地から戻ってこない息子の帰りを待つ実在の人物をモデルにして大ヒットした歌謡曲『岸壁の母』（一九五四年）のように、ポピュラー・カルチャーにも反戦の思いは反映されていた。[67]また、『ビルマの竪琴』『きけわだつみのこえ』『黒い雨』など書籍だけでなく、映画化されて「反戦」を象徴する代表作となるものもあった。[68]「戦争」という言葉には、受験戦争や交通戦争のように比喩的に用いられる例もあったが、自殺者が出るほどの熾烈な受験（特に大学受験）の状況や一万人を超える交通事故死者数を表したもので、いずれも否定的な意味合いで使われている。

しかし、戦後の日本で「戦争」に対する関心がなくなったわけではない。一九五〇年代から何度も戦記物ブームが起こり、戦艦・潜水艦・戦闘機といった兵器のプラモデルは人気が高かった。また、虚構の世界では「戦争」が盛んである。『機動戦士ガンダム』（一九七九―一九八〇年）シリーズなどのアニメやＳＦといったフィクションでは、戦争を描いた作品が少なくない。

ただ、これらの現象を日本人の潜在的な「好戦性」を反映したものと見なしたり、現実に関わらない戦争への欲求を虚構の世界で満たしていると考えたりするのは早計である。戦記物ブームは早くも一九五〇年代には好戦性への根強い反発が存在し、プラモデルに対しては同時期に日本教職員組合（日教組）が「戦争玩具追放運動」を起こした。[69]『機動戦士ガンダム』や『機動戦士Ｚガンダム』（一九八五―一九八六年）の主人公たちは、好んで戦争に参加しているわけではなく、裏切りや仲間の戦死が描かれる作品のトーンは決して明るいものではない。このような状況は、二一世紀に入ってからも続いている。メディア良化委員会からの強制的な検閲に対抗するために図書館が武装する世界を描いた有川浩の人気シリーズ『図書館戦争』では、図書館防衛隊は専守防衛に徹している。また、予算不足や内紛に苦しみ、時に敵と取り引きする組織として、決して「正義の味方」には描かれていない[70]。しかも、シリーズ第三作『図書館危機』[71]や、映画の第一作では戦闘の恐怖や敵を撃つことの生理的な嫌悪感などが前面に出ている[72]。となり町との戦争が実感できないまま始まり、終わる姿を描いた三崎亜記の『となり町戦争』などにも言えることだが[73]、戦後の「平和国家」日本が描くフィクションの世界の「戦争」は、変則的なものになりがちだといえよう。

おわりに

これまで古代から現代までの日本の戦争概念について論じてきた。対象は非常に長期間にわたり、時代ごとの戦争観の変遷も大きいが、いくつか結論を示しておきたい。

第一に、古代の征夷から近代の戦争まで、天皇が戦争の正当化に果たして役割は大きいといえる。古代に初めて用いられた節刀が戊辰戦争でも官軍に渡されたのは、その象徴的な例である。

第二に、日清戦争からアジア・太平洋戦争に至る近代の戦争を除くと、日本は対外戦争の経験が極度に乏しい国家であった。そのため、一三世紀後半における元・高麗連合軍の襲来に際しては戦争の作法や兵器の違いに苦しみ、一六世紀後半の豊臣秀吉による朝鮮出兵も数々の困難に直面して失敗に終わった。近代の戦争では、外国を意識して「文明と野蛮の戦争」や「アジア民族の解放」といった理念を掲げたが、必ずしも理念通りに戦争が行われたわけではなかった。

第三に、前近代は武家政権が長く続き、近代も対外戦争を何度も実施しているにもかかわらず、戦後の日本は極度に戦争や軍事を忌避する国家となった。そのため、フィクションを含むメディアで描かれる戦争も、単純に戦いを賛美したり、美しく描いたりすることにはなりにくい、外国から見れば変則的なものになることが多いといえよう。

注

（1）一七一八（享保三）年ごろと推定される新井白石の書簡には、「時に応仁以後、中々それらの事に貪着に及ばぬ事にて、百廃し後に天下の戦争は相止み候て」と、戦国時代の内乱を「戦争」と言い表している。もっとも、白石はこの文章の直前に、南北朝の内乱を「戦乱」と呼んでおり、彼も「戦争」を使用した例は少なかったであろう（「白石先生手翰　巻之五」松村明・尾藤正英・加藤周一校注『新井白石』日本思想体系三五、岩波書店、一九七五年、四五三―四五四頁）。また、司馬遷の『史記』には「戦争」が使われているので、前近代の日本人も漢語としては戦争という言葉を知っていたものと考えられる。
（2）なお、煩雑さを避けるために、「戦争」の呼称が一般的でなかった時代も含めて、本章では戦争という用語を一貫して使用する。
（3）高橋典幸「古代・中世」（高橋典幸・山田邦明・保谷徹・一ノ瀬俊也『日本軍事史』吉川弘文館、二〇〇六年）二―三頁。
（4）高橋、前掲書、一八―一九、二二―二八頁。
（5）以下の征夷と節刀に関する記述は、特に注がない限り、鈴木拓也『蝦夷と東北戦争』（戦争の日本史三、吉川弘文館、二〇〇八年）、一六―一九、三三、三七頁を参照した。
（6）なお、「征越後蝦夷将軍」のように征討を行う国には「征」、「陸奥鎮東将軍」のように鎮守を行う国には「鎮」を冠する将軍を派遣した。
（7）鈴木、前掲書、二一八―二一九頁。
（8）大石学『新選組――「最後の武士」の実像――』（中央公論新社［中公新書］、二〇〇四年）、一八〇頁。
（9）以上の記述は、高橋、前掲書、四三―四七頁を参照。
（10）もっとも、義仲の任官は、後白河法皇に強要したものだった。この点は、上杉和彦『源平の争乱』（戦争の日本史六、吉川弘文館、二〇〇七年）一七三頁を参照。
（11）川尻秋生『平将門の乱』（戦争の日本史四、吉川弘文館、二〇〇七年）、一四一―一四二、一四四、一六九―一七〇頁。
（12）福田豊彦『平将門の乱』（岩波書店［岩波新書］、一九八一年）、一八八―一九二頁。
（13）治承・寿永の内乱の詳細については、上杉、前掲書、川合康『源平合戦の虚像を剝ぐ――治承・寿永内乱史研究――』（講談社［講談社学術文庫］、二〇一〇年。初版は、講談社選書メチエとして一九九六年刊行）を参照。なお、内乱は、奥州藤原氏の滅亡までを含めれば、一一八〇（治承四）年から一一八九（文治五）年までの一〇年間となる。

(14) 以上の記述は、上杉、前掲書、九頁を参照。
(15) 関幸彦『東北の争乱と奥州合戦――「日本国」の成立――』（戦争の日本史 五、吉川弘文館、二〇〇六年）、二二七頁。
(16) 同書、一二一頁。
(17) 以下の記述は、川合、前掲書、一九〇―二三八頁を参照。
(18) 小林一岳『元寇と南北朝の動乱』（日本中世の歴史 四、吉川弘文館、二〇〇九年）一六三頁。
(19) 上杉、前掲書、二五一頁。
(20) 小林、前掲書、一六三頁。
(21) この逸話を紹介した文献は枚挙にいとまがないが、例えば、川合、前掲書、一八―二〇頁、岡田清一「合戦の儀礼」（福田豊彦編『中世を考える　いくさ』吉川弘文館、一九九三年）、一五四―一五五頁。
(22) 川合、前掲書、二〇―七八頁、川尻、前掲書、五四―五六頁、岡田、前掲書、一五八―一六四頁。
(23) 蒙古襲来に関する記述は、新井孝重『蒙古襲来』（戦争の日本史 七、吉川弘文館、二〇〇七年）、五七―六一、六六―八二頁を参照。
(24) 以下の記述は、福田、前掲書、九九―一〇〇頁、川尻、前掲書、四一、六三―六四頁。
(25) 必ずしも農民だけをあつかっているわけではないが、中世の戦争と民衆の関わりを描いたものとして、吉井宏「いくさと民衆」福田編、前掲書、一八二―一九二頁、上杉、前掲書、二四七―二四九頁を参照した。
(26) 以上の記述は、森茂暁『南北朝の動乱』（戦争の日本史 八、吉川弘文館、二〇〇七年）、五九―六一頁、高橋、前掲書、八七―九二頁を参照。
(27) 南北朝の内乱時における和暦は、北朝と南朝の元号を並列表記する。
(28) 山田邦明「戦国時代」（高橋・山田・保谷・一ノ瀬、前掲書）、一〇二―一〇三頁。
(29) 石田晴男『応仁・文明の乱』（戦争の日本史 九、吉川弘文館、二〇〇八年）八―九頁。明応の政変については、福島克彦『畿内・近国の戦国合戦』（戦争の日本史 一一、吉川弘文館、二〇〇九年）五四―五五頁。
(30) 戦国時代の始期と終期については、市村高男『東国の戦国合戦』（戦争の日本史 一〇、吉川弘文館、二〇〇九年）三―五頁も参照。なお、同書では戦国時代の開始を一五世紀末から一六世紀初頭としている。
(31) 山田、前掲書、一二四―一二七、一三〇―一三四、一七三―一七六頁。

(32) 古代の朝鮮半島への軍事介入では、外国の国土を「勢力圏」としたことはあるが、その実態をめぐってはさまざまな説があるので、ここでは立ち入らない。日本の非侵略性を過度に強調したいわけではないことは、誤解を避けるために申し添えておく。なお、古代の日本と朝鮮半島との関わりについては、鈴木靖民「倭国と東アジア」(鈴木靖民編『倭国と東アジア』日本の時代史 二、吉川弘文館、二〇〇二年)、高橋、前掲書、一一―一八頁を参照。

(33) 新井、前掲書、八二―九二、一五八―一六二頁。

(34) 以上の記述は、中野等『文禄・慶長の役』(戦争の日本史 一六、吉川弘文館、二〇〇八年)一〇―一三頁、池亨「天下統一と朝鮮侵略」(池亨編『天下統一と朝鮮侵略』日本の時代史 一三、吉川弘文館、二〇〇三年)八〇―八一頁を参照。

(35) 文禄の役・慶長の役については、中野、前掲書を参照。

(36) 同書、二七六―二九四頁。

(37) 江戸時代の日本と外国との関係についての研究は枚挙にいとまがないが、本章では、荒野泰典『近世日本と東アジア』(東京大学出版会、一九八八年)、藤田覚編『十七世紀の日本と東アジア』(山川出版社、二〇〇〇年)、藤田覚編『十八世紀日本の政治と外交』(山川出版社、二〇一〇年)Ⅲ部「十八世紀の対外関係」を参照した。

(38) これに関しては、松尾晋一『江戸幕府の対外政策と沿岸警備』(校倉書房、二〇一〇年)、同『江戸幕府と国防』(講談社[講談社選書メチエ]、二〇一三年)を参照。

(39) 日本の対外脅威認識を高めたヨーロッパの動向を含め、外国の情報を伝えたオランダと日本との関係をあつかった研究として、松方冬子『オランダ風説書と近世日本』(東京大学出版会、二〇〇七年)、同『オランダ風説書――「鎖国」日本に語られた「世界」――』(中央公論新社[中公新書]、二〇一〇年)がある。

(40) 後藤敦史『開国期徳川幕府の政治と外交』(有志舎、二〇一五年)一三七、一六〇―一六一頁。

(41) 大石、前掲書、一二二―一二三頁。

(42) 同書、二一四頁。

(43) 戊辰戦争については、保谷徹『戊辰戦争』(戦争の日本史 一八、吉川弘文館、二〇〇七年)、同「戊辰戦争の軍事史」(明治維新史学会編『講座明治維新 第三巻 維新政権の創設』有志舎、二〇一一年)、同「近世」(高橋・山田・保谷・一ノ瀬、前掲書)二五七―二五九、二九一―三

〇一頁。戦場の様相に関する記述は、特に保谷、前掲『戊辰戦争』、二一三―二三九頁、同、前掲「戊辰戦争の軍事史」、四七―五〇頁、同「近世」、二五七―二五九頁を参照した。

(44) 日清戦争に関する研究は膨大に存在するが、軍事史の観点から戦争の全体像を描いた通史として、原田敬一『日清戦争』（戦争の日本史 一九、吉川弘文館、二〇〇八年）を参照した。また、外交・軍事・社会・メディアの動向にバランスよく目配りした最新の概説書として、大谷正『日清戦争――近代日本初の対外戦争の実像――』（中央公論新社［中公新書］、二〇一四年）がある。

(45) 以上の記述は、大谷正「『文明戦争』と軍夫」（大谷正・原田敬一編『日清戦争の社会史――「文明戦争」と民衆――』フォーラム・A、一九九四年）、一九六―一九八頁を参照。

(46) 日清戦争時の軍夫については、大谷正『兵士と軍夫の日清戦争　戦場からの手紙をよむ』（有志舎、二〇〇六年）を参照。

(47) 旅順虐殺事件については、大谷正『近代日本の対外宣伝』（研文出版、一九九四年）第四章、同「旅順虐殺事件再考」（『ヒストリア』第一四九号、一九九五年）がくわしい。

(48) 義和団戦争と日本との関わりについては、斎藤聖二『北清事変と日本軍』（芙蓉書房出版、二〇〇六年）を参照。

(49) 日露戦争の開戦過程については、伊藤之雄『立憲国家と日露戦争　外交と内政一八九八～一九〇五』（木鐸社、二〇〇〇年）一一五―二二六頁がくわしい。また、山田朗『世界史の中の日露戦争』（戦争の日本史 二〇、吉川弘文館、二〇〇九年）は、軍事史として日露戦争を捉えた通史である。なお、この時期の日本の外交を国際関係の視角から捉えたものとして、片山慶隆「日英同盟と日露戦争」（井上寿一編『日本の外交第一巻　外交史戦前編』岩波書店、二〇一三年）がある。

(50) 日本の新聞が対露開戦論に移行していく過程については、片山慶隆『日露戦争と新聞――「世界の中の日本」をどう論じたか――』（講談社［講談社選書メチエ］、二〇〇九年）第二章を参照。

(51) 片山、前掲書、九二―九三頁。

(52) 一ノ瀬俊也「近代」（高橋・山田・保谷・一ノ瀬、前掲書）、三三二―三三三頁。

(53) 第一次世界大戦への参戦過程については、奈良岡聰智『対華二十一ヵ条要求とは何だったのか――第一次世界大戦と日中対立の原点――』（名古屋大学出版会、二〇一五年）第二章を参照。

(54) 以上の記述と史料引用は、小林啓治『総力戦とデモクラシー――第一次世界大戦・シベリア干渉戦争――』（戦争の日本史 二一、吉川弘文館、二〇〇八年）一三八頁による。
(55) 森靖夫『永田鉄山――平和維持は軍人の最大責務なり――』（ミネルヴァ書房、二〇一一年）六一―六四、六六―六九頁。
(56) 一九一八年に昇進しているので、二度目の視察時の階級は大佐である。
(57) 水野広徳に関する最も優れた研究として、関静雄『大正外交――人物に見る外交戦略論――』（ミネルヴァ書房、二〇〇一年）、第二・三・六章を参照。また、水野の人生と評論の特徴を簡潔に描いたものとして、片山慶隆「水野広徳――兵は凶器なり――」（土屋礼子・井川充雄編『近代日本メディア人物誌――ジャーナリスト編――』ミネルヴァ書房、二〇一七年刊行予定）がある。
(58) 満州事変からアジア・太平洋戦争に至る過程は膨大な研究蓄積があるが、近年刊行された概説書として、伊香俊哉『満州事変から日中全面戦争へ』（戦争の日本史二二、吉川弘文館、二〇〇七年）、吉田裕・森茂樹『アジア・太平洋戦争』（戦争の日本史二三、吉川弘文館、二〇〇七年）がある。
(59) 以上の記述は、一ノ瀬、前掲書、三六一―三六三頁による。
(60) 石原の戦争観は、石原莞爾『最終戦争論・戦争史大観』（中央公論社［中公文庫］、一九九三年）にくわしい。なお、本章が主に参照した『最終戦争論』の初版は、『世界最終戦争論』（立命館出版部、一九四〇年）として刊行された。
(61) 佐藤卓己「連続する情報戦争――『十五年戦争』を超える視点――」（『動員・抵抗・翼賛』岩波講座アジア・太平洋戦争三、岩波書店、二〇〇六年）。
(62) 川村湊「『鬼畜米英』論」（『日常生活の中の総力戦』岩波講座アジア・太平洋戦争六、岩波書店、二〇〇六年）二九八―三〇六頁。
(63) 吉田・森、前掲書、一八四―一九八頁。重光の外交と軍の意向の相克に関する詳細な研究として、波多野澄雄『太平洋戦争とアジア外交』（東京大学出版会、一九九六年）がある。
(64) 永井陽之助『冷戦の起源――戦後アジアの国際環境Ⅰ――』（中央公論新社［中公クラシックス］、二〇一三年。初版は、中央公論社から一九七八年刊行）八頁。
(65) 佐道明広『戦後政治と自衛隊』（吉川弘文館［歴史文化ライブラリー］、二〇〇六年）一四―四二頁。
(66) 二〇〇五年までの戦後日本と軍事の関係については、一ノ瀬俊也「戦後」（高橋・山田・保谷・一ノ瀬、前掲書）が論じている。
(67) 『岸壁の母』は、一九七二年に別の歌手によるレコードが発売され、再び大ヒットする。ただし、一九七〇年代では戦争の物語は後景化し、母と子の問題に関心が向けられるようになっていた。この点に関しては、高井昌吏「『女性と戦争』を歌う歌謡曲の戦後史――菊池章子と二葉百合子を中心に――」（『マス・コミュニケーション研究』第八八号、二〇一六年）二三―二〇頁。

(68)　これらの作品の社会的受容については、福間良明『「反戦」のメディア史――戦後日本における世論と輿論の拮抗――』（世界思想社、二〇〇六年）がくわしい。

(69)　戦記物ブームについては、吉田裕『日本人の戦争観――戦後史のなかの変容――』（岩波書店、一九九五年）、八四―一〇四頁を、プラモデルについては、坂田謙司「プラモデルと戦争の『知』――『死の不在』とかっこよさ――」（高井昌吏編『「反戦」と「好戦」のポピュラー・カルチャー――メディア／ジェンダー／ツーリズム――』人文書院、二〇一一年）を参照。

(70)　有川浩『図書館戦争』（メディアワークス、二〇〇六年）。

(71)　有川浩『図書館危機』（メディアワークス、二〇〇七年）。

(72)　佐藤信介監督『図書館戦争』（東宝、二〇一三年）。

(73)　三崎亜記『となり町戦争』（集英社、二〇〇五年）。

参考文献

『戦争の日本史』全二三巻（吉川弘文館、二〇〇六―二〇〇九年）。

古代の戦争からアジア・太平洋戦争に至る日本の内戦と対外戦争がほぼ網羅されているシリーズ。日本と戦争との関わりを知る上で、真っ先に参照されるべき基本文献である。各巻は独立しており、著者の個性が色濃く出ていて面白く読める。

『敗者の日本史』全二〇巻（吉川弘文館、二〇一二―二〇一五年）。

敗者の視点から日本史を描いたユニークなシリーズ。承久の乱、島原の乱、西南戦争など『戦争の日本史』シリーズでは触れられなかった戦争についても取り上げられている。

高橋典幸・山田邦明・保谷徹・一ノ瀬俊也『日本軍事史』（吉川弘文館、二〇〇六年）。

古代から二〇〇五年までの日本の軍事史について記されている概説書。もちろん、日本が関わった戦争についてはほとんど全て触れられている。戦争の背景となった政治外交の状況や、兵器・戦術・民衆の動向にも目配りされており、大変有益である。

『岩波講座アジア・太平洋戦争』全八巻（岩波書店、二〇〇五―二〇〇六年）。

日本の歴史上、最も大きな戦争であったアジア・太平洋戦争に関する最新の論文集。戦時下の政治・経済・ジェンダー・植民地などだけでなく、戦後の東京裁判、引き揚げ、戦争像の変遷、脱植民地化などを多角的にあつかっている。

高井昌吏編『「反戦」と「好戦」のポピュラー・カルチャー――メディア／ジェンダー／ツーリズム――』（人文書院、二〇一一年）。

戦後日本の映画やマンガ、小説などに見られる「反戦」と「好戦」の諸側面を描いた論文集。同書に論文を寄稿している福間良明による『「反戦」のメディア史――戦後日本における世論と輿論の拮抗――』（世界思想社、二〇〇六年）も、非常に参考になる。

平和

出原政雄

はじめに

「平和」を表わす言葉の意味は世界の文化圏によって異なり、石田雄によれば、平和観の文化的類型は以下のように分類されている。(1)

西洋では、古代ユダヤ教で使用される「シャローム」は主として神意による正義の実現を意味するが、ギリシャの「エイレーネ」やローマの「パックス」は正義よりも秩序に重きをおくのに対して、東洋では中国における漢語「平和」あるいは「和平」は、インドの「シャーンティ」(サンスクリット語)とともに「心の静穏」に力点がある。ただし中国の場合、「七曜天衢ニ由ル、則チ天下平和ナリ」(『晋書』天文志)に示されるように、主に「天下」との連語において、「心の静穏」を意味する「平和」の観念は政治的秩序と連なる可能性をもつ点で、インドと比べると現世指向的性格が強いと言われている。日本における「平和」という用語の意味は、インド仏教の影響を受けながらも、基本的には中国の平和観の類型に属するとみなしてさしつかえない。

日本の場合、「平和」の類語としては、「和平」のほかに「平穏」「平安」「安穏」「安全」「泰平(=太平)」「昇平(=升平)」などいくつかの言葉をあげることができる。そして「平和」の語の使用例として紹介されている「心が平和する時は、陰陽は之そこなはざる也」(清原国賢書写本荘子抄・一五三〇年)という文章などは文字通り「心の静穏」を表わしている(『日本国語大辞典』)が、他方で二五〇年間にわたる戦乱なき徳川時代を象徴する天下の「泰平（＝太平）」ということばには、政治的秩序が安穏に維持されている状態が表示されているといえる。また辞典によれば「世の中が静かで平和のこと」を意味するこの「太平」ということばはすでに八世紀ころの文献にも見える。

古代ユダヤ教の「シャローム」に見出される神意による正義の実現という戦闘的平和観は、しばしば「平和を生み出すための戦争」あるいは正義の戦争を積極的に肯定する傾向をもつのに対して、東洋の平和観に顕著にみられるように「心の静穏」が重視されると、逆に「平和」のためにたたかうという実践的意欲が乏しくなり、戦争に向う状況を黙従してしまう問題性をはらむことになる。そして中国と日本に共通する儒教における「平和」の観念が「心の静穏」を意味するだけでなく、政治的秩序と連結する場合でも、とりわけ日本では秩序や調和への同調性が強くもとめられる傾向がある。こうした日本の「平和」観念にまとわる問題性を念頭におきつつ、以下で「平和」の概念史を検討してみたい。

一　古代・中世

十七条憲法と「和」の思想

古代日本の「平和」観念についてまず注目すべきは、聖徳太子による十七条憲法（六〇四年）第一条に掲げられた有名な「和」の思想の提唱であろう。十七条憲法とは今の言葉でいえば官吏の服務規則および官吏としての道徳的規範を規定したものといえるかもしれない。氏族間の対立や群雄割拠の状況を超克し天皇を中心とする統一国家を形成するに際して、聖徳太子は君・臣・民の関係を「率土の兆民は王をもって主となす。所任の官司はみな王臣なり」[2]（十二条）として位置付け、為政者の側に立つ君臣上下および「群臣」相互の関係をたばねる統治原理として「和」の思想を設定した。第一条冒頭に「和をもって貴しとし、忤《さから》うことなきを宗とせよ」と宣告された「和」の思想とは、むろんむやみに反抗することを禁じ協力・調和に専心することを意味するが、丸山眞男は「たんに身分間の和や、たんに人情の直接的一体化の要請ではなく、普遍的真理を前提として、それへの到達という考え方を内在させている」[3]と評価している。

十七条憲法の全体をながめれば、例えば「信はこれ義の本なり。……群臣ともに信あるときは、何事か成らざらん」（九条）とか「群卿百寮、礼をもって本とせよ。それ民を治むる本は礼にあり」（四条）とあるように、儒教思想の影響が散見されるが、けれども『論語』にある「礼はこれ和を用うるを貴しとなす」（学而編）という捉え方[4]とは異なって、聖徳太子の「和」の思想は「礼」との関係で必ずしも語られているわけではない。

それよりもむしろ第二条に「篤く三宝を敬え」とあるが、三宝とは仏・法・僧を意味し、明らかに仏教思想の影響が強いことはいうまでもない。丸山眞男によれば、十七条憲法にちりばめられている「自然的な感覚的な自我のさまざまな執着の形」は「凡夫の煩悩という共通の根からの発現形態だという仏教イデオロギーが全体を貫いている」といわれるが、[5]「諂《へつら》い詐《あざむ》く者は、国家を覆す利器なり」（六条）とか「群臣百寮、嫉妬あることなかれ」（十四条）とあるように、誰しもが抱く感覚的自我への偏頗な執着心がとりわけ為政者に顕現することになれば国家秩序を乱す要因になると危惧された。それ故聖徳太子は、抗争のない政治共同体を形成するには、人々が抱く「党派的偏執」を捨て去ることを求め、これを「和」の語意に込めたのである。しかもこうした「党派的偏執」などの放棄は上位の者への服従や従順によって引き出されるのではなく、「上和《やわら》ぎ、下睦《むつ》びて、事を、論《あげつら》うに諧《かな》うときは、事理おのずから通ず。何事か成らざらん」（一条）とあるように、上の者も下の者も仲睦まじく話し合う中で生み出されるものと認識していたことは注目される。

以上から「聖徳太子にとって「和」とは、集団的エゴイズムや自己中心主義を克服する「平和を作り出す」姿勢にほかならない」[6]と評価することは可能であろう。少なくとも聖徳太子の「和」の言葉には「心の静穏」と政治的秩序の融合という東洋的「平和」観念の特質が端的に示されているとみなし得る。しかしながら十七条憲法の制定目的が天皇中心の統一国家の形成をめざすものであり、本文にも「国に二君なし。民に両主なし」（十二条）とか「君言うときは臣承る。上行なうときは下靡く」（三条）という文言が強調されていることから、後年に至って聖徳太子の「和」の思想が戦時下の国体思想の中に組み込まれ（例えば文部省編『国体の本義』一九三七年など）、政治秩序や社会的調和への過度の同調を求める言語的象徴にされたことを忘れてはならない。

「武勇」と「安穏」

日本の中世は鎌倉幕府の成立前後から武士が社会の主導的地位にあった時代にあたり、そこでは当然「武勇」が尚ばれた時代と想定される。ところが黒田俊雄によれば、「中世では武勇や合戦を迷惑視する感覚が優越していた」のであって、「中世の圧倒的多数の人々が真に念願し、ときに謳歌したものは、武勇でも合戦でもなく、むしろ逆の意味あいをもつ「天下太平（泰平）、国土安穏」ということであった」と問題提起されたことがある。(7) 合戦など庶民にとっては迷惑この上もないが、「安穏」であることは武士にとってもひそかな願望であったとみなされる。『太平記』という軍記物が存在するが、この題名自体に合戦が手放しで賛美されていないことが示されているのではないかと想像される。あるいは『古今著聞集』（第九「武勇」）において、「武に七徳有り、名を万代に貽《のこ》すは此道なる事。武者ハ禁《イマシメ》レ暴、戢《オサメ》レ兵、保レ大、定レ功、安レ民、和レ衆、豊レ財。是レ武ノ七徳也」(8) とあり、武の七徳は結局「安穏」をもたらすことに向けられている。

「安穏」ということばには、戦乱を免れるということだけなく、さまざまな災厄（飢饉・疾病・盗難・自然災害など）から逃れたいという願望が込められていた。鎌倉新仏教を代表する一人である日蓮の『立正安国論』（一二六〇年）はこうした災厄への対策をもとめる警告の書だと言われている。すなわち人々が邪法である法然の浄土宗を棄て正法に立ち返ることによって国土は安穏になると説いた。日蓮にとってこの正法の依りどころとなった『法華経』には「現世安穏、後生善処」という教えがすでに存在していた。他方で法然の教えを継承した親鸞の浄土真宗においても、「世のなか安穏なれ、仏法ひろまれ」（『御消息集』）という念仏が知られている。

以上のような黒田の問題提起は、武士の武勇に対して仏教は戦争よりも平和に親和性をもつことが前提にされている。確かに仏教には「殺生戒」という教えがあり、平和への努力が「菩薩行」として称賛されるが、現実には中世の寺院は武力を行使する組織であり、武装した僧兵が在住していたことはやはり看過できない。つまり仏教には「殺生戒」とともに「一殺多生（一人を殺しても多くを救う）」という教えがあり、そこから「中世寺院は安穏も武勇もともに現実に担う存在であった」(9) という反論も成り立ちうる。そして結局のところ中世寺院は戦国時代末期の統一政権成立前に軍事的に敗退し武装解除されたのである。

二　近　世

豊臣平和令から「天下泰平」へ

戦国時代末期には豊臣秀吉の下で天下統一に向けて動き出した。いわゆる〈豊臣平和令〉と総称される諸法令の発布によって応仁の乱以後の戦国乱世からの決別が導出されたことが大きな画期となる。[10] まず秀吉は惣無事令（一五八五年）を発し、戦国大名に停戦を命じ、公儀（秀吉）の裁定への服従を求めた。他方で農民に対しては喧嘩停止令（一五九二年）を出し村と村との対立や争いを停止させ、しかも刀狩令（一五八八年）によって武器を没収し、兵農分離を完成させた。それは惣村や農民からそれまで保持していた「自力救済」の手段が奪い取られたことを意味する。これによって「誠に国土安全万民快楽の基」（刀狩令）を築くことができたと吹聴された。こうして「紛争解決の手段が戦（自力救済）ではなく公権力＝公儀にゆだねられるようになっていく」[11]につれて、やがて「徳川の平和」が出現することになる。

ところで秀吉は国内の統一が一段落するや、二度にわたって朝鮮に出兵した。この無謀な朝鮮侵略について、江戸中期に対馬藩の儒者として朝鮮通信使の交渉役を担ったことがある雨森芳州は、豊臣家が「無名の師（名分のない戦争）」を起こし、「両国無数之人民」を殺害した「暴悪」として厳しく非難している。[12] そして雨森の場合、国家間の交渉は何よりも「誠信の交」でなければならず、「互ニ不レ欺カ不レ争ハ、真実を以交り候を誠信とは申候」[13]という信念が不変のモットーにされたことは特筆に値する。

一六一五年の大坂夏の陣から約二五〇年間持続した徳川時代の「天下泰平」とは「徳川将軍の覇権のもとで保たれた平和」[14]にほかならない。また一六一五年は改元されて「元和偃《えん》武」と呼称されたが、「偃武」とは武器を伏せ納めて用いないことを意味し、この呼称は「徳川の平和」を称賛するのに利用された言葉であった。

渡辺浩によれば、一八世紀後半ころから、国学者だけでなく儒学者や蘭学者のあいだに「皇国」や「皇朝」の言葉が普及し始めたと言われている。そしてこの「皇国」意識の自覚は実は国内での「天下泰平」の持続性と密接な関連があって、「おそらく当時、

（対外的）危機ではなく、「泰平」であるが故に、「皇国意識」が広がり易くなるという事情があった(15)」と認識されるが、この見解は対外的危機に直面してナショナルな意識が芽生えたとする一般的な理解とは異なって興味深い問題提起となっている。渡辺は、例えば「太平久しく続きたることは、和漢開闢以来、至つて稀なることなり。……然れば唐虞三代にも優れりと云うべし」（桃西河＝松江儒者、『坐我記』）などを例証として、「豊かな「泰平」の世への自己満足が自国への誇りを強め、かつて「道」を学んだ大国への優越感をさえもたらしている(16)」と説明している。まさしく「皇国」意識の自覚や優越感は眼前の「泰平」の持続性によって日々実感されるとき、その認識には当然戦乱のない「泰平」を生み出している徳川将軍の功績への賞揚が内包しており、いまだ天皇の権威と将軍の権力の一体化を示していた時代の産物であろう。しかし「天下泰平」を可能にしていた鎖国政策が西洋列強の圧力によって破られ、やがて開国が強要される時代を迎えるとともに、「泰平」観にも多様な展開が見出されるようになる。

安藤昌益

まず「天下泰平」の世の内部に潜むゆがみが問題視されたとき、別の思想的展開が現れる。その端的な事例の一つが安藤昌益の平和思想(17)であろう。奥羽八戸藩の町医者である安藤は、貢租の重圧とたび重なる飢饉に苦しむ農村での惨状に直面したとき、人間生活にとって「食」の重要性を感じ取り、そこから「直耕」に従事する農民を尊び、「不耕」「貪食」にふける封建支配者を厳しく批判した。それ故安藤は、平和で搾取のない理想郷を「自然直耕の道」に求め、階級支配と商業活動によって生み出された現実の「法世」を過去にあった「自然の世」に基づいて作り直すことを訴えたのである。安藤にとって、「生死存亡の主は直耕なり」「国の大事は直耕の転（天）道なり」という考えが充満した「自然の世」の再現こそまさに「転化（天下）太平」を意味し、そこには争いもなく軍学も必要とされなかった。「軍学は貴ぶものに非ず。転下（天下）国家を盗み、器具早く乱世を待つ媒《なかだち》なり。己れを亡ぼす疫なり(18)」として、安藤は軍学の必要性をまったく認めないだけでなく、さらに次のように主張する。

「若し自然直耕の道には治乱無きことを明らかにする者之れ有りて、速かに軍学を止絶して悉く刀剣・鉄砲・弓矢凡て軍術用具を亡滅せば、軍兵・大将の行列無く、止むことを得ず自然の世に帰るべきなり」[19]。

ここに明らかなように、安藤のめざす「自然の世」にうかがわれる「平和」観念には、軍学の否認だけでなく徹底した軍備撤廃論が含まれていたことは注目に値する。

横井小楠

一八五三年のペリーの来航によって「泰平」の世が揺さぶられ、幕末の日本は対外的危機と国内の動乱に直面したとき、この状況に果敢に対応し思索をかさねた著名な開明思想家の一人に横井小楠がいる。小楠はペリーの来航前後に、鎖国論から開国論へ大きく転換したといわれている。当初は鎖国の祖法を維持し「神州固有の正義」の回復をはかることこそ肝要と唱えていたが、外国に関する知識が深まるにつれて自国中心的な夷狄観が相対化され、国家間を超越する「仁義の大道を貫くの条理」の視点から外交政策を判断する立場に変わっていった。そのことは、「我国の外夷に処するの国是たるや、有道の国は通信を許し、無道の国は拒絶するの二ツ也。有道無道を分たず一切拒絶するは、天地公共の実理に暗《くら》して、遂に信義を万国に失ふに至るもの必然の理也」[20]という著名な一文によってよく知られているが、有道無道を区別する基準は日本だけでなく他国にも非礼を働いていないことを意味した。ちょうどこのころ（一八五五年）に出会ったのが魏源の編纂した『海国図志』であって、これを読んで小楠はこの基準に適合する国こそアメリカであるという認識を強めることになった。小楠にとってアメリカへの見方は、一方でペリーによる強硬な砲艦外交に反発し否定的評価を示していたが、他方で「堯舜三代の治」という政治理念から見直されるや、アメリカ建国時のワシントンの統治の中にその現実化された姿が見出されるにいたる。小楠の場合、「堯舜三代の治」を貫く禅譲思想が大統領の選抜に実現されていると評価されるだけでなく、ワシントン政治の長所が「天地間の惨毒、殺戮に超たるはなき故、天意に則て宇内の戦争を息《やむ》るを以て務とし」[21]という姿勢に求められていることが注目される。つまり小楠はアメリカの美点を「自国の平和だけでなく、他国の平和をも希求するような平和主義」[22]に見出し、その実現の手段を「交易」に求めたが、ここでいう「交易」とは実利的な経済関係を追求するというのではなく、相互利益や相互信頼に基づく国家間の交際の実現を意味したといえる。小楠によれば、「交易」の輪が世界中に広がれば、戦争をなくすることが可能となり、日本こそその流れに掉さす「世界第一等の仁義の国」になることが念願されたのである。

翻訳語「平和」の出現

一八五三年のペリーの来航によって日本は鎖国から開国へ大きく転換するが、翌年の交渉に際してアメリカ側から条約草案として平和・友好・通商の三つを含む条約草案（Treaty of Peace, Amity and Commerce）が提示されたが、それは「誠実永遠友睦之条約及太平和好貿易之章程」と訳された漢文版で提供された[23]。ここでのPeace（=「太平」）とは戦争の処理を意味する「和平」にあたるが、アメリカ側の草案は、イギリスがアヘン戦争で締結した南京条約とほぼ同内容で清国と結んだ望厦条約（一八四四年）を下敷きにして作成したために、Peaceの文字がそのまま踏襲されたのである。日本の応接掛は日米間で戦争したわけでもないのに、条文中に「和親の条約」とあることから「和」（=Peace）の文字が含まれていることをいぶかったが、あまり追及しなかった。このとき日本の応接掛がそれほど深刻に考えなかったのは、後日の万国公法の受容によって明確になるPeace=「和平」という知識[24]をこの時にはまだ詳しく理解していなかったからであろう。

こうした交渉の背景を考えるにあたって、Peaceの訳語が外国語辞典でいかに扱われていたか、簡単に見ておきたい。

例えば『蘭語訳選』（一八一〇年）においては、peaceにあたるオランダ語のvredeは「和睦」「和合」と訳されていたが、桂川甫周の編集した『和蘭字彙』（一八五五―五八年）においては、このvredeに早くも「平和」の訳語があてられ、例文として「平和ヲ好ム」とあるが、あるいは「和睦クスル」とあり、戦争処理の「和平」の意味がかすかに表示されている。他方で英語辞典をみると、W・H・メドハーストの『英和・和英語彙』（一八三〇年）にはpeaceの語はなく、peaceableには「ヤワラカ、タヒラカ」の訳語があてられているが、一八六二年の『英和対訳袖珍辞書』にはPeaceにたいして「平和」「静和」の訳語が見える。このように「平和」という言葉がpeaceの訳語として使用される事例を見ると、「平和」の観念が「心の静謐」や国内での「太平」という意味だけでなく、対外的な意味を持つ言葉としても徐々に理解されるようになっていったと推測される。

三　近代

雑誌『平和』とトルストイ

明治時代になってまず注目すべきは、文字通り平和の名前を冠した雑誌『平和』が刊行されたことであろう。イギリスから来日した英国平和会の前書記のウィリアム・ジョーンズ（William Jones）らの働きかけを受け、日本のクェーカーである加藤万治らによって一八八九年に日本最初の平和主義団体である「日本平和会」が創立されたが、その機関誌が雑誌『平和』（一八九二年創刊、一二号まで刊行）であり、責任編集を任されたのが北村透谷であった[25]。この団体は、「本会は基督の教旨に従ひ平和の主義を拡張することを目的とす」という会則に示されているように、いわゆるキリスト教的平和主義の立場に立ち、北村の担当した雑誌では「宗教の希望は一個人の復讐を絶つと共に、国民間の戦争を断たんとするにあるべし」（「復讐、戦争、自殺」一二号）と宣告された。なかでもロシアの文豪トルストイが平和主義者として初めて日本に紹介されたことは注目される。その際、「悪を為す者に暴を以て加ふる勿れ」（「トルストイ伯」二号）という一文に明らかのように、「悪（＝戦争）に抗するなかれ」というキリスト的無抵抗主義について、あえて暴力を以て抵抗すべきでないと理解したトルストイの独自な解釈がストレートに写し取られていたことは特筆に値する。というのもトルストイの解釈には、逆に言えば非暴力による抵抗ならあり得ることを含意するからであり、その実践方法として良心的兵役拒否が提唱された。こうした問題提起は、日本の非戦平和のキリスト教徒に深刻な影響を与えることになった。一方では、同志社で新島襄の薫陶を受け安中教会牧師として終生農村伝道に従事した柏木義円のように、「絶対的に戦争に反対し、根強く兵役に反対するトルストイ伯一流《ママ》のあるは、実に壮烈痛快なる偉観である[26]」と強く共鳴するものもあったが、他方で代表的なクリスチャンである内村鑑三のように、兵役拒否の提唱に反対し徴兵に従うことを要請するものもあった。しかし内村の場合、戦場に赴いたときには敵を殺さず、自ら犠牲になることを求めるいわゆる〈殉教的戦死論〉という独自な見解を説くことによって聖書の戒めとギリギリのところで折り合いをつけ、この自己犠牲の精神と行動こそが戦争廃止の最も有効な方法であると強調するのであった[27]。自己の信条に依拠し公然と表明される良心的兵役拒否が合法化の方向に進む英米諸国と異なり、日本では日露戦争時のクリスチャン・矢部喜好や十五年戦争時の灯台社の信徒などごく少数の実例が見出されるだけで、それよりもむしろ逃亡や徴兵検査時の身体損傷などによる徴兵忌避の事例が圧倒的に多かったと言われている。前者の言動には「他人を殺したくない」という信仰心が強く働いているのに対して、後者の言動には「自分は死にたくない」という心情が深部に見出され、両者の間には死生観が大きく異なっているという指摘[28]は非常に興味深い。

西洋平和思想の受容

日本平和思想の展開にあたって、いうまでもなく西洋平和思想の受容が重要な影響を与えたが、一つは前述のようにトルストイの絶対平和主義であったのに対して、もう一つはカントの『永遠平和のために』（一七九五年）の受容であった。その著書名は明治初年から知られていたが、本格的に受容された一つのルートは民権思想家として著名な中江兆民が翻訳・紹介したフランス思想に見出される。フランス第三共和制時代に活躍したジュール・バルニの『民主政における道徳』(Jules Barni, La Morale dans la démocratie. 1868) から学んだと推測される、サン・ピエールからルソーを経てカントに至る永遠平和論の系譜が『三酔人経綸問答』（一八八七年、以下『三酔人』と略す）で紹介される[29]。さらに同時代のフイエーの西洋哲学史を翻訳した『理学沿革史』（一八八六年）において『永遠平和のために』が「永世太平論」と訳され、簡単な項目抄訳がなされているが、『三酔人』では「萬国平和と題号する一書」として登場し、「平和の実、竟に世に施す可らずと為すも、苟も理義を貴尚する者は、當に務て此田地に前往することを求む可きなり。他なし、是れ正に人類の責任なればなり[30]」の一文が紹介され、永久平和の実現を人類の崇高な使命とするカントの呼びかけが強調されている。

カントの永久平和論を受容するもう一つのルートは、慶応義塾関係者による英米思想にあった。慶応出身の言論人として嘱望されていた渡辺治の執筆した「宇内平和主義の進歩」（『交詢雑誌』一八八七年七月一五日）という論説が『永遠平和のために』の内容を中江兆民よりもはるかに詳しく紹介していた[31]。この論説では、カントとともにベンサムの永久平和構想がはじめて詳しく紹介されていることも注目されるが、おそらくこうした知見の典拠になったのがH・ウィートンの『国際法沿革史』(Henry Weaton, History of the Law of Nations in Europe and America, 1842)であったとみなしてまちがいない。

大正期になると、吉野作造ら知識人の平和思想に少なからず影響を与えたのが一九三三年にノーベル平和賞を受賞(翌年授与)したノーマン・エンジェルの『大いなる幻想』(Norman Angel, The Great Illusion, 1910)であろう。この著作は、国際的分業による経済的相互依存関係が戦争によって破壊され、戦争は勝敗にかかわりなくいかなる国にも利益をもたらさないということ、他方で階級分化した資本家と労働者がそれぞれ国境を越えて結合することによって国家間の戦争を困難にすることを説いていた。キリスト教社会主義者として日露非戦論を闘い、社会主義者の〝冬の時代〟であった第一次世界大戦期にも公然と平和論を展開していた安部磯雄によって、このエンジェルの著作は『現代戦争論』(一九一二年)という題名で翻訳され、広く流布する一助になったと思われる。

さらに吉野作造の場合、早くから平和問題に関心があり東京帝国大学助教授に就任した直後に、オーストラリア出身の著名な平和運動家であり一九一一年にノーベル平和賞を受賞したアルフレッド・H・フリート(A. H. Fried)の Die moderne Friedensbewegung, 1907 の書評論説を「近世平和運動論」と題して『国家学会雑誌』に連載した(一九〇九—一九一〇年)ことはよく知られている。フリートは、オーストリアの小説家であるベルタ・フォン・ズットナー夫人(Baroness Bertha von Suttner)らとともに、一八九二年にドイツ平和協会を創立した。ところで日露戦争前に来日したフレンド派宣教師のギルバート・ボールズの働きかけを受け、一九〇五年に多くの著名なキリスト教徒の賛同を得て創設された「大日本平和協会」は、その機関誌として『平和』という以前と同名の雑誌が再度刊行され、一九一二年以降から『平和時報』に変更された。ズットナー夫人の書いた『武器を棄てよ』(一八八九年)は日本でも読まれ平和運動の刺激となったと言われているが[32]、実はこの雑誌『平和』(第二巻三号、四号)に「小説　武器を棄てよ」(サットネル)として抄訳されており、あるいは『平和時報』(第一巻一号、四号)においては「平和運動とは何ぞや」(アルフレッド・フリド)が記載されていて興味深い。

吉野の場合は、一方でトルストイの非戦主義を貫く姿勢には敬意を払いながらも、「非戦主義の目的を達する手段」（おそらく良心的兵役拒否の提唱を意味する）に強く反発していたが[33]、他方でカントに対しては「彼（カント）は国際平和の精神的根底を最も鮮明に吾人に教へた第一人者である[34]」と高く評価していた。

「非戦」と「無戦」

日露戦争から本格的に始まる戦争反対の意思を表示する言葉として、長年「反戦」でなく「非戦」の語が使われていた。とくに日露戦争時に多用された「非戦」の語に込められた意味内容は、表面的には当時強まりつつあった日露開戦の声に反対する「非開戦」の態度表明を示していたが、しかしその根底には宗教的・倫理的な戦争反対の心情が色濃く含まれていたと考えられる。日露非戦論を担った内村鑑三や安部磯雄の非戦活動は、「汝殺すこと勿れ」の戒律を守ろうとするキリスト教ヒューマニズムの精神によって導かれていた。これに対してキリスト教嫌いで唯物論派社会主義者である幸徳秋水の場合もまた、日露戦争が勃発したのちも週刊『平民新聞』紙上において「断じて吾人の非戦論を止めじ」と宣言した決然たる姿勢を取りえたのも、おそらく「兵は不祥の器なり」（『老子』）に代表される儒教的な止戈思想によって支えられていたからであろう。意外にもキリスト教徒として絶対的戦争否認の立場に立脚していたはずの内村も安部も、日露が開戦となるや、幸徳らに比べると非戦の旗をかかげて積極的に非戦活動にまい進しなかったのは、キリスト教的無抵抗主義に対する彼らなりの解釈から導き出されたからにほかならない。つまり安部の場合は文字通り覆水盆に返らずという諦めの心情でもって開戦が受認され、内村の場合はあえて「悪（＝戦争）」に抵抗すれば逆に悪がはびこるとみなす考え方にそれぞれ基づいていたのである[35]。

「非戦」の類似語として同時代に表明された言葉に「無戦」という語がある。例えば日露戦争に遭遇した田中正造は、「遼陽、奉天何物ぞ。旅順何物ぞ。これを得たりとて快楽とするニ足らず[36]」と語り、日露の戦況よりも、国内の鉱毒問題で天寿を全うできない「非命の死者」が数多く生み出されていること、さらに新たに浮かび上がってきた谷中村廃村計画による悲惨な犠牲こそはるかに深刻な問題と認識され、その結果「畢竟小生の主義は無戦論にて、世界各国皆海陸軍全廃を希望し且つ祈るものニ候[37]」と自己の心境を表明していた。あるいは柏木義円が自己の基本的な立場を『上毛教界月報』紙上に記載したとき、「我儕は無戦世界の実現を望み軍国主義の廃滅を期す」（一九二五年一二月二〇日）と宣言したことは傾聴に値する。

「反戦」と「不戦」

無教会派の指導者の一人である政池仁は、『愛国者の平和論』（一九三五年）のなかで「非戦論」と「反戦論」を対比して次のように語る。

「非戦論と言うのは、戦争を道徳的又は宗教的又は経済的に否定するものである。反戦論と言うのは、戦争を否定するのみならず、更に進んで戦争の邪魔をするものである。非戦論者は国法の許す範囲内で、人々に戦争の非なる事を知らせようとするだけであるが、反戦論者は国法を無視して戦争を起らぬ様にしたり又は起った戦争をやめさせようとする。従って秘密出版其の他の非合法的な手段をとるのを咎めない。又戦争が始まった時、兵士として出征するのを拒む。併し非戦論者はただ言論によってのみ人々の良心と理性を動かさんとするものであって、法治国に於ても存在を許さる可きものである[38]」。

政池によれば、「非戦論」と「反戦論」の違いは、前者が合法的な言論活動によって人々の良心と理性に働きかけるのに対して、後者は非合法的手段（秘密出版や徴兵忌避など）を使ってでも戦争の阻止を言論だけでなく行動においても実践することを求めるとされるが、こうした政池の認識は「非戦」と「反戦」を区別するにあたって大変示唆深い。

先の引用文から推測される通り、「反戦」の語の使用例を改めて『朝日新聞』で検索してみると、一九三一年に勃発した満州事変の前後から多用され出していることがわかる。「上海に開催される世界反戦会議に刺激され、将来の極東平和を目ざして我国にも反戦団体「極東平和の友の会」が生れることになった」（『東京朝日新聞』一九三三年八月一二日）とあるように、前年に創立された国際反戦委員会（ロマン・ローラン、アインシュタイン、宋慶齢、片山潜ら）によって呼びかけられた上海反戦大会への参加に向けての動きなどがかなり刺激を与えたように思われる。記事のリードに表示されている「未然に防止された反戦デーのデモ」（一九三一年七月二七日）「反戦運動検挙」（一九三二年二月二九日）など、明らかに取り締まりの対象として「反戦」の語が多用されている様子が見て取れる。やがて戦後の平和な時代を迎えると、「反戦」の語はベトナム反戦運動などにみられるように、市民運動の積極的な言語象徴として頻繁に使用されることになった。そこには、軍事物資の輸送阻止や脱走米兵の国外密出国への援助など、過激な活動が含まれていた。

「反戦」に類似した言葉として「不戦」の語が浮かぶ。この「不戦」の語を『朝日新聞』で検索してみると、新聞紙上で目に付くのは一九二八年に締結されたいわゆる「不戦条約」に関する記事である。この条約は「戦争抛棄ニ関スル条約」が正式名称であったが、新聞記事によれば当初から「不戦条約」として取り扱われていたことがわかる。しかもフランスのブリアン外相とアメリカのケロッグ国務長官との交渉から始まり、やがてアメリカ側から多国間条約に拡大する提案がなされたとき、あまりにも理想主義的な条約であるために当初はその成立に懐疑的であった新聞の論調が、徐々に日本を含めて賛同国が増えるにつれて、大きく変化していった様子がうかがわれる。例えば「不戦条約」の主文を紹介しながら「絶対的戦争廃止を目的とする高遠なる理想主義的原案の精神」はかなり骨抜きにされたとはいえ、「戦争を罪悪視する思想を新たに刺激した」ことだけは事実である（「平和への新たな希望」『東京朝日新聞』一九二八年八月二七日）。しかしこの「不戦条約」の精神が戦後の憲法九条に継承されたいきさつを考えると、非戦平和を唱える当時の知識人にとってこの「不戦条約」はあまり主たる関心事にならなかったのは不思議でならない。

「東洋の平和」

「東洋の平和」という言葉は、一八九四年八月に勃発した日清戦争の宣戦詔書で繰り返し使用された事例が注目される。そこでは戦争目的として「東洋全局ノ平和ヲ維持セント欲」することが強調され、「平和」という言葉がその中で五回も使われている。さらに一九〇四年二月に始まった日露戦争のときも、宣戦詔書においても「極東ノ平和」や「東洋ノ治安」が使用されており、ここでも「平和」の言葉が七回も登場する。こうした公式の主張に同調するかのように当時の『東京朝日新聞』にもこの言葉はほぼこの時期に限って表われており、例えば日清戦争の時期には「東洋の平和とは今日世間一般の通語となり」（破扇子「東洋の平和とは何ぞや」一八九八年二月一六日）とか、あるいは日露戦争後には「夫れ東洋の平和は、日露両国の親交に依りて依持せられる可きや多し」（「東洋の平和」一九〇九年一一月三日）などの発言が見出される。日清戦争も日露戦争も朝鮮半島の領有や管轄権をめぐって両国間で争われた帝国主義戦争であったことからみれば、ここでは東洋の平和維持を担うのは日本であるとする日本盟主論とともに、「平和を生み出すための戦争」という戦争肯定の平和観を意味することは明らかである。すなわち「東洋の平和」は戦争を正当化するための恣意的な用語として使われていると受け取れる。

世界平和への展望

近代日本の平和論者による世界平和論への展望に着目してみると、真っ先に目につくのは自由民権論者として名高い植木枝盛が自己の個人雑誌（『愛国志林』および『愛国新誌』）に連載した「無上政法論」（一八八〇年）において「万国共議政府」論を提唱したことであろう。ここでいう「万国共議政府」論とは世界政府論ではなく、独立した諸国家によって構成される国際組織論を意味したが、その確立こそ現今の「無法無政の乱世」を克服し「世界の治平」を確保するための最上の方策と考えられた。この構想は以前紹介したカントの『永久平和のために』の中で提唱された「自由な諸国家の連合」論からヒントを得たのではないかと推測されるかもしれないが、今のところその確証はない。しかし植木がこの論説で詳述した「万国共議政府」の組織原則や任務規定の提案はカントの著書には見出されない具体的な内容を具備していることは特筆に値する。しかも「万国共議政府」の確立によって加盟各国の安全が確保されることになれば、各国はそれぞれ軍備の縮小ないし廃止に向けて取り組むことが可能になると予想している点は注目すべき主張であろう(39)。

さらに世界平和への展望においてもう一つ注目されるのは、軍備全廃論による世界平和論を提唱していることであろう。例えば前述した中江兆民の『三酔人』に登場する洋学紳士君は日本の絶対非武装論を提案しているが、この構想は日本が世界に先駆けて実験国になることで、西欧諸国もかつては文明国の理念として保持していたはずの永久平和の精神に目覚めることを期待したものであった。少なくとも日本が軍備全廃を選択することによって隣国への侵略の意志がないことを宣告すれば、その環境のもとで平和で友好的な国家間の関係を結ぶことが可能になると予想している点は注目される。日露非戦論の時期においても、日本で最初の社会主義政党として結成された社会民主党（一九〇一年）の「宣言」（安部磯雄の執筆による）は、「万国の平和を来す為には先ず軍備を全廃すべきこと」を基本方針の一つにかかげた。幸徳らもまた「平民社」（一九〇三年）の「宣言」において、「人種の区別、政体の異同を問わず、世界を挙げて軍備を撤去し、戦争を禁絶せんことを期す」（『平民新聞』創刊号）と安部の提案に同調している。このような軍備全廃による世界平和への展望は、当時の欧米の社会主義政党の綱領にも見出させない日本独自の提案であった。大正・昭和期になっても、「急進的自由主義」の立場に立つジャーナリストとして評価される石橋湛山の場合には、例えば「大日本主義の幻想」（『東洋経済新報』一九二一年）のなかで、日本の国家目標として植民地放棄論とともに軍備撤廃論が強調されたことがある。日本とって植民地の維持存続こそが軍事強化を導出し、まさに戦争の火種となるのであって、従って逆に一切の植民地を放棄すれば軍備の必要もなくなるというのが石橋の見通しであった。また石橋とも親しい自由主義者の清沢洌は「軍備撤廃の期到る」（『黒潮に聴く』一九二八年所収）と題する論説を執筆している。(40) 以上のことからわかるように、思想的立場の違いを超えて日本の平和思想の中には軍備撤廃による世界平和への展望が地下水のごとく流れており、その願望が戦後に憲法九条の絶対非武装論となって甦ったといえるかもしれない。

四　現　代

絶対平和主義と義戦論

戦後日本の平和主義の特徴は、基本的にはむろん一九四六年一一月三日公布の日本国憲法に規定された恒久平和主義に象徴され、この平和原則に導かれるように各種の平和運動が幅広く展開されたことにあるが、他方で意外に思われるのは日本の未来指針として「平和国家」の確立を憲法制定より早く提唱したのが天皇・政府の方からであった点であろう。(41) 当時の東久邇宮内閣が前年九月四日の臨時帝国議会開院式の勅語において「平和国家ヲ確立シテ人類ノ文化ニ寄与セムコトヲ冀ヒ」と宣明したことを受けて、翌日の新聞各紙は「平和国家確立」の見出しを掲載したことに端的に示されている。この視点から敗戦前後の出来事を振り返ってみれば、「終戦の詔書」の中には周知のように「万世ノ為ニ太平ヲ開カムト欲ス」という決意表明があり、この文言は戦争終結を決定したと言われる「聖断」の物語と相まって、昭和天皇が平和主義者であったというイメージが形作られる根拠とされた。けれどもやはり日本国憲法において、とくに戦争放棄・戦力の不保持・交戦権の否認を規定した第九条の絶対平和主義の宣言は、国民多数の戦争体験から生まれた反軍・厭戦の感情を的確に示した象徴言語となり、戦後の国民の平和意識の形成と展開にとってはるかに大きなインパクトを与えたといえよう。

戦後平和主義に関する数ある議論の中でここに注目したいのは、戦前・戦後の反戦平和を貫いた知識人として名高い矢内原忠雄による「絶対的平和」論と「相対的平和」論の対比の仕方である。矢内原によれば「絶対的平和」論は、「侵略の場合は勿論、自衛若しくは制裁の為にも、絶対に戦争しない」と語るように、文字通り絶対平和主義を意味するのに対して、「相対的平和」論というのは「国を守る場合や、他国の不義を制裁する場合には戦争をするといふ平和論」と説明することから明らかなように、自衛戦争や制裁戦争ならば認めるという義戦論を意味した[42]。前者こそ矢内原の慣れ親しんだ理念であることは言うまでもないが、あえて後者の「相対的平和」論が対比として取り上げられるのは、戦時中の体験として戦争と平和の間を揺れ動いたり、意に反して戦争協力に転身する知識人の動向を目の当たりにした結果、そこには自衛戦争ならば是認する義戦論の危うさや「国家自衛権の思想」がつまずきの石になっていると考えられたからであった。矢内原の場合、「絶対的平和」論への共鳴は、平和のために生き抜く知識人の矜持を意味し、具体的には憲法九条への共感と世界連邦の構想となって現われ、その基底には「キリストの十字架と復活と再臨の信仰」に導かれた「平和人」の育成が何よりも求められたのである[43]。

知識人の平和運動と平和観

日本国憲法の恒久平和主義の宣言を受けて、その後多種多様な平和運動が展開されるにいたった。なかでもまず注目すべきは、多くの学者知識人が専門分野を超えて平和運動に尽力した動きであろう。周知のように、一九四八年に発表されたユネスコの平和声明（「平和のために社会科学者はかく訴える」）を手に入れた吉野源三郎（『世界』編集者）の呼びかけに賛同した多くの学者知識人が東京と京都の各専門部会で討議を重ねて、翌年に「戦争と平和に関する日本の科学者の声明」（『世界』同年三月号）を公表した。ここで表明された平和観について、一方で戦争の有無が自然現象ではなく「人間の手に委ねられている」以上、平和の確立は「現実の社会組織及び思惟様式の根本的変化」を必要とすること、あるいは交通通信手段の発達による国際連帯の強化や「平和のための教育」の重要性など多くの点でユネスコ声明に共鳴している。これに対して明らかに異なる点は、第一に日本の侵略戦争に有効な抵抗をなさず、それを防止するための勇気と努力が欠如していたとする悔恨と自己反省の心情を率直に語っていること、第二に当時の冷戦状況の中でも戦争を不可避と考えずに、「二つの世界の平和共存」の可能性を探求すべきと訴えていること、第三に将来の戦争は「原子戦」となり人類は「絶滅の運命に陥る」ことが予想される以上、それを阻止することが「現代の科学者にとって最も切迫した任務」にすべき提言などに見出される。この声明を基礎にして創立された「平和問題談話会」は知識人の横の連帯を重視しながらも、さまざまな具体的な提案（全面講和・軍事基地反対・日本の経済的自立など）を公表し、革新政党や労働運動にも影響を与えた。この知識人団体の平和活動は一九六〇年安保改定まで継承される。

もう一つ注目すべきは、一九五四年のビキニ環礁水爆実験による被曝事件がきっかけとなって全国的に広まった原水爆禁止運動であり、とくにその一翼を担った湯川秀樹らの物理学者による核兵器廃止のための行動と提言である[44]。ビキニ水爆実験直後に核兵器の廃絶を訴えた「ラッセル・アインシュタイン宣言」にいち早く署名した湯川は、東西の壁を越えて集まった世界の科学者による「パグウォッシュ会議」の先頭に立って、米ソの科学者から出される核抑止力論による核兵器管理論に抗して核兵器廃絶のために終始尽力した。湯川は朝永振一郎とともに公表した「核抑止を超えて――湯川・朝永宣言――」（一九七五年）の中で、「私たちは、核・非核を問わず、すべての大量破壊兵器を廃棄し、また、最終的には通常兵器の全廃を目指して軍備削減を行うことがきわめて重要である」と宣言した。ここに、戦前の平和思想の中に見出された軍備全廃による世界平和への展望という考えを継承した姿勢をうかがうことができよう。湯川にとって悲惨な核戦争を阻止するには、人類が核兵器製造の知識をもはや持ってしまった以上、憲法九条の理念とする戦争の放棄が完全に実現されなければならいと考えられたからであった。

「積極的平和主義」と「非戦平和」

憲法九条の戦力不保持規定のもとでも、アメリカのイニシアティブによって再軍備が進められた結果、事実上の軍隊である自衛隊の発足（一九五四年）によって両者の矛盾が明白となったが、明文改憲が成功しなかったために、以後自衛隊と九条規定の並立状況が今日まで永続している。他方で、一九五二年に発効した旧日米安保条約の成立によって日本がアメリカのアジア軍事戦略の中に組み込まれた際に、米軍の駐留目的に「極東における平和と安全の維持」がかかげられたが、それこそ少し振り返れば前述した戦前日本の「東洋の平和」という恣意的な用語の再現を想起させることを忘れてはならない。それはともかく一九六〇年に改定された日米安保条約の中に「日本国の安全」への寄与を新たに米軍駐留目的に加えることによって、いわゆる対米従属の軍事同盟が日本の自衛権保持に密接な協力関係があるとして肯定的に受け入れられることになった。このようにして戦後日本の安全保障問題は、日本防衛に寄与する日米安保条約と専守防衛に徹する自衛隊という受け取り方と、憲法九条は国家自衛権までも否定していないとする解釈と相まって、戦後一貫して三者が奇妙に同居する事態が続いている。

しかし一九九〇年代以降のグローバル化の進展とともに日米間の軍事同盟の強化が叫ばれ、とくに自衛隊の海外派兵が強く要請されるという新たな事態が生み出された。それを推進するイデオロギーとして、一九九〇年ごろの湾岸戦争のときには「国際貢献」論が強調されたが、最近の安倍晋三政権のもとでは「積極的平和主義」が提唱されている。この言葉は平和学の分野で使われている「積極的平和」の概念とは異なる。「積極的平和」の概念は戦争の誘因となる貧困や差別などの「構造的暴力」（ガルトゥング）の除去に取り組むことを意味するのに対して、「積極的平和主義」とは憲法九条の絶対的平和主義の考えにあえて対抗する概念として持ち出されたもので、武力行使も辞さないというところに力点がある。それは明らかに「平和を生み出すための戦争」という考えに傾斜している。それ故、九条の絶対平和主義の理念を生かす方法としては、戦前の平和思想の中で編み出された「非戦」（ないし「無戦」）という言葉に着目することによって「非戦平和」という言葉を対置することが「平和」観念の恣意性を避ける意味でも最も現実的であるように思われる。

注

（1）以下の記述は、石田雄『平和の政治学』（岩波書店〔岩波新書〕、一九六八年）を参照した。
（2）「十七条憲法」の読み下し文は中村元編『聖徳太子』（日本の名著二、中央公論社、一九七〇年）による。
（3）『丸山眞男講義録 第四冊』（東京大学出版会、一九九八年）一四八頁。
（4）貝塚茂樹編『孔子 孟子』（世界の名著三、中央公論社、一九六六年、六七頁以下）の読み下し文と解釈を参照。
（5）前掲『丸山眞男講義録 第四冊』一五八頁。
（6）千葉眞「平和の思想について――グランドセオリー構築との関連で――」（植田隆子ほか編『平和のグランドセオリー序説』風行社、二〇〇七年）六九頁。
（7）黒田俊雄「中世における武勇と安穏」（『王法と仏法――中世史の構造――〔増補新版〕』法藏館、二〇〇一年）二〇五―二〇六頁。
（8）同書、二〇九頁より引用。
（9）久野修義「中世日本の寺院と戦争」（歴史学研究会編『戦争と平和の中近世史』青木書店、二〇〇一年）三二頁。
（10）藤木久志『豊臣平和令と戦国社会』（東京大学出版会、一九八五年）参照。
（11）落合功『「徳川の平和」を考える』（日本経済評論社、二〇一五年）二九頁。
（12）雨森芳州（田代和生・校注）『交隣提醒』（平凡社、二〇一四年）九三頁。明治になってふたたび朝鮮・中国への侵略がはじまるや、秀吉の朝鮮出兵は大いに顕彰されるにいたり、出兵の際に持ち帰った無数の鼻を改めて供養し直した「耳塚修営供養碑」（一八九八年）において、旧耳（鼻）塚こそ「今日の赤十字社」の精神が三〇〇年前に発揮されたものと称賛されていることは見過ごすべきではない。
（13）同書、一八五頁。
（14）落合、前掲書、一頁。
（15）渡辺浩「「泰平」と「皇国」」（『東アジアの王権と思想』東京大学出版会、一九九七年）一五三頁。
（16）同書、一五二頁。
（17）井ヶ田良治「安藤昌益の平和思想」（憲法研究所編『平和思想史』法律文化社、一九六四年）、村瀬裕也『東洋の平和思想』（青木書店、二〇〇三年）一四八頁以下参照。

(18) 安藤昌益『統道真伝 上』(岩波書店［岩波文庫］、一九六六年)、一一八頁。
(19) 同書、一一一頁。
(20) 横井小楠「夷虜応接大意」(一八五三年)『渡辺崋山 高野長英 佐久間象山 横井小楠』(日本思想大系五五、岩波書店、一九七一年)四三四頁。
(21) 横井小楠『国是三論』(一八六〇年)、同書、四四八頁。
(22) 源了園「幕末小楠の世界認識と課題認識」(平石直昭ほか編『公共する人間三 横井小楠』東京大学出版会、二〇一〇年)一四一頁。
(23) 加藤祐三『黒船異変――ペリーの挑戦――』(岩波書店［岩波新書］、一九八八年)参照。
(24) アメリカ国際法学者のウィートン(H. Wheaton)のElements of International Law, 1836が、中国で活動していたアメリカ人宣教師のマーティン(W. A. P. Martin)らによって翻訳された『万国公法』(一八六四年)において、peaceが「和平」と訳された箇所で詳述されており、この著作は早くも翌年日本に受容され、国際法の分野で大きな影響力を与えたことはよく知られている。
(25) 坂口満宏「解題」(『近代日本「平和運動」資料集成』不二出版、二〇〇五年)、色川大吉『北村透谷』(東京大学出版会、一九九四年)一五六頁以下、など参照。
(26) 柏木義円「非戦主義者」(『上毛教界月報』一九〇四年三月一五日、『内村鑑三 柏木義円 河井道』日本平和論大系四、日本図書センター、一九九三年)二八七頁。
(27) 内村鑑三「非戦主義者の戦死」(『聖書之研究』一九〇四年一〇月二〇日、同書)一一九頁以下参照。
(28) 寺島俊穂「兵役拒否の思想」(『大阪府立大学紀要(人文・社会科学)』第四〇巻、一九九二年)参照。
(29) 井田進也『中江兆民のフランス』(岩波書店、一九八七年)二四九頁参照。
(30) 中江兆民『三酔人経綸問答』(岩波書店［岩波文庫］、一九六五年)一五三頁。
(31) 詳しくは、出原政雄「近代日本における西洋平和思想の受容――カントとトルストイを中心に――」(千葉眞編『平和の政治思想史』おうふう、二〇〇九年)参照。
(32) 三谷太一郎「吉野作造の平和論」『新版 大正デモクラシー――吉野作造の時代――』(東京大学出版会、一九九五年)参照。
(33) 吉野作造「近世平和運動論」(『国家学会雑誌』二四巻二号、一九一〇年二月)二五三頁。

（34）吉野作造「国際精神の訓育――カント生誕に際して――」（『東京朝日新聞』一九二四年四月二二日）、『公人の常識』（文化生活研究会、一九二五年）、三〇頁。
（35）詳しくは出原政雄「明治末期における非戦論の諸相――社会主義とキリスト教――」（西田毅編『近代日本のアポリア――近代化と自我・ナショナリズムの諸相――』晃洋書房、二〇〇一年）参照。
（36）「原田定助宛書簡」一九〇四年八月三一日、『田中正造文集（二）』（岩波書店［岩波文庫］、二〇〇五年）一五頁。
（37）「佐藤良太郎長女宛書簡」同年九月九日、同書、二〇頁。
（38）政池仁『愛国者の平和論』（聖書の農村社、一九三五年）『南原繁　政池仁　浅見仙作』（日本平和論大系一三、日本図書センター、一九九四年）一九〇頁。
（39）出原政雄『自由民権期の政治思想』（法律文化社、一九九五年）二五八頁以下参照。
（40）清沢洌はこの論説のなかで、朝鮮の内乱防止および満州の権益確保のためには「最小限度の兵力の存置」は例外的に必要と考えており、石橋の立論とは明らかに異なっており、また石橋の場合も軍備撤廃論は十五年戦争の時期には姿を消すという論点など詳しく論じるべきであるが、後日に期す。
（41）和田春樹「戦後日本平和主義の原点」（『思想』二〇〇二年一二月）、および同『「平和国家」の誕生――戦後日本の原点と変容――』（岩波書店、二〇一五年）参照。
（42）矢内原忠雄「平和論と柔和論」（『嘉信』一九四八年三月）、『矢内原忠雄全集』一九巻（岩波書店、一九六四年）三四一頁。
（43）詳しくは出原政雄「矢内原忠雄の戦後平和思想」（出原政雄編『戦後日本思想と知識人の役割』法律文化社、二〇一五年）参照。
（44）詳しくは出原政雄「核廃絶に向けて――湯川秀樹を中心に――」（憲法研究所・上田勝美編『平和憲法と人権・民主主義』法律文化社、二〇一二年）参照。

参考文献

石田雄『日本の政治と言葉（下）――「平和」と「国家」――』（東京大学出版会、一九八九年）。

「平和」観念の両義性（正戦論と絶対非戦論）に着目して、その織りなす構図を明治日本から戦後にかけて考察した論文があり、歴史的理解を得るには最適である。

田畑忍編著『近現代日本の平和思想——平和憲法の思想的源流と発展——』（ミネルヴァ書房、一九九三年）。

近現代日本の平和思想を担った主要な人物を取り上げてコンパクトに解説している。この時代の平和思想に人物から接近する入門書として利用するのに適している。

千葉眞編『平和の政治思想史』（おうふう、二〇〇九年）。

西洋と日本におけるよく知られた主要な平和思想家が取り上げられており、主として政治思想史の観点から分析された論文集である。

落合功『「徳川の平和」を考える』（日本経済評論社、二〇一五年）。

約二五〇年間にわたる「天下泰平」の徳川時代が再評価され、現代に生かせる教訓を得ようとしている。類似書に、高橋敏『江戸の平和力——戦争をしなかった江戸の250年——』（敬文舎、二〇一五年）がある。

鶴見俊輔監修『平和人物大事典』（日本図書センター、二〇〇六年）。

幕末日本から現代にかけて、少しでも「平和」に関連のある日本人を網羅的に紹介している。また巻末には明治以降の平和思想や平和運動に関する知識を得るに便利な小論がある。

経済

武藤秀太郎

はじめに

今日、「政治」と対比的に用いられることの多い「経済」。この経済という漢字語に対応する英語として思い浮かべるのは、‘economy’であろう。手元にある和英辞典で「経済」を引いてみても、「社会・国家・家庭などの経済」と「節約」の語義で、それぞれ冒頭に‘(an) economy’が記載されている[1]。反対に、英和辞典における‘economy’の項目でも、第一に挙げられている語義は、「経済」である[2]。これは日本だけでなく、同じく漢字を用いる中国、さらには漢字使用圏に属した韓国（朝鮮）、ベトナムでも、‘economy’の訳語として、「経済（경제、kinh tế）」という言葉が定着している。

英和辞典の‘economy’には、「経済」のほか「節約」「秩序」「摂理」など、多様な語義が付されている。こうした「経済」に限られない‘economy’の多元性にかんがみ、近年ではそのまま「エコノミー」と音訳することも多い。そもそも、一九世紀中葉の日本人が‘economy’という概念に接した際、当初から「経済」と翻訳したわけではなかった。日本で編まれた最初の英和辞典である堀達之助『英和対訳袖珍辞書』（一八六二）では、‘economy’は「家事すること、倹約すること」と説明されている[3]。他方、「経済」という訳語があてられたのは、‘political economy’であった。また、J・C・ヘボンが編纂した『和英語林集成』は、初版（一八六七年）で「経済」を‘economy’と訳しているものの、再版（一八七二年）、三版（一八八六年）になると、‘fiscal, or financial matters’

と書き改められている。当時はまだ、「経済」と‘economy’は、はっきりと対応するものでなかったのだろう。『和英語林集成』初版、再版、三版と一貫して「経済学」が、‘political economy’と翻訳されたのとは対照的である。‘political economy’は、総じて「経済学」と翻訳され、一学問分野として認知されていくこととなる。

ただ、「経済学」を先と同じ最近の和英辞典で引くと、‘political economy’でなく、‘economics’と表記されている。[4] これは、一九世紀末前後に、「経済学」を表す英語が、‘political economy’から‘economics’へと変遷をとげたためである。これにともない、‘political’という形容詞をはずした‘economy’を、「経済」と訳すのが主流となってゆく。

西洋に由来する学問分野の訳語である漢字語には、大きく二つのタイプがある。[5] 一つは、哲学（philosophy）や美学（aesthetics）、体育（physical education）のように、翻訳を通じ、新たに創造された語である。もう一つは、もともと存在した概念をあてはめる形で適用したものである。政治（politics）、法律（laws）、倫理（ethics）、物理（physics）などの名称がこれにあたる。経済も、その用例を中国の古典籍にみとめることができ、徳川時代の日本でしばしば著作の題名などに用いられた語である。

本章の課題である「経済」という概念の歴史的な継承と意味内容の変遷を考察するにあたり、第一節を古代―一九世紀中葉、第二節を一九世紀中葉―二〇世紀初頭、第三節を二〇世紀初頭以降と、三期に大きく区分したい。第一節と第二節を分かつのは、いうまでもなく‘political economy’との接触であり、第二節と第三節の間には、‘economics’の一般化をうけた「経済学」の再解釈がある。もちろん、西洋経済学の学知は、英語だけでなくオランダ語、ドイツ語、フランス語を通じても受容された。ただ、訳語となった「経済学」の参照基準となったのは、何より英語の‘political economy’であり、‘economics’であったといえる。それゆえ、本章では、英語との対応関係に主眼をおき、必要に応じ他の言語についてもふれることとしたい。

一　古　代
――一九世紀中葉――

「経」と「済」という二つの漢字からなる「経済」。現行の国語辞典で「経済」を引けば、複数ある意味の一つとして「経世済民」

「経国済民」の略称といった記述がみえる。「経」はもともと、織物のたて糸を指し、のちに上下、あるいは南北に通ずるものを表すようになった。経度や経線の「経」がそれにあたる。これがさらに、物事をまっすぐに貫く一本の道理、ひいては物事を治めることを含意することとなる。

対して「済」の原義は、「河を渡る」である。これから転じて、「救う、助ける」の意味をもつにいたった。船人となり、世人を苦海の此岸から極楽の彼岸へと導くという仏教用語の「済度」には、この渡河と救助の両義が含まれていよう。こうした「経」「済」の原義から解釈すれば、「経世済民」「経国済民」はそれぞれ、「世を経《おさ》め、民を済《すく》う」「国を経《おさ》め、民を済《すく》う」となる。

文献上にみられる「経済」という語の古い用例としては、沈約が五世紀末より編纂した二十四史の一つである『宋書』列伝第五十七に、「檀和之忠果到列、思略経済（檀和之は忠果到列にして、思略経済なり）」と、文帝がチャンパ王国を討伐した檀和之を「思略経済」と評した一節がある。また、隋代の儒学者であった王通の言行を記録したものとされる『文中子 中説』礼楽篇に、「皆有経済之道而位不逢（皆経済の道有りて位逢はず）」という記述がみられる。これは、王通とその家系を評したもので、代々「経済之道」を会得しながら、明君にめぐり会えていないことが述べられている。その理由として、「君子道」の消滅があげられており、「経済」と「君子」の「道」が一対でとらえられている。

唐代の七世紀半ばにまとめられた『晋書』にも、（一）「夫貞廉之士、未必能経済世務（夫れ貞廉の士、未だ必ずしも世務を経済する能はず）」（列伝第三）、（二）「各不能闡敷王教、経済遠略（各おの王教を闡敷し、遠略を経済するあたはず）」（列伝第二十九）、（三）「瞻忠亮雅正、識局経済（瞻は忠亮雅正にして、識局経済なり）」（列伝第三十八）、（四）「吾無経済之才、忝承業統（吾経済の才無く、忝く業統を承く）」（載記第二十六）など、「経済」の記述が複数確認できる。（一）は、魏の軍人で、素行の悪かった石苞を評したもので、廉潔な人が「経済世務」をよくするわけでないと擁護している。（二）は、八王の乱の当事者であった司馬乂が弟の司馬穎に送った手紙の一節で、おのおのが王教の宣布、「経済遠略」をできずにいると指摘する。（三）は、東晋の明帝が彼に仕えた紀瞻について、「経済」を心得ていたと評価したもの、（四）は、五胡十六国時代の南涼第二代王であった禿髪利鹿孤が、自らに「経済之才」がないと述べたくだりである。これらの文章では、「経済」が統治に関わるもので、総じて個人の能力、資質として論じられているのが分かる。

このように唐代以降、「経済」の記述はふえてゆき、『旧唐書』では「鄭公達節、才周経済（鄭公節に達し、才経済に周し）」（列伝第二十二）、「圓少孤貧、志尚閎博、好読兵書、有経済宇宙之心（圓少くして孤貧なるも、志尚閎博にして、好みて兵書を読み、宇宙を経済するの心有り）」（列伝第五十八）、「彦昭長於経済、儒学優深（彦昭経済に長じ、儒学優深なり）」（列伝第一百二十八）、「遘少負大節、以経済為己任（遘少くして大節を負ひ、経済を以て己が任と為す）」（列伝第一百二十九）など、全体で一〇カ所以上登場する。ここで挙げた文章もやはり個人を評価する文脈で「経済」が用いられている。また、歴史書だけでなく唐詩でも、「経済」がうたわれた。例えば、李白の詩には「早懐経済策 特受龍顔顧（早に経済の策を懐き、特に龍顔の顧を受く）」（『全唐詩』巻一百六十九）、「問以経済策 茫如墜煙霧（問ふに経済の策を以てすれば、茫として煙霧に墜つるが如し）」（巻一百七十一）、杜甫には「子負経済才 天門鬱嵯峨（子経済の才を負ひ、天門鬱として嵯峨たり）」（巻二百二十）、白居易に「万言経済略 三策太平基（万言経済の略、三策太平の基）」（巻四百三十六）といったように、「経済」に言及したものが多くみられる。

こうして官だけでなく、一般に使用されるようになった「経済」に、新たな意味を付与したと考えられるのが、北宋の思想家であった李覯である。李覯は数え年で三一歳にあたる一〇三九年、富国策、強兵策、安民策をそれぞれ一〇ずつ、計三〇策を立案した。その富国策の冒頭は、つぎのような書き出しではじまっている。

愚窃観儒者之論、鮮不貴義而賤利。其言非道徳教化則不出諸口矣。然洪範八政、「一曰食、二曰貨」。孔子曰「足食、足兵、民信之矣」。是則治国之実、必本於財用。蓋城郭宮室、非財不完。羞服車馬、非財不具。百官群吏、非財不養。軍旅征戍、非財不給。郊社宗廟、非財不事。兄弟婚媾、非財不親。諸侯四夷、朝覲聘問、非財不接。矜寡孤独、凶荒札瘥、非財不恤。礼以是挙、政以是成、愛以是立、威以是行。舎是而克為治者、未之有也。是故賢聖之君、経済之士、必先富其国焉（愚窃かに儒者の論を観るに、義を貴びて利を賤しまざるは鮮し。其の言道徳教化に非ざれば、則ち諸を口に出ださず。然るに『洪範』八政に、「一に曰く食、二に曰く貨」と。孔子曰く、「食を足らし、兵を足らし、民之を信ず」と。是れ則ち国を治むる実にして、必ず財用に本づく。蓋し城郭宮室は、財に非ずんば完からず。羞服車馬は、財に非ずんば具はらず。百官群吏は、財に非ずんば養はれず。軍旅征戍は、財に非ずんば給せず。郊社宗廟は、財に非ずんば事へず。兄弟婚媾は、財に非ずんば親しまず。諸侯四夷、朝覲聘問は、財に非ずんば接せず。矜寡孤独、凶荒札瘥は、財に非ずんば恤れまず。礼は是を以て挙がり、政は是を以て成り、愛は是を以て立ち、威は是を以て行はる。是を舎てて克く治を為す者、未だ之有らざるなり。是の故に賢聖の君、経済の士、必ず先づ其の国を富ます(6)。

李覯のみるところ、「鮮不貴義而賤利」すなわち「義」を貴び、「利」を賤しむ者が多い。だが、洪範九疇の八政や孔子の言葉にもあるように、「治国之実」をあげるには、「財」を用いなければならない。何事をなすにも、「財」がなくてはうまくゆかないからである。それゆえ、「賢聖之君、経済之士」は、まずその国を富ませる必要がある。この冒頭文から分かるように、「経済」が「富国」と不可分のものとみなされたのである。

李覯はまた、「王道」と「覇道」に優劣がなく、その担い手の地位に付随した名称の違いにすぎないと主張した。すなわち、天子が天下を安んずるのが「王道」であるのに対し、諸侯がその国を安んずれば「覇道」となる。そこに「純」と「駁」、「義」と「利」といった区別は存在しない。このような立場から打ちだされた李覯の諸方策は、胡適によって新法を実行した王安石の先駆と評されている(7)。

宋代以降、「経済」は書名にも用いられるようになった。『宋史』によれば、劉顔なる人物が『経済枢言』と題した書を著したとされ、また「芸文志」に『経済集』一二巻が挙げられている(8)。『明史』の「芸文志」にも、黄溥『皇明経済録』一八巻、戴鱀『経済考略』二〇巻、王傑『経済総論』一〇巻、屠本畯『山林経済籍』二四巻、馮琦『経済類編』一〇〇巻、陳仁錫『経済八編類纂』二五五巻とある。これら以外にも、『四庫全書』をひもとけば、「経済」を冠した書が宋から明代にわたり確認できる。ただ、南宋の朱熹が樹立した朱子学が儒学の正統としての地位を確立し、「義」と「利」の弁別が強調されると、李覯の説いた「経済」と「富国」の結びつきは後景にしりぞいてしまった。この「経済」と「富国」の関連が再びクローズアップされるのが、徳川時代の日本であった。

一般に、日本で「経済」という語をタイトルに用いた最初の書として知られているのが、太宰春台が一七二九年に公刊した『経済録』一〇巻である。春台は『経済録』冒頭で、「凡天下国家を治むるを経済と云、世を経め民を済うと云う義也」と定義し、「経」「済」の語源的意義を一通り解説する。「凡経済は、古を稽へ古を師とするを貴ぶ」。「経済」について、こうも説いた春台は、他方でことごとく古の政にならうのでなく、「時」「理」「勢」「人情」の四つをみきわめる必要性を力説した。とくに、春台が重視したのが「時」である。「時」が変われば、それに応じた「経済」も異なってくる。春台は、春秋時代における斉国の桓公に仕えた「覇者の宰相」管仲の事績についても、つぎのように支持を表明していた。

管仲が斉国を治めしは、国を富すことを本とせり。国富めば兵を強くすることも易し、因て是を富国強兵の道という。富国強兵を覇者の術というは、後世の腐儒の妄説也。堯舜より以来、孔子の教に至る迨、聖人の天下を治る道、富国強兵に非るはなし。富国強兵という内に、富国は強兵の本也。然れば天下国家を治る人は、食貨の道を能々心に懸て、臣民を養ひ、四維を張り、国用軍用匱しからぬ様に思慮せらるべきこと也。(9)

ここでいう「腐儒の妄説」とは、「覇道」を賤しむべきものとした朱子学を指していよう。管仲の行った覇術も、二帝三王の治も、「富国強兵」を本道とした点で一致する。朱子学を否定した古学派の流れに位置する春台の「経済」論は、王覇の別を廃し、「富国」を一貫した課題とみなすなど、李覯の主張と多くの共通性をもっていたといえる。

いささか異なる観点ながら、王覇を立場の違いとし、「富国」を唱えた思想家に、海保青陵がいる。例えば、青陵が加賀の者に指南したものとされる『経済話』では、「王」と「覇」がこう説明されていた。

天下を治むる仕方と一国を治る仕方とは、骨組は同じことなれども、肉色は大に違うこと也。骨組とは其意なり。肉色とは其仕業なり。国を世話にする仕業にて天下を世話にすれば、天下は必定乱るゝなり。天下の仕業にて国の世話をやけば、国は必定滅ぶるなり。故に第一に此別れを知るべし。今符牒の言ばに、天下のことを王といい、国のことを覇と云なり。(10)

公方のような「王」が治める「天下」では、東国の金銀が西国へ移っても、その内にあることに変わりがない。これに対し、他の諸侯ら「覇」が治める「一国」において、自国の金銀が他国へもちだされれば、それを用いることはできなくなってしまう。ゆえに、「王」と異なり「覇」にあっては、金銀が他国へ流出したら、またそれだけの流入があるように仕向けなければならないというのである。

「王」と「覇」で「経済」の有り様も変わるが、めざすところは同じ「富国」である。「利はすてべきものにあらず[11]」とした青陵は、「国の貧に成るは、全く後儒の富国の邪魔をする故也」と、「富国」を忌避する「後儒」の態度を非難した。この「後儒」とは、やはり朱子学者を念頭においていたと考えられる。他方、青陵は「後儒」に悪人とみなされた王安石の手腕を高く評価していた。

以上のように、一八世紀より日本で用いられるようになった「経済」は、それまで支配的学説であった朱子学を批判し、儒学を再解釈する中で、「富国」と強く結びついていった。青陵の一回り年下にあたり、『経済要録』『経済要略』『経済問答』など、多くの「経済」論を著した佐藤信淵も、「経済とは、国土を経営し万貨を豊穣にして人民を済救するの道なり[12]」と、「経済」の使命を「富国」化に置いていた。その方策は論者により違いがあれ、「経済」と「富国」が一対のものであるという認識が広く共有されていったのである。

二　一九世紀中葉
――二〇世紀初頭――

誰が最初に、'political economy' を「経済学」と訳したのか。これは現時点でまだ、特定されるにいたっていない。「はじめに」でふれたように、日本で最初の英和辞書『英和対訳袖珍辞書』では、'political economy' が「経済」と訳されていた。この辞書が発刊されたのと同じ一八六二年、蕃書調所に勤務した西周が友人の松岡鏻次郎に書き送った手紙には、「小生頃来西洋之性理之学、又経済学抔之一端を窺候処、実に可驚公平正大之論に而、従来所学漢説とは頗端を異にし候処も有之哉に相覚申候」と、西洋の「経済学」にふれたくだりがみえる[13]。「経済学」も、厳維の詩に「還将経済学　来問道安師（還た経済の学を将て、来たり道安師に問ふ）（『全唐詩』巻二百六十三）とあるように、唐代から存在した語であった[14]。

松岡へ手紙を書いた翌月、西周は同僚の津田真道とともに、幕府の命をうけ、オランダ留学の途についた。ロッテルダムに着いた西と津田は、西洋の学問を包括的に学ぼうと、ライデン大学のS・フィッセリングに教えを請うた。これをうけ、フィッセリングが作成した五教科からなる講義方針の覚書がある。この覚書には、津田の手になるとみられる訳文が存在し、教科の一つである'Staathuishoudkunde'が、「経済学」と訳されていた(15)。

約二年にわたり、フィッセリングから講義をうけた西と津田は帰国後、その講義録の翻訳に着手した。しかし、五教科のうち、津田が担当した「経済学」だけが、未完におわり、刊行にいたらなかった。西洋の経済書を翻訳、紹介した日本で最初の著作は、西、津田と同じく蕃書調所で働いていた神田孝平が、W・エリスの *Outlines of Social Economics* をオランダ語訳から重訳し、一八六七年に公刊した『経済小学』である。

この神田が底本としたオランダ語版のタイトルは、*Grondtrekken der Staatshuishoudkunde* であり、やはり'Staat(s) huishoudkunde'を「経済学」と解したことが分かる。ただ、神田は『経済小学』に付した序で、「経済学」の語を用いた際、「ポリチーキエコノミー」とルビを振っており、英語の'political economy'に該当するとみなしていた(16)。さらに、『西洋事情』外編（一八六八）でチェンバース社の *Political economy, for use in schools, and for private instruction* を抄訳、解説した福沢諭吉になると、「経済（学）」は'political economy'の訳語として、はっきりと定義づけされることとなる。

ここで注意したいのは、福沢が'political economy'で説かれる内容と、その本来の語義に齟齬があると記していた点である。これについて、福沢は読者に、こう注意をうながしていた。

「ポリチカル・エコノミー」経済と訳すの字は、其字義を以て事実の義を尽すに足らず。「エコノミー」とは希臘《ギリシャ》の語にて家法と云う義なり。家法とは家を保つの規則にて、家内百般の事を整理することなり。家事を整理するの術は無益の費を省くを以て大眼目とするが故に、「エコノミー」の文字は唯質素倹約の義にのみ用ゆることあり。上の「ポリチカル」の字は国と云える義なれば、此二字を合せて「ポリチカル・エコノミー」と云うときは、唯国民、家を保つの法と云える義を成すのみ。

経済は畢竟一種の学文にて、之を法術と云う可らず。(17)

「ポリチカル・エコノミー」すなわち‘political economy’の「字義」は、実際にそれが有している「事実の義」をカバーしきれていない。というのも、‘economy’はもともとギリシア語で「家法」、‘political’が「国」をそれぞれ表し、‘political economy’は、国民、国家を保つ法を意味するにすぎないからである。確かに、‘economy’のギリシア語‘οικονομία’は、家を意味する‘οίκος’と、法や秩序の‘νομος’が合わさった複合語である。また、‘political’がギリシアの都市国家を指す‘polis’すなわちポリスの形容詞形であり、福沢の解釈は的確といえる。福沢によれば、‘political economy’とは、語源的意義の有する人為的な「法術」の類でなく、自ずと世に行われる「天然の定則」をみきわめる「学文」だというのである。

福沢はまた、『西洋事情』外編で「経済学の旨とする所は、人間衣食住の需用を給し、財を増し、富を致し、人をして歓楽を享けしむるに在り」と述べていた(18)。これは、チェンバース社 *Political economy* にある一節、‘political economy is connected with the supply of his physical wants, and the enlargement of the material elements of wealth and enjoyment’を翻訳したものと考えられる(19)。では、福沢はなぜ、こうした意味内容を有する‘political economy’に「経済（学）」という訳語をあてたのであろうか。

福沢がアメリカで購入し、慶應義塾における「経済書講義」で用いたテキストに、F・ウェーランドの *The elements of political economy* がある。『西洋事情』外編の刊行と同じ一八六八年、福沢はこのウェーランド著の序論と第一編第一章の一部を翻訳していた。その序論の冒頭にあたる原文と訳文はそれぞれ、以下のとおりとなっている。

Political Economy is *the Science of Wealth*. It is sometimes defined the Science of National Wealth. This definition seems not, however, sufficiently comprehensive; inasmuch as, the laws which govern the creation of wealth are essentially the same, whether they are considered in respect to man as an *individual*, or to man as a *society*.(20)

経済とは富有の学なり。或は之を富国学の義に用ることあれども未だ其字義を尽すに足らず。蓋し富有を致すの法は一人に於けるも亦一国に於けるも其趣意に異同なければなり。[21]

ここで着目したいのは、福沢が参考としたチェンバース社、およびウェーランドの経済書で、'political economy' が 'wealth' すなわち「富」の拡大と結びついたものとして定義されている点である。前節で明らかにしたように、「経済」は一八世紀以降、「富国」を強く連想させる概念となっていた。それゆえ、「富」との関連から「経済（学）」が、'political economy' の訳語として用いられたのである。

他方で、'political economy' を「富国学（the Science of National Wealth）」とみなしては、不十分であるとも記されている。なぜなら、「富有を致すの法（the laws which govern the creation of wealth）」は、一国だけでなく一個人にもあてはまる普遍的なものだからである。これは『西洋事情』外編で、「経済」が「天然の法則」をみきわめる「学文」であるとしたこととも通ずるであろう。それゆえ、国家を対象とする意味合いをもった「経済」や 'political economy' の語源的意義とも、そぐわないこととなる。

こうした 'political economy' の語源的意義と実際の内容のズレは、のちに「経済学」がいかなる学問であるかが論じられた際、大きな争点となった。その発端となったのが、田口卯吉が『東京経済雑誌』に発表した論説「経済学は何を論する学問なるか」（一八八四年四月）である。

田口はこの論説で、「富」を交易すべきものとし、「経済学」が「交易の学問」であるとする欧米人学者の説を俎上にのせ、交易を行わないロビンソン・クルーソーのようなケースが除外されていると批判した。[22] すなわち、交易を伴わないロビンソン・クルーソーの活動も、「経済学」の考察対象に含めなければならないというのである。田口自身は『自由交易日本経済論』（一八七八年）で、「経済学」を「人為の現像の動静を支配する法に就て論ずる学問」と定義していた。[23]

この田口の主張に対し、早速翌号（一八八四年五月）の『東京経済雑誌』に反論が寄せられた。提示された八つからなる論点のうち、第一にあげられたのが 'political economy' の語源的意義から逸脱していることであった。

記者先生（田口――筆者）は大に欧米学士の説を駁さるゝものなれば、論駁に取かゝる前に一言せざるべからざることあり。そは別儀にあらず、記者先生の所謂経済学とは、英語のポリチカル、エコノミーに当るものに候哉。果して然らば、先づ第一撃を試みざるを得ず。ロビンソンが自ら衣服飲食を作ると云う現象は、経済に関係なきことにあらずと雖も、是れエコノミーなる英語の本義なる家事取賄の事にして、経済学、即ち「ポリチカル、エコノミー」の事実として論ずべからざる也。自ら作り自ら供するは一身の事なり。以て「ポリチカル」の語を冠すべらざるなり。人民相集りて社会をなすに及びて、始て「ポリチカル」の語を用ゆべし。記者先生の経済学にして「ポリチカル、エコノミー」を意味するならば、焉そロビンソンの如く孤島独居して、自ら耕し自ら織るの場合に於て経済学、世に起れりと云うを得んや。[24]

ロビンソン・クルーソーの自給生活は、「家事取賄」を意味する 'economy' にすぎない。田口が説くように、この一身上の行為を「経済学」に含めては、'economy' に 'political' の修飾語をつけた理由が失われてしまうというのである。'political economy' の語源的意義をどうふまえるべきか。この問題について、すぐさま再反論を行った田口は、自らの見解をこう表明していた。

最初命じたる名称の不都合となりしを知りし事、枚挙に遑まあらず。然れども、学者敢て之を改めず。何となれば、既に人口に膾炙し、略ほ其性質を示すに足れる名称を改むるは無益の労なればなり。経済学の如きも其一なり。英名之をポリチカル、エコノミーと称す。ポリチカルとは政事上、則ち邦国上の義なり。エコノミーとは家政の義なり。其の義、畢竟経国の術を講ずる学にして、支那人の所謂経済学に異ならざるなり。然りと雖も、今日此学の講究する所、絶えて邦国に関係することなく、絶えて民事に関係することなし。国滅ぼるも経済学は之を憂えず、人死するも経済学は之を悲まず。[25]

学問の名称は所詮、昔の人がつけたもので、非常に狭隘である。だが、一般に定着した名称を、わざわざ改める必要はない。英語の 'political economy' と中国語の「経済学」はともに本来、「経国の術」を意味するが、今や国家と何ら関係がなくなっている。

この一見、開き直りともとれる田口の主張に対しては、別の読者が「若御新案を以て人為の現象を物括したる学を起さんとの御恩召に候えば、別名を御付け被成ては如何に候や」と、「経済学」でなく、新しい名称をつけたらどうかと揶揄していた(26)。

以上のように、「富」の学問である'political economy'に接した幕末の知識人は、「富国」と結びついた「経済（学）」を、その訳語に採用した。'political economy'の語源的意義にも、国家というニュアンスが含まれているが、それが説く実際の内容は、国家に関わりなく、一個人にも等しく適用されるものとうけとめられた。欧米の経済書を学び、その知識普及に尽力した第一人者の福沢と田口は、こうしたズレを自覚しつつ、「経済（学）」を普遍的にあてはまる法則に関する学問として理解したのである。

三　二〇世紀初頭以降

'political economy'の訳語として定着していった「経済学」。もちろん、その過程で異議が唱えられ、別の訳語が用いられたりもした。例えば、さきに「経済学」を最も早い時期に用いた人物として紹介した西周は、留学から帰国後に行った講義で、「家法」という'economy'の語源的意義をふまえつつ、'political economy'を「経済学」と訳すことに、こう疑義を呈していた。

之を唯イコノミーとのみ言うときは一家のことにあたると雖も、今ホリチカルイコノミーというときは即ち国家の制産に係わるところなり。近来津田氏世に之を訳して経済学と言えり。此語は経世済民より採り用えたる語にして、専ら活計のことを論ずるには適当せざるに似たり。故に余は孟子の制民之産の語より採りて、制産学と訳せり。凡そ民の産を制するには、必ず其主たるものなかるべからす。故にポリチカルエコノミーなる語に大概当るべしとの考えなり(27)。

ここでいう「津田氏」は、いうまでもなく一緒に留学した津田真道を指している。また、「制民之産」は『孟子』梁恵王編で、「明君制民之産、必使仰足以事父母、俯足以畜妻子、楽歳終身飽、凶年免於死亡、然後駆而之善（明君民の産を制するに、必ず仰ぎては以て父母に事ふるに足り、俯しては以て妻子を畜ふに足り、楽歳には終身飽き、凶年には死亡を免れ、然る後に駆りて善に之かしむ）」と、「明君」

を主体とする形で用いられている。西は、'political economy' の語源的意義を重視し、「制産学」と改めて訳したのである。

「理財学」も当初、'political economy' の訳語として広く用いられた。「理財」という語は、古く『易経』繫辞下伝に「何以聚人。曰財。理財正辞、禁民為非曰義（何を以てか人を聚めん。曰く財。財を理め辞を正し、民の非を為すを禁ずるを義と曰ふ）」とみえる。人をひきつけるものは財であり、正しく「理財」すなわち財を管理し、民が非行にはしるのを禁ずることが義だという意である。福沢諭吉の『西洋事情』でも、スコットランド人でフランスの財務総監となったジョン・ローを評し、「智慧ありて理財に巧なり」と、「理財」の語が用いられていた。(28)

興味深いのは、『西洋事情』で 'political economy' を「経済」「経済学」「経済之学」などと訳していた福沢の慶應義塾が、一八九〇年一月に「文学」「法律」「理財」の三科からなる大学部を開設したことである。この「理財（学）」科という名称は、大学令の規定で一九二〇年一月に「経済学」部と変更されるまで存続した。なぜ、福沢は学科名に「経済」でなく、「理財」を採用したのであろうか。

これについては、福沢が政治的ニュアンスのある「経済」でなく、科学としての表現を考慮し、「理財」としたとの指摘がある。(29) また、イギリスの自由主義経済学を基礎とした慶應義塾にとって、国家経済学に親和的な「経済学」よりも、「理財学」という呼び名の方が好ましかったともいわれている。(30) だが、そうであれば、「財を理《おさ》める」と読みくだせ、「理」が動詞的意味合いをもつ「理財」でなく、「物理」のように「財理」としなければならないだろう。実際、犬養毅はこうした観点から、'political economy' を「理財学」と訳することに反対し、「財理学」の語を用いていた。(31) 'political economy' でなく 'economics' を用いた最初期の著作としてしられるH・D・マクロードの *Economics for Beginners* を翻訳した赤坂亀次郎も、'economics' の訳語として「財理学」を用い、書名を『麻氏財理学』（一八八五年）としたのである。(32)

もちろん、福沢も「理財」が「財の理」とならないことは、百も承知であろう。そもそも、大学部の設置は「実業世界に有用の器たらしむる」人材の育成を目的とし、その資本金募集の趣意書には当初、「理財」の代わりに「商学」の名称が用いられていた。(33) これをふまえれば、「財を理める」実業人を育てるという見地から、「理財」の語が採用されるにいたったと解釈できるのでないか。

前節で述べたように、福沢にとって「経済」は、人為的な「法術」でなく、「天然の定則」をみきわめる「学文」であった。それゆえ、「法術」の習得も必要とされる学科の名称として、「経済」よりも「理財」の方が適合的であったのだろう。「理財」科の教課内容に、「簿記」や「商法」とならび、「経済学元理」「経済学諸派概論」など「経済学」を冠した課目があったことも、そう考えれば何ら不自然でない。

東京大学においても、一八七九年九月に文学部の学科組織が改編された際、文学部第一科が「史学哲学及政治学科」から「哲学政治学及理財学科」へと変更され、科目名の「経済学」が「理財学」と改められるなど、一八九三年まで総じて「理財」の語が用いられた[34]。また、今日の財務省理財局は、その起源を一八九七年までさかのぼることができる。この理財局の「理財」が意味するところも、「財を理める」にほかならない。

'political economy' の翻訳をめぐっては、中国でも紆余曲折がみられた。例えば、中国語に翻訳された最初の西洋経済書であるH・フォーセットの *Manual of Political Economy* は、『富国策』（一八八〇年）というタイトルで京師同文館から公刊された[35]。総税務司署が一八八六年に出版したW・S・ジェボンズの *Primer on Political Economy* の中国語訳も、その題名は『富国養民策』である。中国でも日本と同じく、'political economy' は「富国」化をはかるものとしてうけとめられ、より直截に「富国策」と訳されたのである。

一八九八年に設立されたものの、義和団事件により閉校していた京師大学堂が一九〇二年、京師同文館を吸収合併する形で再び開学した。この京師大学堂で教師をつとめた日本人の一人に、杉栄三郎がいる。「理財学」を担当した杉は一九〇三年、講義内容をまとめた『経済学講義』を刊行した。これが「経済学」の名を冠した中国で最初期の教材といわれている[36]。その後、山崎覚次郎『経済学』（一九〇五年）や小林丑三郎『経済学原論』（一九〇七年）など、日本の「経済学」書が翻訳され、「経済学」の語が定着していった。辛亥革命後、京師大学堂の後身である北京大学に、「経済学」門が設置された。だが、「経済学」の語はなかなか浸透しなかったようである。北京大学に一九二一年一二月、「経済学会」が設立された際にも、会長となった馬寅初は「経済の範囲、カバーするところは広い。諸家の定義もまちまちで、ある人は治家といい、またある人は理財という。中国で経済という二文字がもともと有する意義と、符合していない。けだし、その語源はギリシアに由来する。我が国が踏襲しているのは日本の訳名である」とことわらざるをえなかったのである[37]。

このように、さまざまな訳語が考案されながらも、「経済学」が'political economy'の定訳として日本、さらに中国など漢字使用圏で認知されていった。そして、'political economy'から'economics'への英語表記の変遷にともない、「経済学」といえば、'economics'を指すようになった。注目すべきは、それとともに、'political economy'を直訳したような「政治経済学」という語が用いられはじめることである。その端緒を、田口卯吉と瀧本誠一の間で交わされた論争にみとめることができる。

この論争は一九〇一年五月、「経済学」の定義に関する論文を執筆した瀧本に対し、田口が自らの主催する経済学協会の例会で報告するよう、依頼したことにはじまる。田口はその二年前に開かれた例会で、ドイツ歴史学派の代表的人物であったW・ロッシャーを俎上にのせ、彼の説く経済論が一種の「経世学」にすぎず、「サイエンス」になっていないと批判した[38]。これを念頭においてであろう、瀧本は例会の報告で、「経済学」の学説も時勢とともに変化してゆくべきことを主張した。「経済上の原則は常に変化しつゝ、進歩しつゝ、ありて片時も恒常の性質を有せざる人間社会の状態を本として設定したもの」で、数学や化学のようなエグザクト・サイエンスとはまったく異なっている。瀧本は、オーストリア学派と歴史学派の間で交わされた方法論争にふれつつ、前者の手法をこう評していた。

世の学者中には経済学を二つに分けて、一方は経済をアートと看做してポリチカル、エコノミーと云い、他の一方は純粋の学問と称してピユーア、エコノミクスと名付くる者もありますが、所謂オーストリヤン、スクールの学者は此の二つの中、ピユーア、エコノミクスばかり取ったという話であるから、是では片輪だ、完全なる経済学の半分しか組立てることが出来ない……[39]。

いうまでもなく、瀧本自身の立場は歴史学派にあった。ここで注意したいのは、「経済学」を'political economy'と'pure economics'に区別している点である。'pure economics'すなわち「純粋経済学」に対置されるのは通常、瀧本も別の箇所で用いているように'applied economics'、「応用経済学」であろう。

この瀧本の報告をうけ、田口はすぐさま翌月の例会で反論を行った。「ロー理法というものは宇宙間で普通なものである」、「エコノミック、ロー経済の《ママ》理というものは、是は人間の性質の変らぬ中は始終一つである」(40)。こう考えた田口にとって、瀧本の説くように「経済学」の学説を時代の産物とみなしたり、二つに分類したりすることは、ナンセンスにほかならなかった。「経済学」に「歴史的方法」は無用で、もっぱら「論理的方法」にもとづき「原則」を極めればよいというのである。

これに対し、さらに翌月の例会で報告した瀧本は、田口の反論をマンチェスター学派の受売りとしりぞけた上で、こう自説を展開した。

> 経済学というものはコスモポリタンでなければならないという御考であるか、私共は決してそういうことは言いはせん、経済学は時代に依り場所に依り国に依って変化し発達して行くのであって、即ち日本にはジヤパニース、ポリチカル、エコノミーがあるべきであろうと思う……(41)。

日本には、ジャパニーズ・ポリティカル・エコノミー（Japanese political economy）がなければならない。実際、瀧本はこうした考えにもとづき、日本歴代の経済書を蒐集し、『日本経済大典』（全五四巻）に結実する文献資料集の編纂に従事したのである。

この瀧本が提起したジャパニーズ・ポリティカル・エコノミーが、さかんに唱えられるようになるのが、盧溝橋事件にはじまる日中戦争期のことであった。土方成美『日本経済学への道』（一九三八年）、大熊信行『政治経済学の問題』（一九四〇年）、本庄栄治郎『日本経済学の成立』（一九四二年）、板垣與一『政治経済学の方法』（一九四二年）など、「日本経済学」「政治経済学」の樹立をうたった著作が、「純粋経済学」に対抗する形で続々と出版された(42)。そこで唱えられたのは、「経済学の究極目標は、所謂法則の発見ではない。人間生活の中に於ける経済生活、経済生活の中に於ける個人の位置を明瞭にし、個人の経済生活を指導することを目標とするものと考える」といったように(43)、法則を論ずるのでなく、実践的なアートとしての「経済学」であった。こうして'political economy'は、「経済学」から「政治経済学」へと名を変え、新たな意味を帯び、戦時中の日本で流布するにいたったのである。

おわりに

もともと、「治め、救う」という意味をもつ漢字から構成された「経済」。五世紀以来、中国の古典籍に出てくる「経済」は当初、世の中を統治する個人の資質を表す概念として用いられた。この「経済」の士がめざすべきものを、何より「富国」化においたのが、北宋の李覯である。しかし、李覯の主張はその後、「富国」を覇道としりぞける朱子学の影に隠れてしまった。「経済」を再び「富国」と結びつけて考えるようになったのが、一八世紀の日本であった。太宰春台は『経済録』で、「覇者の宰相」であった管仲を再評価し、「富国」強兵を「経済」の最重要課題とした。この朱子学を批判した古学派の流れから生まれた「経済」観は、海保青陵や佐藤信淵へとうけつがれていくこととなる。

幕末開港後、日本人が西洋の'political economy'に接した際、「経済（学）」と訳したのも、それが「富」の学問であったからにほかならない。他方で、当時日本がうけいれた'political economy'は、国家に限定されない普遍的な法則を論ずる学問とみなされた。すなわち、翻訳語となる以前に「経済（学）」が有していた意味と、'political economy'の説く内容に、齟齬が生じていたこととなる。また、'political economy'自体、その語源的意味から乖離しているとうけとめられた。福沢諭吉や田口卯吉は、こうしたズレをふまえた上で、「経済（学）」を'political economy'の訳語として用いたのである。

ただ、「経済（学）」もすんなりと'political economy'の定訳となったわけでなく、「理財学」や「制産学」といった異なる翻訳も提起された。そうした中、「経済（学）」は日本国内にとどまらず、中国、韓国、ベトナムの漢字使用圏で、'political economy'の訳語として定着していった。これと前後して一九世紀末以降、英語で'political economy'から'economics'へと表記が変わると、「経済学」も'economics'に対応した訳語となる。

さらに二〇世紀に入ると、'political economy'が、「政治経済学」として再解釈される動きがみられた。その萌芽は、ジャパニーズ・ポリティカル・エコノミーを提唱し、「経済」がもつ本来の意味にたちかえることを主張した瀧本誠一にみとめることができる。

それが顕在化したのが日中戦争以降で、数多くの「政治経済学」「日本経済学」をうたった研究が世にだされた。だが、戦後になると一転、そうした主張はなかったかのように葬り去られてしまう。

'political economy' 'economics' という概念の収まりの悪さは、西洋人もたびたび問題にしたことであった。例えば、R・ホエートリーは、'political economy' が語源的に矛盾を含んだ概念であり、狭い意味に限定されているとして、代わりに交換の科学を意味する 'catallactics' という名称を提唱した(44)。F・ハイエクも、ホエートリーの主張をふまえつつ、'economics' の厳密な意味が、市場秩序に対する誤った認識を与えているととらえ、それを説明するために 'catallaxy' という造語を用いていた(45)。

他方、G・ミュルダールは、'political' を抜かした 'economics' が、その依拠する功利主義哲学を問うことなく、政治的中立性を装っていると批判した。研究者は、自らの価値前提を自覚した上で、政策を提示する必要がある。そうした立場から、ミュルダールは自らが 'political economist' であると明言していた(46)。

このように、'political economy' 'economics' の言語的意義とその実際の内容をめぐり、不協和音が奏でられてきた。ましてや、その訳語である「経済（学）」となると、問題はさらに複雑である。だが今後、「経済」に代わる新たな概念を考案し、一般に用いることは困難といわざるをえない。本章で論じた「経済」の多義性をふまえつつ、自己の見地を明確化した上で用いることが重要であろう。

付記

本章の執筆にあたり角谷聰、土屋太祐の両氏より貴重な御教示、助言を賜った。ここに記して謝意を表したい。

注

（1）岸野英治編『ウィズダム和英辞典』第二版（三省堂、二〇一三年）五〇八頁。

（2）高橋作太郎編『リーダーズ英和辞典』第三版（研究社、二〇一二年）七三八頁。

（3）堀達之助『英和対訳袖珍辞書』（一八六二年）二四五頁。第二版（一八六六）では、「家事スルコト、倹約スルコト、法」となっている。

（4）岸野、前掲書、五〇八頁。ほかに、'economic science' も挙げられている。
（5）馮天瑜『「封建」考論』修訂版（中国社会科学出版社、二〇一〇年）二頁。
（6）李覯「富国策」（『李覯集』中華書局、二〇一一年（第二版））一三八頁。
（7）胡適「記李覯的学説 ― 一個不曽得君行道的王安石」（『胡適全集』第二巻、安徽教育出版社、二〇〇七年（重印））二八頁。
（8）葉坦「〝中国経済学〟尋根」『中国社会科学』一九九八年第四期、一九九八年七月、六二頁。
（9）太宰純「経済録」（『日本経済大典』第九巻、啓明社、一九二八年）四九〇頁。
（10）海保青陵「経済話」（『海保青陵全集』八千代出版、一九七六年）三一七頁。
（11）海保青陵「稽古談」同書五頁。
（12）佐藤信淵「経済問答」（『佐藤信淵家学全集』中巻、岩波書店、一九二六年）三〇九頁。
（13）西周「西洋哲学に対する関心を述べた松岡鏻次郎宛の書翰」（『西周全集』第一巻、宗高書房、一九六〇年）八頁。
（14）馮天瑜著、呉咏梅訳「中国語、日本語、西洋語間の相互伝播と翻訳のプロセスにおける「経済」という概念の変遷」（『日本研究』第三一集、二〇〇五年一〇月）一六六頁。
（15）西周「五科学習に関するフィセリングの覚書」（『西周全集』第二巻、宗高書房、一九六一年）一四三頁。
（16）神田孝平『経済小学』紀伊国屋源兵衛、一八六七年、一頁。
（17）福沢諭吉「西洋事情」外編巻之三（『福沢諭吉全集』第一巻、岩波書店、一九五八年）四五七頁。
（18）同書、四五六頁。
（19）*Political Economy, for Use in Schools, and for Private Instruction*, Edinburgh: William and Robert Chambers, 1852, p. 49.
（20）Francis Wayland, *The Elements of Political Economy*, Boston: Gould and Lincoln, 1855, p. 15.
（21）福沢諭吉「経済全書」巻之一（『福沢諭吉全集』第一九巻、岩波書店、一九六二年）二〇四頁。
（22）田口卯吉「経済学は何を論する学問なるか」（『東京経済雑誌』第二一一号、一八八四年四月二六日）五一二―五一五頁。
（23）田口卯吉「自由交易日本経済論」（『鼎軒田口卯吉全集』第三巻、一九九〇年（復刊））一三頁。
（24）東山堂の人「東京経済雑誌を読む」（『東京経済雑誌』第二一二号、一八八四年五月三日）五五九―五六〇頁。

(25)「学問の性質」(『東京経済雑誌』第二一三号、一八八四年五月一〇日)五八二—五八三頁。
(26)秋浦芳水生「経済雑誌記者に質す」(『東京経済雑誌』第二一五号、一八八四年五月二四日)六五五—六五六頁。
(27)西周「百学連環」第二編下(『西周全集』第四巻、宗高書房、一九八一年)二三五頁。
(28)福沢諭吉「西洋事情」第二編巻之三(『福沢諭吉全集』第一巻)五七三頁。
(29)慶應義塾編『慶應義塾百年史』別巻(大学編)(慶應義塾、一九六二年)二〇一—二〇二頁。
(30)李憲昶「漢字文化圏における Political Economy と Economics の翻訳」(沈国威編『漢字文化圏諸言語の近代語彙の形成——創出と共有——』関西大学出版部、二〇〇八年)一九四—一九五頁。
(31)ヘンリーシーケレー、『圭氏経済学』(犬養毅訳、犬養毅、一八八四年)一—二頁。
(32)マクレオッド『麻氏財理学』(赤坂亀次郎訳、集成社、一八八九年)五—六頁。
(33)慶應義塾編『慶應義塾百年史』中巻(前)(慶應義塾、一九六〇年)八四三頁。
(34)東京大学経済学部編『東京大学経済学部五十年史』(東京大学経済学部、一九七六年)四—七頁。
(35)戴金珊『中国近代資産階級経済発展思想』(福建人民出版社、一九九八年)一八五—一八七頁。
(36)李競能「論清末西方資産階級経済学的伝入中国」(『経済研究』一九七九年第二期、一九七九年三月)七二頁。
(37)「発刊詞」『北大経済学会半月刊』第一号(一九二二年一二月一七日)。
(38)田口卯吉「ロッシエル氏商工経済論を読む」(『東京経済雑誌』第九八〇号、一八九九年五月二七日)一〇七二—一〇七三頁。
(39)瀧本誠一「経済学研究の方法」(『東京経済雑誌』第一〇八四号、一九〇一年六月八日)一二〇二頁。
(40)田口卯吉「経済学は心理的科学なり」(『東京経済雑誌』第一〇八八号、一九〇一年七月六日)一三頁。
(41)瀧本誠一「田口博士の駁論に答ふ」(『東京経済雑誌』第一一〇二号、一九〇一年一〇月一二日)七三三頁。
(42)牧野邦昭『戦時下の経済学者』(中央公論新社、二〇一〇年)一一五—一二〇頁。
(43)土方成美『日本経済学への道』(日本評論社、一九三八年)六頁。
(44)Richard Whately, *Introductory Lectures on Political Economy*, London: B. Fellows, 1831, pp. 4-6.
(45)F・A・ハイエク「法と立法と自由」(『ハイエク全集』第九巻、篠塚慎吾訳、春秋社、一九八七年)一〇八—一〇九頁。

(46) Gunnar Myrdal, "What is Political Economy?" in Robert A. Solo and Charles W. Anderson ed., *Value Judgment and Income Distribution*, New York: Praeger, 1981, pp. 41-47.

参考文献

ここでは、注でふれなかったが、大いに参考とした最近の文献をあげる。

ダヴィッド・メルヴァルト「経済の思想」(苅部直ほか編『日本の思想』第六巻、岩波書店、二〇一三年)。

「経済」が'economy'の訳語となった歴史的条件が、著者の独特な観点から考察されている。

森時彦「清末におけるpolitical economyの受容—梁啓超を中心に」(石川禎浩、狹間直樹編『近代東アジアにおける翻訳概念の展開』京都大学人文科学研究所、二〇一三年)。

本章でも簡単にふれた中国における'political economy'の受容過程が、詳細に論じられている。

『ニュクス』(創刊号、堀之内出版、二〇一五年一月)。

特集「〈エコノミー〉概念の思想史」で、「エコノミー」「経済」をめぐる東西の研究動向がコンパクトにまとめられている。

理と利

菅原　光

はじめに

福沢諭吉（一八三四―一九〇一）は「利を争うは即ち理を争うことなり[1]」という、「理」と「利」とを対にした議論を展開している。西洋思想理解の素地となったとも言われるこのような「理」・「利」の捉え方の延長上に、「利」を否定的に捉える儒教を時代遅れの思想とみなし、「利」を積極的に肯定する視点を持ち得ているかどうかを近代と前近代とを分ける分岐点とするような発想が生じてくることになる。

しかし本来、「理」・「利」という儒学において用いられてきたこの二つの概念は、敢えて言えば逆方向に位置する概念であったとは言い得るかもしれないが、反対概念というわけではなく、対にして考えられるものでもなかったらしい。「天理人欲」や「義利の弁」という表現に見られるように、「理」と対にして考えられてきたのは「欲」であり、「利」に対置されるのは「義」であった。「天理」に従って「人欲」を克服することが理想だとされてはいたが、「理」に対して「利」を対置させる発想法は一般的ではなく、「天理人欲」とは言っても「天理私利」などとは普通は言わなかったようだ。その文脈で考えるならば、「利を争うは即ち理を争うことなり」と述べる福沢は、所詮は洋学者であり、儒学を理解できていなかったと考えるべきなのかもしれない。

しかし、「理」と「利」とを対にして考えてみることに全く意味がないのかと改めて問われたならば、儒学者達自身の回答は多様なものになったはずである。そのことについては「おわりに」で触れることにして、まずは、江戸時代の日本社会に一定の知的影響を与えた朱子学の世界における「理」、「利」の概念史を振り返ってみよう。[2]

一　朱子学の世界

「理」

北宋以来の儒学の新潮流を踏まえた南宋の朱熹（一一三〇―一二〇〇）によって大成されたとされる朱子学においては、世界は次のように構成されるものとして想定されているという。

この世は、「天」と「地」とによって成り立っている。それは、「天国」や「地獄」「あの世」などとは異なり、我々が現実に目で見、感じている通りの事実の話である。しかし「天」は、単に見上げた時に見える空間のことではない。止むことなく運行する太陽や、おおよそ規則正しく循環する季節、一定の法則性をもって変化する天候といった一切の現象が「天」であり「天」の働きである。「地」もまた「天」の一部である。「地」では、春になると植物が芽生え、夏の間の日照と雨とを得て成長し、秋になると食料として人の生命を支えるまでになる。このような一連の作用も「天」の働きである。

もちろん例外はある。春の次に来るべき夏がなく、春・秋・冬と言わざるを得ないような冷夏の年もある。しかし、春の次に冬がきて、その次に秋がくるということはないし、夏・冬・春・秋という運行が常態化するということもない。おおよそ春・夏・秋・冬という順番で季節がめぐり続けることに古今の別はない。雨が三六五日降り続けるということはなく、降り続く雨もいつかは止み、晴れの日が続いても、いつかは雨が降る。おおよその所では、そのような法則を我々は感じざるを得ない。なぜ、そんな法則が存在するのだろうか。偶然ではあり得ない。全ては「天」がそのように働いているからだ、そう朱子学の世界では考え、確信する。

実際に世界がそのようにして構成されていると理解することは、現代人には難しいかもしれない。しかし、そのように「理解したことにする」のは、容易《たやす》いことではないだろうか。〈人格を持った神の如き「天」が、全てをそのように作り上げた〉などという荒唐無稽なことを考える必要はない。そうではなく、依然として理解不能な部分も多いこの世界を、そのようなフィクションを用いて認識したことにすれば、それ以上に自然界の不可思議さに頭を悩ませ続ける必要がなくなり、そうであればこそ、我々は日々の日常に専念することができる。「天」という観念を用いた朱子学の世界観を、そのように思考を操作するためのフィクションとして理解するぐらいのことは、現代人にとっても決して難しいことではないはずだ。もちろん、朱子学者達は、朱子学的な世界観をフィクションとして捉えていたわけではなく、心底信じ、確信していた。

天に由来するのは、自然界の法則だけではない。無機物の他、あらゆる生物、そして人間もまた、天に由来する。それらは全て、天から与えられた「理」つまり「天理」に従って存立するからである。しかし、根底においては一つである「天理」も、個物に与えられた時には、働きとしては個物に応じて発現する。例えば、椅子には椅子の「理」があるからこそ、鉛筆ではなく椅子として存在すると考えられてきた。椅子には足があり座面があるからこそ、座るための物という椅子としての働きを全うすることができる。鉛筆はその役割を果たすことができないが、それは鉛筆には椅子の「理」が内在していないからである。椅子が椅子であるのは、そこに椅子の「理」が内在しているからである。このように、朱子学においては、一つの「物」には一つの「理」があると考える。それぞれの物にはそれぞれの「理」があり、だからこそ、それぞれの物は異なるなどと説明されることもある。

しかし、椅子はそもそも人間が作ったものなのだからと考えてしまうならば、その「理」を天が与えたと素直に理解するのは難しいようにも思えてくる。「理」は、「当に然るべき所にして已《や》む容からざると、其の然る所以にして易《か》ふ可らざる」(『大学或問』)ものとされ、それが与えられた個物の内発性を根拠付けるような概念らしいのだが、椅子が椅子としての機能を果たしている様を、椅子自身の内発性として納得するのも難しくないだろうか。椅子であったとしても、座面の前に正座すれば、机として機能させることもあり得るのだから、椅子が椅子であるのは、椅子としての「理」が内在しているからだというよりは、むしろ、椅子を椅子として機能させるように人が用いていると理解する方が素直な見方ではないだろうか。椅子とか机とかいったお決まりの比喩には、その世界に生きていない者にとっては、得心しがたい部分が残り続けるように思う。

そもそも「理」は、世界を説明するための道具であり、説明を要するものとしては想定されていなかったようだ。「○○が××なのは理のためである」と言えば、「では、理とは何か」という問いが発生しないはずの最終的な説明であり、そう説明されれば、さらなる疑問が沸いてくる余地はなかったらしい。弟子達も、「理とは何か」という問いを朱熹に発したりはしないし、朱熹もまた「理とは○○である」というような説明はしていない。だからこそ、「理」を自明のものとは捉えなくなった後世に至ると、さまざまな比喩を用いた説明が為されざるを得なくなるのだが、同時に、それらの説明は全て常にどこかでズレを抱えざるを得ないのである。(3)

人工の無機物を用いた説明よりは、人を対象にした説明の方が相対的にズレが少ないかもしれない。もうけた子を慈しみ、育てるからこそ、親は親である。人にはそのような「理」が内在しているからこそ、ほとんど全ての親は、もうけた子を慈しみ育てていくのである。そのような「理」がないならば、子育ての現実はもっと多様であって良いはずではないだろうか。しかし、ほとんど全ての親はほとんど同じような感情を持って子に接し、同じようにして育て上げていく。偶然ではない。人には、そのような「理」が天から与えられているからである。人もまた、天から与えられた「理」を内在させて生じてくるのであり、だからこそ、人は人らしく生きるのである。池に落ちそうな子どもがいれば「あっ、危ない」と感じ、無意識のままに助けようとしたり、少なくとも助けなければならないと思う。そう圧倒的大多数の人が考えてしまうのも、「天」が万人に対して万人共通の「理」を賦与しているからである。人は、生まれながらにして人としての「理」に適った完璧な性質を備えていることになり、従って人の「性」は全て善だと理解される。

これが朱子学の基本的な人間観だという。椅子の説明よりは納得しやすいようにも思えるが、だからこそと言うべきか、即座に反論が浮かんでくる説明だとも言えるかもしれない。そのような朱子学の人間観では、ネグレクトや虐待といった現実を説明できないではないか、と。池に落ちそうな子どもを前にした時に、「このまま池に落ちて死んでいく姿を見たい」と思う人間が多数派だとまで言う人はいないとしても、そのような人間がいること自体は否定できない。ネグレクトや虐待は、例外中の例外だとは言えないほどに、ありふれた日常になっている。人には万人共通の完璧な「理」が備わっていると言われても、それゆえ人の「性」は全て「善」だと言われても、実際の人間の性質は多様であり、現実に見聞きする人間が善人ばかりだとは到底思えない。このような現実をどう考えたら良いだろうか。

定義上、〈そのような者は「人」ではない〉という理屈を立てることによって応答することも可能である。しかし、朱子学にとって、この程度の反論は想定内のものであり、定義の問題に逃げる必要はなかった。「天」は、この世の全てを手取り足取りして作り上げ、日常的にコントロールするものとして考えられていたわけではなかったからである。「天」が行うのは、万物に「理」を与えることだけである。天は人に人の「理」を与えるが、与えた「理」がそのままの形で発現するかどうかというところまでは関与しない。生じた時点では天から与えられた「理」のままであるはずの人間が、しかし、常に「天理」のままに生きられるとは限らないのはそのためである。限らないどころか、どんどん「天理」から離れた生き方をしてしまうのが人間の現実である。朱子学では、この問題を「気」という観念を用いて理解するらしい。

万人共通の「理」に対し、「気」は人によってそれぞれ異なり得る。朱子学では、人の「性」を「理」に基づく「本然《ほんぜん》の性」と「気」の影響を受けて発現する「気質の性」に分類する。「本然の性」は万人共通であるのに対し「気質の性」は人によって違いがあるというのである。「理」と同義でもある「本然の性」は、人間が生きていく現実の中では、欲望などによって曇らされてしまうという。これが「気質の性」である。内在しているはずの「理」の周囲に、欲望という名のスモッグが覆い被さってしまうことで、もはや「理」は元のままの姿をハッキリとは確認できなくなってしまうし、元のままの機能を発揮し得なくなってしまうのである。あるいはまた、人間が本来のありようを見失ってしまう原因として環境の影響が挙げられることもある。「恒産なければ恒心なし」（『孟子』梁恵王上篇）と言われるように、安定的な収入がなければ、人は本来の心を失い、悪いことをもなし得るというのである。だからこそ、子育てを全うする親もいれば、周囲からのサポートがないといった逆境の中で、あるいは自尊心を保てなくなるほどの貧困状態の中で、ネグレクト、虐待に及んでしまう親も存在し得るのだという。しかし、もうけた子を虐待し死にまで至らしめる親がいるのは事実だとしても、その親でさえ、そのことを心の底から喜び、楽しんだわけではあるまい。後悔の念や、いたたまれなさを感じる瞬間もあるだろう。人としての「理」に反した行為をしているからである。例外事例を持ち出した反論に対しても、なお、朱子学的な世界観は説明能力を有し続けていると言えるだろう。

このような世界観を持つことによって、朱子学は人に対する教訓として存在することが可能になった。もしも、全知全能なる神の如き存在が全てを完璧に作ったのであれば、この世自体も、被造物たる我々も、ありのままの姿で完璧であろう。神の教えを知る必要も理解する必要もなければ、努力をする必要も一切生じてこない。逆だとしても同様だろう。生まれながらにして「悪人」という人間の存在を前提にするならば、教育も教化も矯正もあり得ず、全てを諦めるか、「悪人」を殺し続ける以外にすべきことはないと考える世界観も成立し得る。朱子学の世界観は、そのような方向へと思考を進めさせることはない。朱子学の前提からすれば、「天」は完璧であっても、「天」が作り出した世界や人間までもが完璧だとは限らない。しかし同時に、人間には誰しも可能性がある。誰もが人として完璧な存在であり得るよう、天から「理」を賦与されて生ぜしめられているからである。生まれながらにして悪という人間は存在し得ない。「天」はそのようには人を作らなかった。人は誰もが、必ず「天理」を内在させて生まれてくるのであり、「本然の性」を発揮して存在し得るはずなのである。元々のあり方に立ち戻りさえすれば、逸脱することはあり得ない。正しく生きることは、遠くにある目標ではない。元々はそうあった姿に立ち戻るだけなのである。虐待する親も、生まれながらにして虐待する者として生じてきたのではない。そうではなく、本来与えられた「天理」が作動しなくなっているか、あるいは誤作動しているだけなのである。だから、どんな悪人であっても改善可能だと朱子学では考える。

そしてまた、程度の差こそあるものの、人は誰しも、欲望を持ち、欲望に負けながら生きている。一切の欲望がなく、あるいは欲望に打ち克ち、最初から最後まで天から与えられた「理」のままに生きているという人間はいない。人は誰しも、欲望や環境によって「理」の発現が妨げられている。だからこそ、朱子学の出番がある。人としての「理」を賦与されて生ぜしめられた存在であるからこそ、多くの人は時に、〈今のままの自分で良いわけはない〉などと考えることもある。〈欲望に負けず、本来あるべき姿に立ち返りたい〉と思ったりすることもある。そんな時、どうしたら良いだろうか。朱子学を学べば良い。「理」を完全に理解し体現できたとされる歴史上の人物達の記録や言行録をよく読んで勉強することによって、「理」のありようを理解することに近づくことができる。あるいはまた、それぞれの個物と向き合って個物の理を窮めていくという方法もある。椅子ならば椅子、机ならば机、一つ一つの事物の「理」を究極の所まで窮め尽くしていくのである。個物を個物たらしめている「理」は究極的には全て「天」に基づいており、「理」は万物に共通するというのが朱子学の前提であった。それ故、個物の「理」を窮め明らかにする試みは、万物の「理」を明らかにすることにつながるし、その過程の中で、自らに与えられたはずの「理」のありようをも自覚できるようになるはずだからである。もちろん、この世には無数の個物が存在している。その全てを究極まで窮め尽くすことなど、人の一生で為し得ることではない。しかし、長く個物の「理」を窮めようと努力し続けていくと、ある時突然、全てを理解できる境地に達するという。個物を窮めたに過ぎない状態ではなく、万物のあらゆる面、「天理」そのものが、全て明らかになったという境地である。

そんなことを実際に為し得る人間はそうそういないだろう。しかし、欲望の赴くままに生きるのではなく、時勢の流れに身を委ねて生きるのでもなく、何が正しいのかと常に自問自答し続けていく姿、そのようなあり方こそを理想とする考え方が、ここから生み出されることになる。

政治に即して言うならば、このような世界観に基づいて生きている為政者は、自らの施政が「天理」にかなっているかと常に反問し続け、より良い政治を目指すことになる。こうして朱子学的な世界においては、暴力や数の力に基づいた政治とは違った政治が目指されることになる。

「利」

他方で、「利」は明らかに悪い概念であった。例えば、『論語』をはじめとする儒教の経典には、数多くの「利」批判の文言を見出すことができる。『論語』里人篇では「利によりて行へば怨み多し」とされ、それ故「君子は義に撩り、小人は利に撩る」とも述べられている。だからこそ、孔子先生は「利（と命と仁）について言及することは滅多になかった」（『論語』子罕篇）という。『大学』では「国は利を以て利と為さず、義を以て利と為す」とされているし、『孟子』梁恵王上篇では、「叟、千里を遠しとせずして来る。亦将に以て吾国を利するあらんか」と述べる梁という国の恵王に対し、孟子は「苟も義を後にして利を先にすると為さば、奪はざれば饜かず」と述べ、「利」を求めることを批判し、「利」ではなく「義」を求めるべきであると説いている。「理」と比較するまでもなく、「利」は明らかに否定されるべき概念であった。「理と利」などというテーマで改めて論ずべきことはないというほどに、両者の位置付けは明らかであった。

二　江戸時代における「理」と「利」

家職国家としての江戸社会

〈江戸時代の日本社会は儒教社会であり、徳川政権は身分制秩序に基づくその支配体制を支えるためのイデオロギーとして朱子学を採用していた〉とする「常識」からすると意外に思うかもしれないが、実は、朱子学的な世界観は江戸時代の日本社会とは相性が悪かった。「理」を追求できる素地がなかったからである。「己の欲せざるところ人に施すことなかれ」という『論語』(顔淵篇、衛霊公篇)の表現は、現代日本人にとっても違和感なく得心し得る教訓であろう。しかし、「凡そ己の欲する所の者、須く人に施すを要すべし」(『北渓字義』忠恕)と言われたならばどうであろうか。朱子学の概説書として広く江戸の人々に読まれたこの『北渓字義』では「自分がそうして欲しくないと思っていることを、人にしむけてはいけないというだけでなく、およそ自分がしたいと思っていることは、必ず人にもさせるようにしなければならない」というのである。

既に確認してきたように、朱子学が想定する「理」は一つであり、絶対的なものであった。人は全て、天から同じ「理」を与えられている以上、人にとって何が正しいかは一義的に決まってくる。複数の正しさというものはあり得ないし、価値は相対的ではあり得ない。朱子学的に考えれば、ある人が考える正しさと、別の人が考える正しさとが異なっているという場合、どちらかが間違っているか、どちらも間違っているかのいずれかでしかあり得ない。文化によって正義の捉え方も異なってくるなどとは考えない。だからこそ、自らが「理」を理解し得た際には、自分だけがその恩恵に預かるという姿勢は断じて許されない。何が正しいかを理解し得ていない人々に、正しい行為をさせるようにしなければならないのである。これはお節介などではない。正しさが唯一のものであると想定するならば、この世に存在するのは、正しさに到達し得た人間と正しさに到達していない人間だけであり、正しくない者は正しい者によって導かれるべきなのは当然のことだからである。何が正しいかが分かっているのであれば、それを他の人々にも強制し、自分以外の人達をも正しい領域へと導くことは義務である、そう朱子学では考える側面がある。

しかし、このような説明に我々は違和感を覚えるはずである。誰もが一致して共有している価値観や目的などは存在しないという前提で考える我々にとって、朱子学の発想法にはついて行けないところがあると感じられるだろう。人それぞれに価値観や考え方が違う以上、ある人にとっての「正しさ」と他者にとってのそれが異なっているのは当然であり、その差異を認識せずに自らの正義を押し付けようとする態度はナンセンスである、と。江戸時代の人々も同様であった。

これには、江戸時代の人々が家職の倫理の中で生きていたことも大きく関係している。武士は弓矢をとり、町人は算盤を弾き、農民は鋤をふるう。人々はそれぞれ異なる家職に励み、その総体として世の中が成り立っていた。しかもまた、原則として職業選択の自由はなく、どういった家に生まれたかによって、自らが打ち込むべき家職はあらかじめ決められていた。このような現状において、〈人である以上、誰もが天から「理」を与えられており、それ故、誰にも共通する正しさがある〉などとは到底考えられなかった。敢えて言えば、〈人は誰もが天から家職を与えられ、それ故、それぞれの家職に応じた生き方をする〉のが江戸時代の現実であった。生き方も考え方も、家職に応じて異ならざるを得ないのである。誰かが理解したと自称する「理」を強制されることを良しとしないのは勿論だし、その誰かも、家職を異にする他者にそれを強制しようと思い至ることはあり得なかった[4]。

しかもまた、朱子学的な意味での「理」を完璧に理解できた者がいたと仮定しても、それを他者に押し広めていくための基盤がないという条件が江戸の儒学者に課せられていた。「科挙」と呼ばれる朱子学の教養を問う官僚登用試験がシステム化されていた中国とは異なり、江戸時代における政治は世襲の武士達によって担われていたからである。武士、それも身分の高い武士の家に生まれない限り、政治に関わることは極めて困難であった。何が「理」であるかを理解した学者がいたとしても、その知見を政治に活かす可能性はなかったのである。しかもまた、武士とはそもそも戦こそを生業とする者達であり、普通、「理」の追求などに関心を払わなかった。学問に関心を持つ武士などは、軟弱で戦闘の役に立たないと思われることさえあった。儒教発祥の地、中国では想定されていない状況が、江戸時代の日本社会の現実だったのである。とするならば、儒学者による「理」の追求などは、知的遊戯にしか過ぎないということになる。

そのような現実も関係してか、伊藤仁斎や荻生徂徠をはじめとする江戸時代の儒学者達は、朱子学における「理」重視の側面に対して、批判的な検討を加えることが多かった。そのような傾向が生じていたのとほぼ同時期に、「利」を肯定的に捉えようとする思想的格闘が為されていた側面もあった。(5)

江戸時代の「利」肯定論

江戸時代の儒教思想に即して「利」を語る際には、懐徳堂に言及するのが一般的である。一七二四年に設立された懐徳堂は、経済の中心地である大坂の地にあり、また町人出資の学校であったこともあり、「利」を肯定する度合が高いとみなされてきたからである。このような見方の背景には、経済・金融面で活躍し始めた商人達やその周辺にいた学者達が自らの商業行為を正当化しようとし、「利」の追求を肯定的に捉えようとするのを当然の流れとして捉える前提があった。(6)

例えば、開設時に初代学主として迎えられた三宅石庵（一六六五—一七三〇）は、懐徳堂での講義において、「利と云ふは利欲の利にて、勝手のよいこと也。……利すると云ふと、むさぼりて勝手よきことをしてゆくことになる也」とし、利欲を貪ると、「終には家国天下をも失ひ身も失ふにいたる」と述べているが、同時に、「利」そのものは、元来は良いものだとも述べている。(7)そこで三宅は、本来は良いものである「利」を「貪る」という領域に進ませないための道具として、「仁義」の重要性を強調している。(8)三宅の後、懐徳堂の第四代学主を務めた中井竹山（一七三〇—一八〇四）も、「利を好み害を悪むは人の通情なれば、其利心を誘ふやうなれども左に非ず。学に疎く義に暗き人は先づ利害の賞罰を以て率ゆるより外はなし。其人も賞の利に就て罰の害を避んとするより身を慎み業を努むる心も出来て稍々学に志あらば、次第に人道の重きを知り仁義の美を覚る様になり、我知らず正路に入るべし(9)」という論理によって、「利」に歩み寄る議論を展開している。

「利」を肯定的に捉える傾向を持つこのような理解自体は、しかし、朱子学に抗して打ち立てられた理解ではなく、朱子学の基本的な立場を踏襲したものとして見るべきである。〈「利」を否定的に捉える朱子学〉という常識的な理解からすれば意外なことに、儒教は決して現世や社会生活を否定する思想ではなく、人として当然あるべき欲望というものを認めないわけではなく、そのような欲望は「天理」にかなったものとされる。儒学者からするならば、人としての欲望を否定した先にあるのは仏教であり、それはもちろん批判対象である。むしろ、食欲や性欲などは〈親からもらった肉体を維持し、後世に子孫を伝えていく〉という儒教にとっての最重要課題を達成するために必須の、重要な欲望なのである。

欲望をも肯定的に捉える部分もあった朱熹は、「利」についても否定的なばかりではなかった。先に引用した『孟子』梁恵王上篇についての朱熹の説明は、「天理に循へば則ち、利を求めずして自ずから利せざるは無し。人欲に徇へば則ち、利を求めて未だ得ずして害已に之に随ふ」となっている。「国は利を以て利と為さずして、義を以て利と為す」という『大学』の一節については、「蓋しただ義、これ安んじて自ずから利せざる所無し」、「義の安んずる所は即ち利の在る所」と説明している（『大学或問』）。これらの説明は、「義」の重要性を理解してもらうための戦略として、「義」は「利」を獲得するための有効な手段であるという論理が採用されているようにも読める。多くの人が「利」を望ましいものとして捉えているということを前提にした上で、その「利」を獲得したいならば「義」を目指しなさいという論理である。そう読むならば、「利」の追求は決して否定されていないと言える。

三宅石庵の、「仁義をする者は、利はせねども、自ら利がついてまはる」という主張も、懐徳堂ならではのものというわけではなく、朱子学の主張そのものとして捉えるべきだろう。「利」肯定という観点で懐徳堂の画期性を強調することは、朱子学にそもそも内在している「利」肯定の論理を見落とす恐れがある。一方で、獲得することを目指して得られる「利」や、「利」を目指した行動それ自体が否定されなければならないことは明らかだが、他方では、朱子学の基本的立場からしても、「義」を追求した結果として得られる「利」は肯定し得るのである。

「義」を追求した結果として得られる「利」は肯定し得るという朱子学的な議論の範囲を超える「利」肯定論も展開されていった。江戸時代初期を代表する儒学者であった藤原惺窩（一五六一―一六一九）は「和は義理の公よりいで、同は利欲の私よりいづるぞ。……小人はなかよきときは、親子よりもしたしけれども、その利欲にあたるとき、かたきよりもおそろしきぞ」[10]とか「財は……ほしきばかりにて、無道暴虐をもてあつめんとするにより、諸人をくるしめ、人倫をみだり、風俗をそこなひて、鳥獣よりあさまし。

悪人にみななりゆくは、此わざわいよりおこる」[11]などと述べ、利欲に対する警戒を表明している。そして同時に「此財はなくてはかなはぬぞ。たれもほつせざるものなし。……されば聖賢の教には、財をばかつてもつべからずといへるかといふに、さではあらず、天下をたもち国をまもり家をもやすんずるもの、財なくてはならず。この財を生ずるに、道をもつてするなり」[12]とも述べ、「利欲」や「財」そのものが悪いのではなく、良いか悪いかはその用い方次第だとしている。ここまでは、朱子学的発想の範囲内で理解できる議論だと言えるだろう。しかし、惺窩はまた、「国は利を以て利と為さず、義を以て利と為す」という『大学』の指摘を念頭に置いて、次のように説明している。

利と云字を一偏にあしきことに心得によつて、此語をみあやまるぞ。利は用いやうによりて、善悪ともに云字ぞ。利国と云い、利天下と云は、悪き事にはあらず。利己と云て、私ものにするによりてあしくなるぞ。[13]

ここでは、「仁義に基づいた利」とか「義を追求した結果としての利」を肯定するという次元を超え、「利を以て利と為」すことそれ自体さえも一概には否定されていない。もちろん私の「利」を求めることは否定されている。しかし、国・天下の「利」を求めることについては、むしろ積極的に肯定されているのである。「利」という概念が、善い「利」と悪い「利」とに腑分けして理解され、善い「利」ならば、それを意図的に求めることも否定されないどころではなく、むしろ推奨されていると言えるだろう。

朱子学そのものの中に、そして朱子学に基づいて展開された江戸時代の日本儒学の中に、既に「利」を肯定的に捉える視点は内在していた。荻生徂徠や海保青陵など、朱子学の範囲におさまらない儒学者達にまで視野を拡げれば、さらに積極的な「利」肯定論を見出すことができる。

三　明治前期における「理」と「利」

「利」とutilitarianism

「利」を肯定的に捉える江戸時代以来の議論の延長上に、西洋のutilitarianismへの関心も見られるようになっていった。福沢や西周（一八二九—一八九七）などによって、utilitarianismやその思想家としてのJ・ベンサム（Jeremy Bentham, 1748-1832）、J・S・ミル（John Stuart Mill, 1806-1873）が熱心に紹介され、一時はそれがブームと呼ぶべきほどに流行した時期もあった。それによって「利」の捉え方にも、画期が訪れたように見える。例えば、西は「人世三宝説」において、「公益は私利の総数なり」とする議論を展開している。[14] 福沢もまた、「私の利を營む可き事」において、「私利は公益の基にして、公益は能く私利を営むものあるに依て起る可きものなり」[15]とする同様の議論を展開している。「公」が「私」の総数であるという理解自体は、そう奇抜なものではない。「私《ワタクシ》」としての「家《イエ》」が集まることによって「公《オホヤケ》」たる「村」が成立し、「御家」（大名家）に対しては「私《ワタクシ》」である「村」が集まることによって「御家」という「公《オホヤケ》」が成立するという、伝統的に成立していた重層的な公私構造から導き出され得る理解だからである。[16] しかし、単なる「私」ではなく、「私利」の総数を「公益」であるとしたところに、彼らの理解の画期性がある。儒学においては、「私」も「利」も、基本的にはネガティブに捉えなければならない概念であり、それらはいくら集まっても「公」にはなり得ないからである。しかし西や福沢は、「公益」というものを、事前に決定されている正義や善に類する領域で考えるのではなく、事後的に判定され得るに過ぎない結果として捉える。ここにおいて「利」は、「私利」でさえ、肯定的に捉え直されるようになっているのである。

もちろん、各人の私利追求は、場合によっては、他者の私利を侵害することもあり得るし、全体の利益と衝突することもあるだろう。私利の総和が公益だとは簡単には言えないはずである。utilitarianismに対する定番の批判であり、西や福沢に対しても、「公益」を「私利」の総数とするような理解は「予定調和的な楽観論」に過ぎないとして寄せられ続けた批判であった。

しかし、R・グッディン（Robert E. Goodin, 一九五〇―）によれば、utilitarianism は本来、「個人の私生活上の道徳」に関わるものではなく、社会全体の利益という観点から政策を決定するための「公共哲学」であった[17]。つまり、utilitarianism はそもそも、私利同士、あるいは私利と公益とが衝突することを当然の前提とした上で、それらを調停するための哲学として成立したものだったというのである。

「人世三宝説」においては諸個人の私利追求の重要性を主張することに主眼を置いていた西も、J. S. Mill, *Utilitarianism*, 1863. の漢文訳である『利学』においては、“public benefactor”の役割を原文以上に強調していた。例えば西は、原文においては人類一般が為すべき努力として書かれている部分を、しばしば「博く施し衆を済ふの権を有する者」とか「恵民の官」、「牧民の官」などが特に注意すべきこととして訳す傾向があった。「牧民の官」という語は、対応する言語が存在しない、頭注における西独自の言及である。さらには、「若し夫れその行実、衆人民の瞻視儀型する所の者為れば、常に公益大眼目を以て己が任と為すこと固より其の所なり」という、そもそも対応する原文のない、西が全く独自に挿入した表現もある[18]。このような傾向は、西が utilitarianism を統治に関わる者の哲学として理解していたことを示している。西の議論は、各人が私利を追求しさえすれば自動的に公益が実現されるといった「予定調和的楽観論」などではない。そうではなく、西が関心を持ったのは、各人の私利追求を前提とした上で、私利同士、あるいは私利と公益とが衝突するのを調停する“public benefactor”の役割と、その手段であった。そこにこそ、utilitarianism の意義があったのである[19]。

継続する「利」批判

しかし同時に、あくまでも利を批判し続ける議論は強力に展開され続けてもいたし、そちらの方こそが主流だったと言える側面もある。「天下の士民は、唯利のみ之計り、忠を尽し慮を竭して以て国家を謀るを肯ぜず、怠傲放肆《たいごうほうし》して、以て乃祖《だいそ》を忝《はずか》しめ、君親を遣《わす》るるなり。上下交々遺棄せば、土地人民、何を以てか統一せん、而して国体其何を以てか維持せん[20]」と述べる会澤正志斎や、「義と利との勢ひは氷炭薫蕕《くんゆう》の反する如し、義を主とすれば利に害あり、利を主とすれば義を害して、並び立つべきものに非ず[21]」とする大橋訥庵のような議論を見れば分かるように、「利」を求めることの問題性は常に認識され、主張され続けていた。

明治一〇年前後頃からは、ベンサム、ミルに対する関心は急速に衰えていき、それに取って代わるかのように、H・スペンサー(Herbert Spencer, 1820-1903) ブームが巻き起こっていった。スペンサーは決して反 utilitarianism の思想家ではなかったし、むしろ、ミルはスペンサーのよき理解者、協力者でもあった。ミルからスペンサーへという思想的な意味での移行があったわけではない。しかし、「利」を肯定的に捉えるベンサムやミルに対する継続的な忌避感が、非ベンサム、非ミルの象徴としてスペンサーを呼び寄せたという側面はあるかもしれない[22]。

実際、福沢は、「利」ばかりを追い求める時代を作り上げた張本人として、その後、批判され続けてきた。内村鑑三(一八六一―一九三〇)は「徳義」ではなく「利益」ばかりが求められるようになった時代として当時の状況を批判的に捉えた上で、「利欲を学理的に伝播せし者は福沢翁なり、日本人は福沢翁の学理的批准を得て良心の譴責なしに利慾に沈淪するに至れり[23]」と続け、そのような状況を現出させることに大きく貢献した人物として福沢諭吉を名指しで断罪している。「天下彼の功労に眩惑せられて未だ彼の我邦に流布せし害毒を認めず、金銭是れ実権なりといふは彼の福音なり、彼に依て拝金宗は耻かしからざる宗教となれり、彼に依て徳義は利益の方便としてのみ貴重なるに至れり[24]」というのである。和辻哲郎もまた、幕末明治期において果たした福沢の功績を認めつつも『西洋事情』や『学問のすゝめ』の内容は「功利主義的・個人主義的思想の通俗的紹介に過ぎなかった」と断じ、福沢の思想の中に内在している「功利主義」的な側面を強く批判している[25]。このような視点からする福沢批判は、枚挙に遑が無く、現代に至るまで継続している。そしてまた、このような批判は福沢ばかりに向けられていたわけではなく、私利追求の徒と目されれば誰もが批判されたし、多くの実業家は、そう目されないようにと細心の注意を払わなければならなかった。

さらには、思想としての utilitarianism に対する批判とも連動した「利」批判も洗練されていった。例えば中江兆民(一八四七―一九〇一)は、『民約訳解』において〈本を論じ利と義との両方を論じる〉者としてJ・J・ルソー(Jean Jacques Rousseau, 1712-1778)を高く評価する一方で、それと対比して〈末を論じ利のみを論じる〉者としてベンサムを批判的に捉えている[26]。そしてまた兆民は「論公利私利」においては、以下のような議論を展開していた。

近世学士頗る利を唱うる者あり。利の中に公利の目を立つ。其の説、英人勉撒、弥児（ベンサム、ミル――引用者）より出づ。曰く、利の汎く人に及ぶは公たり、独り一身に止まるは私たり、と。吁嗟思わざるの甚だしき。夫れ利苟も義より生ずれば、其の一身に止まるも亦た公にして、未だ必ずしも汎く人に及ばずんばあらざるなり。若し義よりせざれば、則ち利の汎く人に及ぶも亦た私にして、適に以て人を害するに足る。(27)

結果としての「利」が自分一人だけにしか及ばないとしても、それが「義」から生じたものであれば「公」と言うべきであり、結果としての「利」が「義」から生じたものでなければ（「利心」から生じたものであれば）、それはいかに社会全体の利益になったとしても、「私」と言うべきだというのである。兆民のこの議論は、江戸時代における利肯定論に対する批判としても読める。兆民に言わせれば、〈国・天下の「利」は「公利」であって「私利」とは区別された肯定されるべきもの〉とするような議論は、結局のところ「私利」追求のための方便に過ぎず、詭弁以外の何物でもないということになるだろう。結果として「天下」のためになるかどうかということは問題ではなく、初発の動機が「義」であるのか「利」であるのか、思想や行動を評価する基準としてはそれのみが問われるべきだというのである。私利の総数として公益を捉えるなどという理解も誤りだということになる。

おわりに

近世において、「理」が支配的であったということはなく、近代になって「利」が支配的になったということもなかった。「利」追求に対する忌避感が現在にまで継続していることの延長上に、「理」に対する確信が復活しているなどということもない。しかし、敢えてそのような言葉を用いて自認するわけではないとしても、「利」を追求すること自体は、我々の日常においては当たり前のことになっている。「利」を追求することの善し悪しという問題は、もはや論じるべき対象として考えられること自体がないとさえ言えるだろう。しかし、一定程度まではそれも放任され追認されているものの、村上ファンドやライブドアの事件などを想起すれば分かるように、度を過ぎたとみなされた場合には、大きな批判にさらされ、糾弾の対象にさえなるという現実もある。

明治期以降の「利」批判の言説の多くも、人々が「利」を追求しているという所与の現実に対し、「理」や「理義」「徳義」などという語を用い、「当に然るべきの則」（『大学或問』）としての「理」に類するような、何らかの理想常態を対置していた。度を過ぎたとみなされる「利」追求は、決して現行法に違反しているとは限らないが、それでもなお、そのような行為が大きな批判にさらされてしまうという背景には、「理」に類するような何かに抵触しているという無意識的な感覚があるように思える。善し悪しということは別にして、そのような状況は、現在もなお、変わらずに継続していると言えるのではないだろうか。

しかし本来、「理」と「利」とは対概念ではなかった。「利」に強い関心を持っていた西も、「理」という発想そのものに批判的だったわけではない。確かに西は、朱子学が、自然現象と人倫上の現象とを腑分けすることなしに全てを「理」と表現し、その間に差異を認識しようとしない側面があることに対しては批判的であった。そのような朱子学の発想は、「物理」と「心理」、「先天の理」と「後天の理」といったように、対象の「理」を分類し、より精密に分析し得ている西洋の学問の真価を見誤らせ、人々を「西人は未だかつて理を知らず」という思い込みに至らせてしまうという点で問題があるのだという[28]。大地震の発生原因を君主の人格の問題に求めるような朱子学とは異なり、西洋の学問は、大地震の発生原因を自然科学の領域の問題として着実に理解し得る発想を持っていると西は考えた。だからこそ、西洋の学問をも学ぶべきだと西は考えたのである。しかし、この議論を「理」批判として理解する必要はない。そうではなく、西はむしろ「理」という概念装置をより精緻化すべきだと主張していたと捉えるべきである。西は、各人の「利」追求の総和が公利となるように制度を作り、立法するための原理として utilitarianism を捉えていたのだったし、「利を争うは即ち理を争うこと」とした福沢の主張も、「利」と「理」との一致を説いたものであった。「理」を批判した議論として読む必要はない。「利」を積極的に肯定する議論は、必ずしも「理」を否定する議論ではないのである。しかし、西の主張も福沢の主張も、最初から「利」の側に立つ発言であり、「理」の対極に立つ議論として否定的に受け取られ、過小評価されることが多かった。

しかし既に見てきたように、「理」と「利」とは、本来は対にならず、比例の関係にも反比例の関係にもなかった。その意味では、

「利」を積極的に肯定する西らの議論が、必ずしも「理」批判と同義ではなかったのは当然である。そのように考えるならば、「利」と「理」とを対にした福沢の議論も、「理」と「利」とを関連づけて論じる本章の議論も、ナンセンスなものだと言わざるを得ない。しかし、内容的な関連がない場合でも、「理」と「利」のように、同音語を並べる表現は、儒学においてお馴染みのものであった。例えば、『論語』顔淵篇では、季康子が孔子に政治を行う上で重要なことは何かと尋ねたところ、孔子は「政は正なり」とし、「政」と「正」という同音語を対にした返答したと述べられている。『中庸』二〇章にも「仁とは人なり、親を親しむを大と為す。義とは宜なり」という同様のレトリックを用いた表現が見られる。

もちろん、「政」を「正」、「仁」を「人」、「義」を「宜」のことだとするような定義が正しいとは限らない。伊藤仁斎は、「義を宜と訓ず、漢儒以来、その説に因襲して、意通ぜざるところ有ることを知らず。中庸「義は宜なり」と謂ふ者は、なお「仁は人なり」、「礼は履なり」、「徳は得なり」、「誠は成なり」と言ふがごとし。ただその音同じき者を取って、その義を発明するのみ。直訓にあらざるなり。……もしもっぱら宜の字をもってこれを解するときは、すなわち処々窒礙、聖賢の意を失ふ者甚だ多し(29)」と述べ、このような表現には意味がないだけではなく、正しい理解の妨げになるとして批判していた。荻生徂徠もまた、基本的には仁斎と同様に、「政」を「正」、「義」を「宜」と等置することは誤りだとしている。「政は正」ではないとし、そのためか、『論語』顔淵篇の該当箇所には、『論語徴』において注を付けることさえしなかった。「理」と「利」とを関連づけて論じることも、同音であるということ以外には必然性のない、意味のない議論なのかもしれない。それどころか、仁斎が述べるように、正しい理解の妨げにさえなり得る議論なのかもしれない。

しかし同時に、徂徠は「仁」と「人」、「義」と「宜」といったように、同音語を並べて議論をすること自体には意味があり得るとしていた(30)。同音語を並べて提示するという方法は、「古の道」であり、学ぶ者に考えさせるきっかけを与えるという意味があるというのである。徂徠に言わせれば、同音語を並べてみる表現は、内容に関心のなかったはずの初学者を引きつけ、思考を先に進めさせるための戦略として理解すべきなのである。「利を争うは即ち理を争うことなり」と宣言した福沢の議論も、真理を語り、伝えようとした議論としてではなく、そのような試みとして理解すべきであろう。

本章の議論は、思考を先に進めさせるきっかけになり得ているだろうか。なり得ているとするならば、読者はどのように思想を先に進めるだろうか。

付記

本章は、JSPS科研費24730125並びに、平成26年度専修大学研究助成（個別研究）「明治前期における「社会」の誕生」の助成を受けた研究成果の一部である。

注

（1）福沢諭吉『文明論之概略』（岩波書店［岩波文庫］、一九九五年）一一八頁。人名、書名の表記、史料の引用に当たっては、漢字を通用の字体にカタカナをひらがなに改め、送り仮名と句読点とを補っている場合がある。

（2）江戸時代の日本社会は、決して儒教的な社会ではなく、朱子学の影響も限定的であった。しかし、学問世界に限定してみるならば、朱子学が大きな位置を占めていたのはもちろんのこと、当時の人々が政治現象を意識的に考察しようとする際には、朱子学が重要な役割を果たしていたことは間違いない。「理」、「利」の概念史を振り返る上では、陽明学や仏教における理解を視野に入れることも意味があるが、本章では、江戸時代の知的世界に最も大きな影響を与えたと考えられる朱子学に限定して考察する。

（3）小島毅『朱子学と陽明学』（筑摩書店［ちくま学芸文庫］、二〇一三年）八五頁。

（4）江戸時代の日本社会と朱子学的な世界観との相違については、渡辺浩『近世日本社会と宋学』（東京大学出版会、一九八五年）、高山大毅「遅れてきた「古学」者――会沢正志斎の位置――」（『季刊日本思想史』七九号、二〇一二年）。

（5）ただし、朱子学的な「理」を批判的に捉えようとする試みと、「利」を肯定的に捉えようとする思想的格闘との間に、論理的な連関があったわけではない。たまたまそれが同時期に発生しただけである。「理」と対になるのは「欲」であり、「利」と対になるのが「義」であり、「理」と「利」とは対にはならない。「理」と「欲」、「利」と「義」などとは違って、「理」と「利」は本来、比例の関係にも反比例の関係にもないのである。

（6）Tetsuo Najita. *Visions of Virtue in Tokugawa Japan: The Kaitokudō, Merchant Academy of Osaka*（Chicago. The University of Chicago

Press, 1987）（＝テツオ・ナジタ『懐徳堂――十八世紀日本の「徳」の諸相――』子安宣邦訳、岩波書店、一九九二年、ヤン・シコーラ「懐徳堂及びその周辺における経済思想の成り立ち――「利」をめぐる議論を中心に――」（『懐徳』第七五号））など。

（7）「萬年先生　孟子首章講義」（西村時彦編『懐徳堂五種』松村文海堂、一九一一年、七丁表）。

（8）この議論を、どこまで「利」を肯定した議論と見るべきなのかは分からない。むしろ強調点は、「利心をくじき破らねば、何の道もとかれぬなり、故に先利をくじく也……仁義と云ふものあるのみなり。この仁義の外はなき也」（同上、七丁裏）というところにあったようにも思う。

（9）中井竹山『草茅危言』（寛政一年、巻之二、六丁裏）。

（10）石田一良、金谷治校注『藤原惺窩・林羅山』（日本思想大系二八、岩波書店、一九七五年）二六頁。

（11）同書、三七頁。

（12）同書。

（13）同書、七七頁。

（14）大久保利謙編『西周全集』第一巻（宗高書房、一九六〇年）五三二頁。

（15）慶應義塾編纂『福澤諭吉全集』第一九巻（岩波書店、一九六二年）六三四頁。

（16）「公」「私」という概念については、溝口雄三『中国の公と私』（研文出版、一九九五年）、特に同書所収の田原嗣郎「日本の公・私」（溝口雄三『一語の辞典　公と私』三省堂、一九九六年）、渡辺浩「「おほやけ」「わたくし」の語義」（佐々木毅ほか編『公と私の思想史』東京大学出版会、二〇〇一年）参照。

（17）Robert E. Goddin, *Utilitarianism as a Public Philosophy*, Cambridge University Press, 1995.

（18）西周『利学』（一八七七年、巻之上）。

（19）菅原光「Confucian Utilitarianism」（前掲『季刊日本思想史』七九号）。

（20）今井宇三郎、瀬谷義彦、尾藤正英校注『水戸学』（日本思想大系五三、岩波書店、一九七三年）六二二頁。

（21）平泉澄、寺田剛編『大橋訥庵先生全集』上巻（至文堂、一九三九年）六頁。

（22）菅原光「「文明開化」と「進化論」」（苅部直ほか編『岩波講座　日本の思想』第四巻、岩波書店、二〇一三年）。

（23）内村鑑三『内村鑑三全集』第四巻（岩波書店、一九八一年）一三四頁。

(24) 同書。
(25) 安倍能成他編『和辻哲郎全集』第四巻（岩波書店、一九六二年）四八五頁。
(26) 松本三之介他編『中江兆民全集』第一巻（岩波書店、一九八三年）九一頁。
(27) 松本三之介他編『中江兆民全集』第一一巻（岩波書店、一九八三年）二三頁。
(28) 同書、一六八頁。
(29) 吉川幸次郎、清水茂校注『伊藤仁斎、伊藤東涯』（日本思想大系三三、岩波書店、一九七一年）一三一頁。
(30) 西田太一郎編『荻生徂徠全集』一七巻（みすず書房、一九七六年）四五四頁。

参考文献

本章で展開した朱子学的世界観についての説明は、『四書集注』（四書（『論語』『孟子』『大学』『中庸』の総称）に朱熹が注をつけたもの）や『朱子語類』（朱熹とその門人らとの問答を部門別に分類し集大成した全一四〇巻に及ぶ書）などの朱子学の基本文献や以下の研究書等に基づいた基本的で一般的なものである。

四書のそれぞれについては、日本語でもさまざまな出版社から出版されているが、朱熹の注に基づいたものとしては、島田虔次『大学・中庸』（朝日新聞出版［朝日文庫］、一九七八年）や、土田健次郎訳注『論語集注』一～四（平凡社［東洋文庫］、二〇一三～二〇一五年）などがある。『朱子語類』については、『『朱子語類』訳注』（汲古書院）が二〇〇七年から全巻を現代語訳する予定で出版され続けているほか、ハンディーなものとして、三浦国雄『「朱子語類」抄』（講談社［講談社学術文庫］、二〇〇八年）がある。

概説書としては、溝口雄三ほか編『中国思想文化事典』（東京大学出版会、二〇〇一年）、渡辺浩『日本政治思想史［十七～十九世紀］』（東京大学出版会、二〇一〇年）、土田健次郎『儒教入門』（東京大学出版会、二〇一一年）、小島前掲『朱子学と陽明学』、垣内景子『朱子学入門』（ミネルヴァ書房、二〇一五年）などが参考になる。

「利」に焦点を定めた研究書は多くはないが、菅原光『西周の政治思想』（ぺりかん社、二〇〇九年）、苅部直「「利欲世界」と「公共の政」」（苅部直『歴史という皮膚』（岩波書店、二〇一一年））がある。

自由

宮村治雄

はじめに

我々にとっての重要な政治語彙の一つである「自由」という言葉は、西洋との出会いによって初めて成立したものではなく、古代以来の長い時間の中で用いられ続けたものであるという前提から、その言葉としての持続が、果たして我々の政治語彙としての「自由」をどのように規定しているのかということを考察するためには、できるだけ広く「自由」の用例を集め、その文脈を確かめ、関連用語を探しだしてその意味連関を検討してみることが必要であるが、与えられた紙数では十分に論じることは出来ず、またそのような試みは既に拙著『新訂日本政治思想史――「自由」の観念を軸として――』(放送大学教育振興会、二〇〇五年五月)で不十分ながらも行っているので、ここでは、問題を、先に触れた思想史的展開における重要な展開軸の位置にいた福沢諭吉に焦点を当てながら見える限りのものに限定して考えたい。

拙著に於いて日本に於ける「自由」という語彙の用例をたどる際に、二つの持続性を持った意味連関が注目される、というのが出発点であった。すなわち、その一つは、「自由」と「専擅」とが相互置換的に用いられるということ、もう一つは、「自由」と「法」とが相互排斥的に用いられるということで、両者は、相互に補完する関係にあった。ここでの問題は、そうした「自由」をめぐる意味連関およびその持続性が、「西洋との出会い」を機にどのように変化したのか、またしなかったのか、もう少し別の言い方をすれば、「自由」という語彙と観念が、そこでどのように再定義〈re-definition〉され再定位〈re-location〉されたのかということである。

一　「自由」の「御仕来」と「鎖国」

幕末維新期の文献には「癸丑以来」という言葉が頻出するが、この「癸丑」すなわち、「黒船来港」とともに記憶されている嘉永六（一八五三）年という年にいかに強烈な画期の意識が刻印されていたかが窺われよう。しかし、「自由」の観念史に即して見たとき、「画期」は果たしてどのようにして現れているか、また別の考察を要する。

「黒船来航」に対する幕府の対応は、ともすれば「祖法墨守」という退嬰的な伝統主義であったとされがちで、またそうした面がなかったわけではないが、事態は違った側面を孕んでもいた。幕府官僚機構の中核を為す海防掛勘定奉行・同吟味役の眼にはどのように見えていたか。とりあえずアメリカを初めとする西洋各国と和親条約を結んで事態の収拾を図ろうとした後の上申書では、次のように述べられていた。

「御国力万国に勝れ居候砌、唐・阿蘭陀と通商の御法を御定、彼国々を奴僕の如くに自由に御取扱被成候儀御仕来に相成、既に外国より御国を鎖国とまで相唱候……（しかるに）元来の理はもちながら、差当り辞も名も彼の方に有之、それにて押倒され候様なる次第に可成行哉と昼夜心痛仕候」（安政三年八月「海防掛勘定奉行・同吟味役上申書」、『幕末政治論集』佐藤誠三郎編、岩波書店、四〇頁、傍点は筆者）。

今や挑戦を受けているのは、「彼国々を奴僕の如くに自由に御取扱被成候儀御仕来」であり、その「仕来」が持続していればこそ、他国から「鎖国」と呼ばれてきたのだ——これが幕府官僚たちの自己認識であった。さらに「黒船来航」の直後に出された有力大名の上書でも、「如往古一統へ勝手次第被仰付候はは、日本の武威世界へ輝き、万国恐服無疑儀」（嘉永六年七月「福岡藩主黒田斉溥上書」同上書、二七頁）といった言葉も見られる。ここには、「天下を自由に被成候事」という幕府当初以来の「心の儘の支配」としての「自由」言説がいかに根深く幕閣の内部に浸透していたかが端的に示されている。

そうした「自由」の「仕来」がもはや事実上不可能であることに気づくには多くの時間を要しなかった。先に引用した上書の中でさえ、「倩《ツラツラ》世上の模様を考候に、年々以て万国相開け、武事心掛厚く候間、迚も日本永久鎖国の儀は不相成時節到来と奉存候」（一二三頁）という言葉がすでに登場していたし、それどころか、幕府幹部の中では、「自由の志願を起し可申必然の儀」（同上書、一〇八頁）というように新たな外側からの「自由」の挑戦に曝されているという危機感が強められてもいた。そしてこの危機意識は、ただちに国内に跳ね返り、「外夷渡来、其虚に乗じ、自由自在の所業に及び候はは、実に不可一ト形《ヒトカタナラヌ》御事……」（同上、一一〇頁）というように、従来から抑えつけられてきた周辺や底辺から出現しかねない「自由自在の所業」への恐怖としても現れていた（安政五年一〇月「間部詮勝上申書」）。

大きく見れば、幕府の事態への対応は、外からの「自由の志願」に対しては妥協と後退を余儀なくされる反面、国内での潜在的な「自由自在の所業」に対しては一層「武威」の動員を強化していくという形で進行していった。「安政の大獄」から二度に亘る「長州征伐」に至る過程がそれを象徴していよう。そこでは、かつて荻生徂徠が「都市の自由」に向き合いながら試みた「心の儘なる支配」の制度構想とその哲学が顧みられる余裕は、もちろん見られなかった。むしろ徂徠が予言していたように、幕府自身が、「畢竟幕府の御威権は、朝廷の御依頼と天下諸侯の服従とにより成立候御義に候」（慶応二年正月「中根雪江上書」）と気づいて「改革」に着手したときにはすでに事態は不可逆的なものになっていた。このことは、『幕府衰亡論』の著者福地桜痴が鋭く指摘していた通りである。福地の指摘は、維新尊皇史観への幕臣という出自からの反発であったが、ここでの文脈に即して言いかえれば、幕府は、自らの「自由」の「仕来」の自己矛盾に従って自壊したのであって、それに代わる新たな「自由」の原理によって打倒されたのではなかったという意味連関を見事に捉えていたといえるだろう。

二　〈Vrijheid〉の衝撃

――「法」と「自由」の間：福沢に於ける再定位――

「癸丑以来」のさまざまな史料の中で、西洋由来の〈freedom〉〈liberty〉が伝統的な「自由」とは違った文脈で用いられている早い例は、外交折衝の任にあっていた幕府翻訳方官僚、およびその背後の洋学者たちに見られる。しかし、彼らの多くは、その疑念を公にしたり、またそこから新たな「自由」観を構想したりするには至らなかった。そうした中で、オランダ語の〈vrijheid〉という言葉に新たな意味を予感した人物として、吉田松陰（一八三〇―一八五九）を上げることができる。松陰は、ある書簡で次のように友人に呼びかけていた。

「独立不羈三千年来の大日本、一朝人の羈縛を受くること、血性ある者視るに忍ぶべけんや。那波列翁《ナポレオン》を起してフレーヘードを唱へねば腹悶医し難し。僕固より其の成すべからざるは知れども、昨年以来微力相応に粉骨砕身すれど一も裨益なし。徒らに岸獄に座するのみ」（「北山安世宛書簡」安政六（一八五九）年四月七日、『吉田松陰全集』第九巻、岩波書店、三二六頁）。

彼を特徴付ける精力的な雑学多読の中で出会ったこの「フレーヘード」という言葉――典拠として考えられるのは、小関三英和解・リンデン原著『仏郎王伝』（一八三九年）、その幕末流布本『那波列翁伝初編』（一八五八年）であろう。そこでは、砲兵時代のナポレオンがリオンで戯曲『ウィリアムテル』を見た際に発した言葉として、「フレイヘイト、フレイヘイト（敵国に打ち勝ち不羈の国となりたるを祝するの辞なり）の声を発する時、ボナパルテ覚へずヤー、ヤー、フレイヘイト、フレイヘイトと呼はれり」と紹介されている（半谷二郎『小関三英』「付録」、三二一頁）。いずれにせよ、松陰はナポレオンを通じて「人の羈縛を受くること」に対する反発を表現することに用いられる言葉であることを直感的に理解し、そのことと同じことを自らの行為に重ね合わせようとしていたといえよう。しかし松陰が、そのことと伝統的な「自由」とを結びつけようとした形跡は見られなかった。彼には、伝統的な「自由」という言葉の用例に順じて書いた文章が少なからずあるからである。例えば、先の引用と同じ頃書いた『講孟余話』では、孟子の

ある文章への注釈として

「天下を得れば天下は吾が物にて、吾が自由になるなり。民を得れば民は吾が物にて、吾が自由になるなり。心を得れば吾が物にて、吾が自由になるなり。故に民を得、心を得るは、孫子謂ふ所の「民をして上と意を同じうせしむる」の義なり」(『講孟余話』、安政三一八五六年、『吉田松陰全集』第三巻、一八〇頁)。

と述べているが、その限りでは「自由」という語彙について、松陰も依然として伝統的な「心の儘の支配」として理解していたことが示唆されている。しかし、だからこそ、松陰は「自由」との隔たりに於いて〈vrijheid〉という言葉に強い触発力を感じたともいえるのではないか。「フレーヘード」は国家の次元の「独立不羈」を基礎づけるだけでなく、「一身」の次元にも繋がらざるを得ない。松陰の「草莽崛起」論は、その未熟な現れと理解することもできようが、しかし、松陰は、それ以上に「自由」と「不羈独立」との新たな結びつきを根拠づける用意と条件とを与えられてはいなかった。

「癸丑以来」の思想史を考えるときに、「世代」、というよりヨリ微細に「生年」のズレが大きな意味を持っているように思われる。例えば福沢諭吉は、一八三五年生まれで、松陰の五歳年下であるが、この時期の年齢差は、年々速度を増していく時代の変化の中でその生涯を大きく左右する要素であった。しかし、それだけではなく、例えば木戸孝允は福沢より二つ年上で松下村塾での塾頭だったが、松陰との間に激しい角逐があったことはよく知られている。しかし松陰と木戸との隔たりは、福沢と木戸との隔たり比べれば、相対的に過ぎない。それほど、福沢の幕末維新経験は、「自由」の思想史という文脈では、決定的な独自性をもっていた。

福沢が「西洋」を直接経験するのは、万延元(一八六〇)年一月に咸臨丸で就航したアメリカへの旅であったが、そのすぐ後、文久二(一八六二)年一月に幕府遣欧使節団の翻訳掛として欧州各国を歴訪したときには、『西航手帳』と呼ばれる手帳に詳細な見聞記録を書き残していた。その中に、〈beschaving〉、つまり観察すべき主要事項として五つのテーマが書き込まれていたが、その筆頭に挙げられていたのが、〈Vrijheid〉という言葉であった(『福沢諭吉全集』第一九巻、一三五頁)。オランダ語の一つの単語として書き留められたこのテーマは、幕末から維新にかけての福沢の見聞を方向付けただけでなく、さまざまな書物を通じて認識を深めるにつれて、その内実を豊かにしていくことになるが、その過程は、彼の『西洋事情』各版の成立過程と切り離せないものであった。それらを辿っていくと、二つのことが浮かび上がってくる。一つは、〈Vrijheid〉が既知の「自由」を初めとする伝統的な語彙とは異和を含んだものであることについての理解が深められて行くということ、もう一つは、それと並んで「法」と「自由」との関連に関する従来の理解が修正されていくということである。以下、この点についてやや微視的に辿ってみたい。

福沢の最初の『西洋事情』の下書き（『写本西洋事情』一八六六年冬以前に成立）では、〈Vrijheid〉という言葉に「任意」という訳語が充てられ、それを「国民各々其所好を為すを得、法律に繋縛せられざるを云ふ。」という説明が与えられていた（同上、一七六頁）。このような「法」に「繋縛」されない「任意」、また「政事の寛裕」の恩恵としての「自由」という理解は、この段階での福沢の西洋認識の前提にあった考え方であり、西洋社会から受けた驚きとは、その「任意」「自由」の余地の大きさに対するものであった。自分たちの置かれた幕藩制社会での生活と引き比べて、西洋社会が享受している「任意」と「自由」の大きさに対する驚きと羨望とは福沢に決定的な「西欧志向」の動機付けをもたらすが、しかし、それは「法」と「自由」との関連についての考え方の転回に裏付けられていたのではなく、むしろ逆に伝統的な「法」と「自由」との相互排斥性を当然としていたからこその「衝撃」に基づいていたといえるだろう。

『刊本西洋事情初編』（一八六六年）でも、「自主任意」により踏み込んだ注釈を付けた福沢は、それを次のように説明していた。

「自主任意　国法寛にして人を束縛せず、人々自から其所好を為し、士を好むものは士となり、農を好むものは農となり、士農工商の間に少しも区別を立てず、固より門閥を論ずることなく、朝廷の位を以て人を軽蔑せず、上下貴賤各々其所を得て、毫も他人の自由を妨げずして、天稟の才力を伸べしむるを趣旨とす。但し貴賤の別は、公務に当て朝廷の位を尊ぶのみ。其他は四民の別なく、字を知り理を弁じ心を労するものを君子として之を重んじ、文字を知らずして力役するものを小人とするのみ。（本文、自主任意、自由の字は、我儘放盪にて国法をも恐れずとの義には非らず。総て其国に居り人と交て気兼ね遠慮なく自力丈け存分のことをなすべしとの趣意なり。英語に之をフリードム又はリベルチと云ふ。未だ的当の訳字あらず）」（『刊本西洋事情初編』、『福沢諭吉全集』第二巻、二九〇頁)。

ここには初期福沢における西洋的「自由」への共感と羨望の背後に、福沢自身の「才力」に対する強い自負心が潜んでいたことが示唆されているが、同時に依然として福沢が、「法」の「束縛」の外に「自主任意」=「自由」成立の場を見ようとしていたことも示している。ただそれが単なる「我儘放蕩」の肯定ではないとして、「天稟の才力を伸」ばし、「気兼ね遠慮なく自力丈け存分のことをなす」ということにその根拠を見出そうとしているところに成長の跡を読み取ることができるかもしれない。西洋社会の「自由」への共感は、「門閥」や「士農工商」の身分の障壁によって自分の「才力」の「自在」な伸張を「束縛」している幕藩制社会への不満と共鳴していた。「門閥制度は親の敵でござる」とは『福翁自伝』での有名な言葉だが、それは福沢自身にとっても「敵」に他ならなかった。無論、「門閥制度」による人材の埋没を嘆く声は、西洋との出会い以前から幕藩制社会に渦巻いていたし、実際「人材活用」の要請は、すでに荻生徂徠においても「門閥」「身分」の徹底した無視にまで突きつめられていた(『政談』)。しかし、その徂徠にしても、「義利の弁」や「心労」と「力役」との区別に基づく「君子」「小人」の優劣は自明のものとされていたことには変わりなかった。

翻って、福沢の先の引用に戻れば、そこでも、「四民の別」を超えた「才力」の発揮の要請と、その「才力」における「君子」と「小人」との差別の肯定という相矛盾した要素が共存していることは否定できない。このことは、初期福沢の「自由」観が依然として伝統的「人材活用論」の残滓を払拭していなかったことをも意味しているだろう。しかし、『初編』に続いて刊行された『西洋事情外編』(一八六八年)では、「才力」の「自由」は次のように説明されていた。

「天より人に生を與れば、又従て其生を保つ可きの才力を與ふ。然れども人、若し其天與の才力を活用するに当て心身の自由を得ざれば、才力共に用を為さず。故に世界中、何等の国たるを論ぜず何等の人種たるを問はず、人々自ら其身体を自由にするは天道の法則なり。即ち人は其人の人にして猶天下は天下の天下なりと云ふが如し。其生るるや束縛せらるることなく、天より賦與せられたる自主自由の通義は、売る可らず亦買ふ可らず。人として其行ひを正ふし他の妨を為すに非ざれば、国法に於ても其身の自由を奪取ること能はず。……右所述の自由の趣意は、国の制度に於て許す所にて、これを人民普通の自由と名く」(『福沢諭吉全集』第一巻。三九二頁)。

重要なことは、「自由」が特定の人間の「才力」如何、「才力」の優劣によって左右されるのではなく、むしろ「天與」のものとして定義され、その「才力」を活用する普遍的な条件として「心身の自由」が、その前提とされていたということである。その意味で、『外編』は、「自由」と「同等」ないし「平等」との内的な連関性を確認することで、「自由」を「法」の内部に位置づける方向に向けて新たな一歩を踏み出していたと言えるだろう。

福沢は、主として自己の「見聞」に基づきながら書いた『西洋事情初編』および『外編』に引き続いて、西洋の書物の読書経験も取り入れた形で最後の『西洋事情二編』を維新後に公刊する(一八七〇年)。その際、彼の「読書」の主要なものが、ブラックストーンの『英法釈義』であったことが明記されていた。原著は、Sir William Blackstone (1723-1780), Commentaries on the laws of England, 4 vols, 1765-69で、学生版も含めれば、イギリスのみならずアメリカでも継続的に読まれてきたイギリス法の基本的な注釈書であるが、福沢も、このブラックストーンを驚くほど丹念に読んでいて、『西洋事情二編』の前年に刊行された『英国議事院談』では、この本で書かれた「混合政体論」の部分を基にしてギリスの国家体制の概説を試みていた。しかしそれは、ある意味で、この時期の福沢の西洋書の「読書」経験の狭さ、また古さを示していたとも受け取られかねないものでもあった。

このブラックストーンの『英法釈義』に対する批判は西欧では一九世紀前後からからすでに始まっていた。中でもJeremy Bentham (1748-1832) は、その最も先鋭な批判者であった。とりわけ福沢が『西洋事情二編』で展開した「人類普通の自由」論はブラックストーンを典拠としたが、ベンサムは、そうした議論を「論理のキメラ(怪しげな手品)」と批判していたし、「混合政体論」に対しては、「英国国家体制」の理解に「言語及び思想の救いがたい混乱」を持ち込んだという批判の先駆でもあった。そして、この点でブラックストーン自身の古さを暴いていたベンサムに注目する人々が日本にいなかったわけではなかった。例えば西周は、福沢とは違い、幕末に幕府派遣留学生としてオランダ・ライデン大学で本格的な西欧思想を経験していた一人であるが、『西洋事情二編』の五年後には、次のように述べていた。

「かの賓雑吾《ベンサム》の利学の道徳論……を、約翰士低瓦的彌爾《ジオン・スチワルド・ミル》氏の拡張せられたるは、近時道徳論上の一大変革なりと見ゆ。……是縦ひ至当を得さるも大家の確論たれば後生晩進の遽かに喙を容るへきに非す」（西周「人生三宝説」『明六雑誌』）。

西は、こうして、ベンサムに始まるイギリス功利主義を、東洋の後進学徒を威圧する最新の知的権威として受け入れていたことを自負していた。また初期の明治政府法制官僚たちの間でも、ベンサムの思想は、強い共感を持って受け入れられ行く。そして、彼等に共通していたのは、「法」と「自由」との関連についての対立性を強調する立場であった。ベンサムの『立法論』の最初の日本語訳である『民法論綱』（一八七六年）は、「法律ハ自由権ヲ束縛ス可シトノ一句〈every law is contrary to liberty〉こそ「制法者」が依拠するべき「一個ノ道理」であると指摘した上で、次のように述べていた。

「各個ノ法律ハ自由権ト相反スルモノナリト云フ題旨ハ自ラ明亮ニシテ毫モ疑ヒヲ容ルヘキトコロナキカ如シ。然ルニ世人挙テ之ヲ認定スルコト無シ。啻ニ認定セサルノミナラス、カノ自由権ニ熱心セル輩ト雖モ、其心中激烈ノ気却テ見識ノ明ヲ掩ヒ、此題旨ニ抗抵スルヲ以テ良心ノ許ス所ト為セリ。此輩ノ云為ヲ察スルニ此題旨ノ見解ヲ誤リテ普通ノ意義ニ従ハス。ソノ所説ヲ聞ケバ、自由権ハ他人ヲ害セサル所ノ各事ヲ為スノ権力ヨリナルトセリ。斯ル見解ハ畢竟根拠ナキノ妄語ニシテ、此語ヲ以テ直チニ自由権普通ノ字義ト為スニ在リ。然ラバ則チ悪事ヲ為スノ自由モ亦自由ニアラサルハナキヤ。若シ之ヲモ自由ニアラストセハ更ニ何物ヲ指シテ自由ト為スヘキヤ。又自由ヲ説クニ果シテ何等ノ語ヲ用ヒテ可ナリトスルヤ。嘗テ聞カスヤ、世ノ恒言ニ痴呆邪悪ノ人ハ自由ヲ濫用セルニ依リテ之カ自由ヲ剝キ去ル可シト謂フコトヲ」（同上）。

「法は自由を縮減する強制である」というベンサムの立言は、むろん、伝統的な日本の「法」と「自由」との対立性とその内実を一にしていたということではない。ベンサムの立言は、どこまでも「自由」をいかにすれば擁護できるかという観点でなされており、その「自由」が「悪をなすことのできる自由」でもあるとすれば、一体「処罰」されるべき行為、つまり「犯罪」とされるべき行為をいかなる根拠で確定するのかという関心と表裏のものであった（関口正司「二つの自由（上）」『西南学院大学法学論集』一九九一年五月参照）。その意味では、「自由」の制約自身を目的として、「法」を支配者の都合のいい手段とだけ考えた日本の伝統的な「自由」観との間には、決定的な相違が存在している。しかし、ここで重要なことは、「法」を社会的な「制裁」の手段として捉えるベンサムの立場は、ヨーロッパ近代の思想史ではむしろ少数派であった（その「例外」性について、I・バーリンは『自由論』で明快に指摘している。みすず書房、三四八頁）にもかかわらず、近代日本においては圧倒的な影響力を獲得したということであり、そしてその中で福沢には、功利主義思想の、この側面については、ついに最後までその影響が見られなかったということであるだろう。

翻って『西洋事情二編』での福沢の「法」と「自由」の定位について見れば、その間の相違は鮮明に見えてくる。

「大凡軽重大小の分を解するの人は、我一身の随意を達せんが為め、妄りに威力を逞ふせんと欲するもの無かるべし。若し一人斯の如くならば他人も亦各々其力を逞ふし、互に随意を以て相争ひ、遂には生霊の依頼する所なきに至るべし。故に処世の自由〈political, therefore, or civil liberty〉とは、人々此世に処して、其世俗人間中の一人たる身分を以て受け得たる所の自由なれば、天賦の自由〈natural liberty〉に人為の法を加へて稍々其趣を変じ、以て天下一般の利益を謀りたるものなり。之に由て考ふれば、法律を設けて人を害するの罪を制するは、其状或は人の天賦の自由を減ずるに似たれども、其実は之に由て大に処世の自由を増加せり。……故に国法を設くるに慎思小心を加るときは、決して人の自由を妨るにあらず、却て人を自由に導くの端これより生ず可し」（『福沢諭吉全集』第一巻、四九六頁）。

ここにおいては「自由」は「法」の外から、その「内」側に取り込まれ、またそうすることでその冒されることのない根拠を与えられるのである。

ブラックストーンの作品において、「自由」についての解釈は、明示的にせよ黙示的にせよ、ジョン・ロックの『統治二論』を典拠としていた。ロックは『統治二論』において「自由」についての有名な定義を次のように行っている。

「人間の生来的な自由〈the Natural Liberty〉とは、地上におけるいかなる上位権力からも解放され、人間の意志または立法権の下に立つことなく、ただ自然法だけを自らの規則とするからにほかならない。社会における人間の自由〈The Liberty of Man, in Society〉とは、同意によって政治的共同体のなかに樹立された立法権力以外のいかなる立法権力の下にも立たないことであり、また、立法部が自らに与えられた信託に従って制定するもの以外のいかなる意志の支配、いかなる法の拘束にも服さないことである。」（『統治二論』加藤節訳、岩波書店［岩波文庫］、二〇八頁）

この「社会における人間の自由」は、すぐあとで「統治の下における人間の自由」〈Freedom of Men under Government〉と言い換えられているが、その意味で、先に引用した『西洋事情二編』での福沢のブラックストーンからの「抄訳」、すなわち「天賦の自由」〈natural liberty〉と「処世の自由」〈political, therefore, or civil liberty〉との連関を述べた一節は、ほぼこのロックの「自由」論を下敷きにしていたといって間違いはないだろう。しかし、こうした「自由」観を共有していたロックとブラックストーンとの間には、また決定的な相違が存在していたことも見逃せない。ロックが、そうした「自由」の確立をまさに「課題」として考えようとしていたのに対して、ブラックストーンにとってそうした「自由」は「英国人民の自由」としてすでに「歴史的所与」と化していたからである。両者の間には、まさに「名誉革命」という巨大な歴史の断絶が介在していた。そして、この相違は、両者のテクストのなかに顕著な影を落としていた。一つには、ロック自身が自負した「自由」観の画期性が、ブラックストーンの中では消し去られていたことであり、ロックは、先に引用した一節に続いて次のように述べていた。

「それゆえ、自由とは、サー・ロバート・フィルマーが、その『アリストテレス政治学に関する考察』の五十五頁で述べているような「各人が、望むことをし、好むままに生き、いかなる法によっても拘束されない自由」――付言すれば、これは『政治学』（第五巻第九章）でアリストテレスが「民主制」での「自由」〈eleutheria〉が「何ごとによらず人の好むことを為すことである」と定義していたことを念頭に置いたものであるが――となどというものではない。統治の下における人間の自由とは、その社会におけるすべての人間に共通で、そこにおいて樹立された立法権力が制定した恒常的な規則に従って生きることであり、その規則が何も定めていない場合には、あらゆることがらにおいて自分自身の意志に従い、恒常性を欠き、不確かで、測り難い他人の恣意的な意志には従属しない自由のことである。それは、生来的な自由が、自然法以外のいかなる拘束の下にも立たないのと同じである」（二〇八頁）。

ロックは、「自由」を、その「自然的」形態であれ、「社会的」形態であれ、「法の下」にあるものとして捉える点で画期性をもつということについて明確な自覚があった。このことは、社会契約論者としてロックに先立つ位置にあったホッブズと比べてみれば、さらに明確になるだろう。ホッブズは、「自由とは、本来的には、反対物の欠如を意味する。反対物とは、行動にとっての外的障害を意味する。」（Leviathan, L. II, chap.21）と述べている。いいかえれば、「人間の自由」とは、「かれが行おうとする意志や意欲や性向をもつことがらを行う際に、妨害するものがなにもない〈no stop〉ということをいっているのである。」（同上）そうした立場からは、「法」と「自由」とに関しても、「臣民の自由とは、かれらの行動を規制するさいに主権者が黙過したことがらだけにある」とされるのであり、そうした「自由」観において「恐怖と自由とは両立する」とされるのは不思議はない。こうしてみると、改めて、ロックの『統治二論』は、西欧政治思想史において「自由」が「法」の「外」から「内」にその位置を移動させた画期的な宣言であったといって過言ではない。その「自由」を「英国人民の自由」として歴史的所与の中に帰したブラックストーンのテクストから姿を消していたのは、そうした「自由」の画期性に対する感受性に外ならなかった。

一方初期福沢が、このブラックストーンを驚くほど丹念に読んでいたことは既に触れたとおりであるが、しかし、二年前の『英国議事院談』とは対照的に『西洋事情二編』において「人間普通の通義」としての「自由」を説明しようとする際には、ブラックストーンの「言語及び思想の救い難い混乱」といわれるような議論の中から、ロックの『統治二論』を引き継いだ「自由」観に向けて一直線に進み、それだけを引き出し、そして自らの「自由」観の新たな根拠として「抄訳」していた。この事実自体、ロックと福沢との間を結びつけているある思想的契機を示唆しているだろう。ブラックストーンが典拠を明示して引用したロックの言葉〈Where there is no law, there is no freedom.〉（Second Treatise on Government, chap.57）を、福沢は、「試みに見よ、世界万国、法律を設けずして善く人民の自由を存するものある乎」（『西洋事情二編』巻之一、『福沢諭吉全集』第一巻、四九六頁）と訳していた。福沢の訳文は、「法のないところに自由もない」という端的簡明な現代語訳に比べれば、むしろ意訳というべきだが、その分、その訳文にはある種の躍動感が漲っていて、彼の感動を伝えているとさえいえるだろう。

これまで福沢の『西洋事情』各版の移動についていささか微細に過ぎるほど辿ってきたが、それは、福沢の一歩一歩の思索の深まりの過程に、実は、ロックの「自由」観が本来西欧の思想史において持っていた画期性の感覚が、時空を超えて蘇ってきている、ということを指摘したかったからに外ならない。ここには、明治初期に於ける西欧思想との出会いに含まれた独特の主体性の一端が現れているように思われる。いいかえれば、西欧思想史についての視野や情報という点では限られていた初期福沢の思索の深まりを支えていたのは、自らの生き方に於いて感じ取る「威権」「擅権」の重圧に向き合いながら、自身の「見聞」、他者との「対話」に始まり「読書」における切実な「推究」を積み重ねていく一種の「回心」〈conversion〉の過程――私は、それをかつて福沢のみならず同時代の多くの人々に見られた「開国経験」という言葉で表現したことがあるが――そういうものとしての「開国経験」の固有性に他ならないのである。

三　「自由」と「不自由」の間
――再定位――

ところで、福沢の「開国経験」には、もう一つの側面が含まれていたことも見逃すべきではない。冒頭にも触れたように、伝統的な「自由」には、「専擅」という含意が拭いがたく浸透していて、それは、他者の「自由」への敵対性と他者の「不自由」への依存性を前提していた。その意味では、福沢に於ける「法」と「自由」の再定位は、「自由」と「不自由」との再定位と表裏のものでもあった。福沢に於いて、このことは、先に松陰について指摘した「自由」と「不羈独立」という伝統的な語彙相互の連関の曖昧さを克服して、それに明確な再定義を与えることを意味していた。

「独立とは自分にて自分の身を支配し他に依りすがる心なきを云ふ。自から物事の理非を弁別して処置を誤ることなき者は、他人の智慧に依らざる独立なり。自から心身を労して私立の活計を為す者は、他人の財に依らざる独立なり」（『学問のすゝめ』第三編、『福沢諭吉全集』第三巻、四三頁）。

そして、この「自由独立の気風」を「個人」の次元のみならず「全国に充満せしめ」、「其国を自分の身の上に引受け」ることが維新後の福沢の新たな課題として定式化される。福沢は、この「自由独立」が誠に危ういものであることを、彼自身の経験を通して偽ることなく自覚していた。福沢は、『学問のすゝめ』（第五編）で、

「然りと雖ども、時勢の世を制するや其力急流の如く又大風の如し。此勢に激して屹立するは固より易きに非ず、非常の勇力あるに非ざれば知らずして流れ識らずして靡き、動もすれば其脚を失するの恐れある可し」（第五編、『福沢諭吉全集』第三巻、六一頁）。

と、書き付けていた。彼が「学者職分論」という論争を仕掛けた背後にあったものも、功利主義という「最新理論」の威圧力で「カノ（人民）愚暗ノ大軍」を啓蒙することで「在上者ノ政ヲ施シ令ヲ行フ上」での「通患」を補完しようとする（西周『明六雑誌』創刊号論説）同時代の洋学者に対する「痛哭」の感情（第五編）であったが、「今我より私立の方向を示」（第四編）すのみという悲壮な決意もまた「時勢」の抵抗の圧倒的な強さに対するこうした自覚に基づいていた。そして、J・S・ミル、H・スペンサー、Th・バックル、F・ギゾー、A・トクヴィルといった一九世紀思想作品に対する集中的な沈潜は、そこから生まれていった。その経験が、『文明論之概略』から『分権論』に至る作品にどのように生かされたのかという問題については、すでに多くの研究があり、ここで一々触れる余裕もないが、ただここでの文脈の中でみるとき、福沢が「自由」と「不自由」との関連について述べた二つの言葉の意味についてだけは、最小限触れざるを得ない。

「自由は不自由の際に生ず」

福沢のこの言葉は有名だが、禅の公案のようで、わかりにくさでも突出している。

「そもそも文明の自由は他の自由を費して買うべきものにあらず。諸の権義を許し、諸の利益を得せしめ、諸の意見を容れ、諸の力を逞うせしめ、彼我平均の間にのみ存するのみ。あるいは自由は不自由の際に生ずというも可なり」(『福沢諭吉全集』第四巻、六頁、岩波書店〔岩波文庫〕二〇八頁)。

「日本文明の由来」を論じた第九章の最初のパラグラフの一節、福沢は、ここで「日本文明」と「西洋文明」とを比較して、その相違を「権力の偏重」という一点に絞り込んで見る前提として書いている。「文明の自由」とは、これまでの『概略』全体を通じて論じてきたもので、その内容は、主としてギゾーの『ヨーロッパ文明史』から学んだものであった。ローマ帝国崩壊以降のヨーロッパが、古典古代の遺産、ゲルマンの「野蛮の自由」、「封建貴族の割拠」「宗教の権力による支配」「自由都市」の伝統など、さまざまの要素の対抗と拮抗の中に「国勢の合一」を果たしていったこと、どの要素も他の要素を駆逐したり圧倒したりしないで「争論」を持続していたこと自体が「自主自由の気風」をもたらしたとするギゾーの議論は、ここでの前提に置かれている。ただ、一つだけ付け加えておけば、ここでの元になるギゾーの原文では「これらの諸々の権力〈various powers〉もまたここではお互いに不断の闘争状態にあり、そのうちの一つの権力が他を征服して社会を独占するということがありません」(General History of Civilization in Europe, traslated by C. S. Henry, New York, 1867, 1869, p. 37)というように、ヨーロッパ文明の特色を「諸権力」〈powers〉の相克として捉えられていたということである。福沢は、それを「政治の権」だけでなく「権」が多様な形で存在し、その共存状態が「自主自由」を生んだという理解をそこから引き出していた。ただ同時に福沢は、ギゾーとは違って、「力」だけでなく「権義」「利益」の相剋として現れてこそ、「文明の自由」を生んだのだという、ある種の「転調」を施していたことにも注意されるべきだろう。「文明の自由」は「多事争論」をもたらし、「異説争論」を不可避とするという認識は、「日本文明」の「権力の偏重」およびそれと見合う「無議の習慣」への批判的視座として活用するためのものであったからである。

「日本にて権力の偏重なるは、洽ねく其人間交際の中に浸潤して至らざる所なし」（同上、一四六頁）。「権力の偏重」とは「政府と人民とのみ相対する」際に現れる「政治の権」の突出肥大だけをいうのではない、あらゆる「人間交際」の中に「権力」モデルが浸透する事態を指すのだ——福沢の議論は、ギゾーを離れて独自に展開されていく。

「よく事実を詳にして細に吟味すれば、此偏重は交際の至大なるものより至小なるものに及び、大小を問はず公私に拘はらず、苟も爰に交際あれば其権力偏重ならざるはなし」（同上、一四六頁）。

その「権力の偏重」は、「男女の交際」「親子の交際」「兄弟の交際」「長幼の交際」といった私的な「交際」から、「師弟主従、貧富貴賤、新参故参、本家末家」にも及ぼされ、「政府の中」にさえ浸透しているという。

「政府の吏人が平民に対して威を振ふ趣を見ればこそ権あるに似たれども、此吏人が政府中に在て上級の者に対するときは、其抑圧を受ること平民が吏人に対するより尚甚しきものあり。譬へば地方の下役等が村の名主共を呼出して事を談ずるときは其傲慢厭ふ可きが如くなれども、此下役が長官に接する有様を見れば亦愍笑に堪へたり。名主が下役に逢ふて無理に叱らるゝ模様は気の毒なれども村に帰て小前の者を無理に叱る有様を見れば亦悪む可し」（同上、一四七頁）。

こうして福沢は、「甲は乙に圧せられ乙は丙に制せられ、強圧抑制の循環、窮極あることなし」という日常のあらゆる「交際」にまで浸透した「権力の偏重」こそ「日本文明」の内部に再生産されてきた「専擅」の根拠として摘出していった。そして、「独立自由」の精神は、この悪循環を断ち切る不可欠の契機として再定位され、「文明の自由」は、この「才力」を生かした多様な活動がもたらす「諸権」相互の「彼我平均の間」に成立するという展望を引き出したのである。「自由は不自由の際に生ず」とは、そうしたメカニズムを表現した言葉だといえるだろう。

「一個の進退を不自由にして、全体の進退を自由にす」

しかし、福沢には、もう一つ「自由」と「不自由」との関連について述べた命題があった。「一個の進退を不自由にして、全体の進退を自由にす」というのが、それである。この命題は、福沢の著作では、『時事小言』以降に顕著に現れてくる。

「近年旧軍法を一変して西洋の風に倣ふたるは兵制の一大進歩にして、仮に今幾千名の兵士を双方に分ち、双方共に兵員を同数にし、兵器も同様にして、唯隊伍の編法を新旧二様にすれば、其強弱勝敗、未だ戦はずして知るべし。其故は何ぞや。新式は兵士を進退するに、隊長一人の意を以てして兵士に個々の運動を許さざればなり。一個の進退を不自由にして、全体の進退を自由にすればなり。兵家の能く知る所にして、事実に於て違ふなきものなり。此事実は唯兵事にのみ然るに非ず、政事に於ても然る可き筈……」（『時事小言』一八八一年、『福沢諭吉全集』第五巻、一五五頁）。

ここで重要なことは、近代西洋の「兵制」は、「一個の進退を不自由にして、全体の進退を自由にする」という行動様式を取ることで、他の社会集団の行動原理をも代表する典型として位置づけられていたということ、いいかえれば、「兵制」こそ「文明」的社会における集団的行動の原理を象徴的に示すものとして捉えられていたということである。かつて徂徠が明の軍隊に見いだした「自由」と似ているが、福沢の新しさは、次の点にあった。

「施政の要は厳正の一点にあり。一度び政令として発表したるものは、如何なる異論あるも之が為に変動することなく、異論を圧倒し尽して既発の令を実行することに勉む可し。其姿は圧制に似たりと雖ども、自から異なり。理を枉げて人を制するもの、之を圧制と云ふ。約束を履て人を制するもの、之を厳正と云ふ。理を枉ると約束を履むとの別あるのみにて、何れも勢力を以て人を制するの義は免かれず。社会を制するの勢力なきものは政府と云ふ可らず。文明の政は唯厳正の一点にあるのみ」（同上、一五六頁）。

「茲に商売工業の会社あり。其社員、社則に従て頭取支配人を選挙し、之に定りたる権限を授けたる上は、其頭取は権限の中に在て自由自在に働を逞ふし、支配人以下の者を進退黜陟するは無論、要用の時には社員に命令することもあらん、又或は時宜に由りては他人に秘することもあり、甚しきは其社中の人にも告げざることあり。如何にも全権独断の自由を以て事を成す可し」（同上、一五二頁）。

福沢のこうした指摘は、例えば、マックス・ウェーバーの指摘、――「規律」とは、「その範囲を挙示しうる多数のひとびとの間において、一つの命令に対して、彼らの習性化した態度によって、敏活な・自動的な・型どおりの服従を見出しうるチャンス」を指し、「軍隊の規律は、およそ規律一般の母体である」（『支配の社会学』上、四一頁）――を想起させるだろう。周知のように、ウェーバーは、「伝統・特権・封建的または家産制的誠実関係・身分的名誉および善意がすべての関係を律している」ところでは、「規律という範疇は存在しない」（四一頁）のに対して、近代の「合理化過程」が進展していけば、軍隊の中にいち早く成立した「規律」原理は、「官僚制的組織」一般の機能原理として社会のあらゆる領域に浸透していくことを指摘した。そうしたウェーバーの認識は、その背後にある「近時文明」の「智学」の特色に対するそれとして『時事小言』での福沢の認識と対応していた。そして、この対応性は決して偶然ではなく、福沢とウェーバーとの「近代文明」の理解と重なり合っていた。

先に見たように、福沢の「文明の自由」の理解は、ギゾーにより、西ローマ帝国崩壊からフランス革命に至る時代を前提としている。しかし、そうした「文明」観とは異なる視座（「近時文明」〈modern civilization〉）が福沢の著作に現れ出すのは、『民情一新』（一八七九年）からのことであった。そこで福沢は「千八百年代に至て蒸気船、蒸気車、電信、郵便、印刷の発明工夫を以て此交通の路に長足の進歩を為したるは、恰も人間社会を転覆したるの一挙動と云ふ可し」（『福沢諭吉全集』第五巻、六頁）と、産業革命の成果による社会のコミュニケーション構造の変化が、それまでの漸次的な西洋文明の進歩過程を一挙に相対化するほどの画期的なものであることを強調し、さらにその画期性は、同時にそれまでの歴史や文化や慣習に基づいた「文明の隔たり」をも取り払い、「近時文明」は「世界中共有の物」（同上、八頁）になりうるという点に新しさがあると指摘していた。また、この「近時文明」の「精神」について、福沢は別の箇所で、次のように指摘している。

「無形に属するものをも之を原則の中に束縛して、其結局を形と数と時とに帰着せしめんとするは、西学の最も勉る所にして、即ち近時文明の骨髄とも云ふ可きものなり」（「掃除破壊と建置経営」一八八二年頃の未発表論説『福沢諭吉全集』第二〇巻、二四六頁）。

「知学の拠る所は自然の原則にして、実物の形と実物の数と其動静の時間とを根本に定め、人類の五官たる耳目鼻口皮膚の働を以て之に応じ、両間の万相一として包羅せざるはなし。一として其形と数と時とを究めざるはなし」（同）。

「自然と社会とに共通して、環境をコントロールするという意味での自由」、すなわち「精神の自由」と福沢が読んだ「自由」は西洋の自然科学を範型として、人間を自然や呪術への隷属から解放する上で大きな役割を果たしてきたという認識は、既に『文明論之概略』でも強調されてはいた。しかし、ここでは「有形」「無形」を問わずすべての世界を「形と数と時」という計量可能な要素に還元し尽くし、そのことによってあらゆる事柄を人為的な統御の対象へと転じていくという無窮の過程の出現に「西洋文明」の新たな事態が含まれていることに力点が置かれている。

第一に、福沢のいうように、「近時文明」の「精神」は、有形無形を問わずすべてを「形と数と時間」という計量可能な要素に還元することは、世界へのコントロールにおいてこれまでにない巨大な力を人類に与えることにならざるをえない。しかし、その力が強ければ強いほど、そうした要素に還元できない存在は否定的な意味付けに甘んずることにもなって行かざるを得ない。ましてそうした要素が「自己主張」しようとすれば、「近時文明」は「権力」としての姿を露わにしてそれをつぶそうとしかねないだろう。またその存在の根拠を「未開」から続く人類のさまざまな生活上の知慮や、それと結びついた多様な生活形態の持続にしか見出さない要素は、「形と数と時間」の推進する「精神の自由」の要請によって駆逐されて行かざるを得ないだろう。福沢は、『民情一新』で、コミュニケーションの急速な拡大が、それまで交渉する機会がないが故に孤立して存続してきた多様な存在が一挙に関係を取り結ぶ事態がもたらす巨大な「騒擾」について触れているが、この「騒擾驚愕」の事態を沈静化していくのは「近時文明」の貫徹という方向においてでしかないということを認めていた。福沢が「国会開設」に前向きになるのも、当初の「多事争論」の文脈よりは、この「近時文明」論の文脈からであった。そこでは「政権交代」のシステムとしての「政党内閣制」が重要とされる反面、それだけ、自由な非政治的集団の「討議」の比重は減少していかざるをえない。まして画一的な「近時文明」の尺度が浸透していけば、「近時文明の精神」は自らと異なった「精神」のあり方との間で「異説争論」の必要性を積極的に認めるであろうか。「近時文明」という形を取った「精神の自由」は、ここでは、一つの巨大な「権力」へと転化し、しかも「権力の偏重」への傾向性を帯びて行かざるを得なくなる危険性をもちかねないだろう。

もう一つは、福沢の、「各国人民の気力に応じてよく之を利用する者は人を制し、然らざる者は人に制せられんのみ」（『民情一新』緒言、一八七九年『福沢諭吉全集』第五巻、八頁）という言葉が示すように、「精神の自由」の成果である「近時文明」を受け入れる側の内部においても、それを「利用」できる「力」を持つか否か、どれだけ持つことができるかで新たな支配関係が成立するという問題であろう。『概略』の言葉で言えば、「先進」が「後進」を支配していくという問題（「文明に前後あれば、前なる者は後なる者を制し、後なる者は前なる者に制せらるるの理」岩波書店〔岩波文庫〕、二六三頁）といいかえることもできる。これは国際社会における緊張を高めるだけでなく、そこでの「争論」に軍事的に対応しようとして、国内的な合理化が強要されていくことにならざるをえない。福沢が、「一個の進退を不自由にして、全体の進退を自由にす」という言葉で表現しようとした事態は、そうした文脈の中で現れていたことになるだろう。

当初福沢は、この事態の文脈に危機意識を持つのではなく、むしろ「近時文明」の必然的な要請であり、彼のいうもう一つの「文明の自由」と両立すると楽観していたように思われる。福沢は、「規則」と「権限」の規律によって集団構成員の「権利」が侵害されることはない、したがってそうした集団的行動様式は「厳正」ではあっても「圧制」ではないと見ていたようである。しかし、そうした福沢の認識はいささか楽観に過ぎたのではないかという疑念を拭い去れないのではないか。その疑問は、もう一つの逆説とも関連している。

福沢は「厳正」の組織原理が、軍隊だけでなく、政治や経済の領域で同様に貫徹していくことを指摘したが、それはそれぞれの領域での「権力」が相互に類似性を帯びていくということをも意味していよう。福沢は、例えば「学問之独立」という作品（一八八三）で、「学権」が「政権」に拮抗していく必要を強調する中で、次のように述べていた。

「之を要するに、学問上の事は一切学者の集会たる学事会に任し、学校の監督報告等の事は文部省に任して、云はば学事と俗事と相互に分離し又相互に依頼して始めて事の全面に美を致す可きなり」(『学問之独立』一八八三年、『福沢諭吉全集』第五巻、三七九頁)。

そして、こうした「学権」の「独立」を担う組織として、「是に於て尚全国の碩学にして才識徳望ある人物を集めて常に学事の会議を開き、学問社会の中央局と定めて、文書学芸の全権を授け、教育の方法を議し、著作の良否を審査し、古事を探索し、新説を研究し、語法を定め、辞書を編成する等、百般の文事を一手に統轄し、一切政府の干渉を許さずして恰も文権の本局たる可し。」(「学問之独立」五一―三七八頁)という構想を語っていた。社会的権力がそれぞれの「独立」を、このような「厳正」の組織原理を持った団体に担わせるという考え方は、「多事争論」の条件とも見合いはする。しかし、他方、一つの矛盾、逆説を孕んでいたといわなければならないだろう。つまり相互の「対抗と均衡」がそれだけ「権力」相互の直接的な対立対抗の性格を持ちやすくなるということであり、その意味で「独立」した「権力」相互の間に「権力の偏重」を生みやすいということである。相互の間の「権力の偏重」は、当然、それぞれの「権力」内部、「権力」を構成する「組織」内部に於ける「規律」の強化に跳ね返っていく。そこで「一個の進退を不自由にして、全体の進退を自由にする」という行動様式が「一身の自由」「権利」を抑圧していく危険性は強まらざるを得ないのではないだろうか。

さらに個々の「権力」を生み出す「自由」な活動に関しても、例えば「経済」活動に関して福沢が「地租論」(一八九二年)のなかでも示唆していたような変化、つまり「私有の本」となる「勤労」が、「万物の理を窮めて其定則を知る」ことや「不羈独立の活計」をめざす「才力」の「自由」という価値と切り離され、また経済の「権」を支える「富有の威光」が人々の「私有の尊厳」を侵蝕するという事態が進行していくということへの危惧にかかわることであるが、ここでも「権力の偏重」は新たな姿を取って露わになっていく。

このようにみると、福沢に於いて「近時文明」論は、「文明」と「自由」との関連に関して、『文明論之概略』の段階とは異なった、より複雑な見方を示していたように思われる。福沢の『概略』以降の文章を読んでいくとき、次第に人間に根ざす「権力」への執着の深さに対する言及が顕著になっていくように感じるのは、こうした問題連関と重なりあっているからではないだろうか。

「凡そ人類として権を好まざる者なし、権柄を掌握して威福を行ふを好まざる者なし。之を名けて私心と云へば私心なれども、驚くに足らず。所謂聖人ならば或は此私心を抱かざる者もある可しと雖も、迚も文明の今日に在て聖人の出るを望む可らず。左れば人の威福を好むは真に其天性にして、猶生来の酒客が酒を好むの情に異ならざるものと云ふも可なり」(『時事小言』一八八一年『福沢諭吉全集』第五巻、一三〇頁)。

この「天性好権論」ともいうべき命題は、明治一〇年の『丁丑公論』から始まり、『国会論』『時事小言』などで繰り返されている。福沢のこうした命題は、例によって逆説的な響きを持ってはいるが、『概略』では、「権」への衝動が「天性」に反する自然的傾向性としてではなく、「一国人民の気風」によって左右される「通弊」だという認識に重点が置かれていたのに対して、ここでは「天性」そのものとして捉えられているところに特色があるといえるのではないか。もちろん、「人類普通、……権を好むの心、決して悪む可きに非ず。此心の働を以て社会を利す可し又害す可し。其利害如何は働の性質に在らずして其方向に在るのみ」(『丁丑公論』一八七七年、『福沢諭吉全集』第六巻、二五五頁)というように「権を好む心」に対してもどこまでもその「働き」に即して考えるという福沢独自の視点は保持されている。しかし、「権への衝動」が次第に「通弊」の問題から「天性」の問題へと移動していく過程には、それだけ彼の「文明」論における視点の移動が反映していることは否定できないのではないか。「近時文明」論のはらむ問題への危惧は、福沢に於いてそこまで及んでいたのではないかと思われるのである。

むろん、他方で福沢は、「財産生命栄誉を全ふするは人の権理なり」(『時事大勢論』一八八二年、『福沢諭吉全集』第五巻、二三八頁)という視点を手放すことはなかった。「自主自由の通義」についての言及も増えることはあっても退くことはなかった。その意味で、福沢に於いて、これまでみてきたような「自由」と「不自由」とをめぐる二つの言説の間に、深刻な分極性を持つに至っていなかったともいえる。しかし、今、時代を隔てて「自由」と「文明」とをめぐる福沢の議論に向き合ってみるとき、これまでみてきたような「権力の偏重」という危機感は、福沢の場合、「西洋文明」との比較を通した「日本文明」の克服すべき病弊への批判としてより強く現れている傾向は否定できない。しかし福沢が同時に「近時文明」の世界化のなかで「権力の偏重」がより新たな、より深刻な危機として登場してきている事態に対する警告を発していたことも忘れてはならないのではないだろうか。福沢の警告に従うならば、我々にとっての「自由」は、「日本文明」と「近時文明」の二重の負荷のなかで「権力の偏重」に向き合わざるを得ないからである。

参考文献

丸山眞男「日本における自由意識の形成と特質」(『帝国大学新聞』一九四七年八月二一日、『戦中と戦後の間』みすず書房、一九七六年、に収録、更に『丸山真男集』第三巻、岩波書店、一九九五年に再録)。
戦後いち早く「民主主義革命の完遂という課題」にとって「いま一度人間自由の問題への対決」が不可欠であるとの問題関心への方向性を明示した画期的な論説。

津田左右吉「自由といふ語の用例」「訳語から起る誤解」(『心』一九五五年七月、一九五六年二月、後に『思想・文芸・日本語』岩波書店、一九六一年に収録、更に『津田左右吉全集』第二十一巻、岩波書店に再録)。
日中文献に於ける「自由」の用例を丹念に辿り返し、「日本語やシナ語」には「今日自由と訳せられてゐるヨウロッパ語に適切なものは無さそう」だという仮の結論を引き出して、「どうしてそれが無いか」「逆にいふと、ヨウロッパにどうしてさういふ特殊な語があるか。実はそのことが真の問題である」という設問を発している。日本人の「長い間の歴史が養って来た繊細な生活感情」に立脚した思想史という従来からの立場から、「シナ語」であれ「ヨウロッパ語」であれ、「訳語から起こる誤解」を正していこうとする点で、丸山眞男とは違った視点からのアプローチである。

浅井清「日本における市民精神の成立――明治初期文学における〈自由〉の受容――」(『思想』一九六六年六月)。
幕末から明治初期の訳語としての「自由」の定着過程を跡付けている。

栗城順子「キリシタン文学における「自由」について――伝統的日本文学に現れた「自由」と比較して――」(『谷山茂教授退職記念　国語国文学論集』一九七二年)。

「自由」という言語の用例を、キリシタン文学を中心に調べ、従来の文学での用例と比較検討している。

村岡美恵子「「自由」の語義の変遷にみる思想史的意義」（『法政史学』一九七三年二月）。

「自由」という言語の用例を、中世を中心に丹念に調べ、その意味の変遷を検討している。

進藤咲子「「自由」小考」（『明治時代語の研究』第二章、明治書院、一九八一年）。

「自由」という言語の用例を、明治期を中心に丹念に調べ、比較検討している。

石田雄「「自由」のさまざまな意味――その歴史的変化――」（石田雄『日本の政治と言葉　上――「自由」と「福祉」――』東京大学出版会、前編、一九八九年一一月）。

近代日本の様々な言説の中に現れた「自由」という観念の包括的な意味論史的研究。

松沢弘陽「自由主義」（『岩波講座　日本通史』第一八巻、一九九四年七月）。

「民本主義論争から始まり自由主義論争に終わるという構図が現す一九一〇―三〇年代の思想状況」を対象として、「民主化と自由化との、またデモクラシーと自由主義いう基本的な問題が問われることはまれだった」という批判的視点に立ちながら、多様な角度から、とりわけ「自由ということばを語ることも少なく自ら自由主義を名のることもほとんどなかった」けれども、そこに伏在する奥深い問題連関を自覚しえていた知的な流れにも関心を寄せながら検討した論考。

近　代

田﨑嗣人

はじめに

元来歴史的概念において、ある時代を意味する言葉でしかなかった「近代」は、それ以上に多様な内容を持つものとして、分野を問わず使用されてきた。しかしながらこの語は、「国家」や「社会」、「人間」などのようにそれ自体がある程度まとまった概念を構成するとはいいがたく、これまで近代について言及する思想家たちは、近代という時代の中に見られるさまざまな側面からある際立った特徴を選び出し、これを近代なる語に投影して自らの議論を展開してきた。これは戦中に開かれた座談会「近代の超克」が出席者の間で近代の概念そのものが一致せず、議論のまとまらないままに終了してしまったことからも理解できよう。(1) もちろんこのような現象は日本特有のものではなく、西欧でも事情は似ている。マルクスは近代を階級闘争に満ちた資本主義社会として、デュルケームは産業化により分業と個人主義が促進された結果生じた、調和のとれた社会として理解した。またウェーバー(ヴェーバー)(Max Weber) は物質的豊かさが実現する半面、創造的、自主的な個人を押しつぶす官僚制が拡大する陰鬱な社会として捉えたとして、多様な近代像が西欧に存在したことをアンソニー・ギデンズは記している。(2)

では論じる者次第で、自由自在にその意味する内容が左右される「近代」という言葉の意味内容の歴史的変化を見てゆくことに、意義はあるのだろうか。先にあげたギデンズの記述を見れば、三人の思想家が、それぞれ歴史的に見て採り上げられるべき価値のある、重要な問題を提起していることが理解できる。鋭敏な思想家たちは近代を論じることにより、同時代の問題点を指摘していたのであり、近代に関する議論の流れを診ることで、我々は、思想家たちが自らの生きた時代と格闘した軌跡を追うことが可能となるのである。当然日本の思想家についても、これと同じことがいえるであろう。

ただし日本においては、「近代」のあり方は欧米と比較して、より複雑である。そこには欧米との比較を意識する必要が、常に存在した。内発的に近代化が生じた欧米とは異なり、日本における近代化は外部からの刺激によりもたらされた[3]。そのため近代が日本に根付くのか否かは、思想家らの重要な関心事となった。その際問われたのが、〈普遍―特殊〉という近代の性格である。もし近代が普遍的なものならば、日本社会にも根を張ることができる。しかし欧米に特有つまり特殊なものなら、風土や伝統の異なる日本への移植は不可能どころか逆に害をもたらす。比較の視点から、彼らはこの難問に取り組んだのである。

本章ではそれぞれの思想家らが当時おかれていた社会状況はもちろん、彼らが立脚する歴史像や文明観について留意しながら、近代（またはそれに類する言葉）がいかなる意味内容で使用されていたのかを考察する。このように思想家たちの知的営みの足跡をたどる作業を通じて、我々もまた、自らの生きている時代を再帰的に見つめ直すことができるのである。

一　「文明」としての「近代」

――文明開化期―明治末――

モデルとしての「文明」

一八八九（明治二二）年初版の国語辞典『言海』をひも解くと、「近代」なる語の意味として「過ぎて程歴《へ》ぬ代。ちかごろ。近世」とある。ここにおける「近代」とは、現在から見て少し前の過去、程度の意味である。一方「文明」の項には「文学、智識《ママ》、教化、善く開けて、政治甚だ正しく、風俗最も善きこと」と記されているが、エジプトやギリシアなど一定の地域に広がって存在していた高いレベルの諸文化、との意味はここにはない[4]。蒙昧な状態を脱し、文化や政治が正しいかたちで発達した理想的な状態を、この語は意味している。「正しく」や「善き」などの表現から理解できるように、この項目は一定の価値基準に基づいて記述されているが、帝国憲法が発布され、翌年に帝国議会の開会を控えていた当時の日本で、この項目の内容がある程度現実と化していると思われていたのが、近代西洋においてであったことは充分理解できよう。この時期、後の「近代」を意味する言葉は「文明」であった。ゆえに「近代」概念の歴史的展開を見るにあたり、まずその前史として、我々は「文明」の語の使われ方について一瞥しておかなくてはならない。

文明における人間とは、旧い慣習から自由になり、人間性と科学的な知性を磨いた存在である。この知性の働きは、周辺で生じる諸現象を法則や原理に則り、合理的に把握することを可能とする。それゆえ未来を予測して、外界に対して能動的に彼らは働きかけることができる。また科学的な思考法は工業などに対する知識の応用を可能とし、結果として産業は発展をとげ、豊かなそして安全な社会が実現する。これが『文明論之概略』において福沢諭吉が展開する文明理解である。この西洋において花開いた文明をいまだ「半開」にある日本で定着させるため、学問の性格転換――儒教教育に見られる旧来の修養中心から、実学すなわち科学的思考中心へ――を通じた人間精神の変革を、彼は求める。それなしにいたずらに制度の変革を試みても、新たな制度は社会に定着できない。優先されるべきは、普遍的な「文明の精神」の導入なのである(5)。福沢の文明論の根底には〈野蛮―半開―文明〉という素朴な一元的発展史観が見てとれるが、同時に西洋の文明を絶対的価値と見なさない、冷めた視線も彼は堅持する。現存する文明は完全なものではない。もちろんそれは最も進んだものではあるが、さしあたり現状においてそうだというだけである。だが国家の独立という大きな目的に鑑みると、その導入は日本にとって必須であると、彼は理解するのであった(6)。

転換する文明像

しかし文明開化期を経て日本が帝国主義化するなかで、このような文明観に対する疑念が生じる。文明本来の尺度に基づけば、西洋列強の帝国主義的行動は「野蛮」でしかない。彼らにおいて進歩しているのは文明ではなく、実は「獣力」ではないのか。このように陸羯南は疑問を呈する。さらに彼は、汎ゲルマン主義や汎スラブ主義のなど欧州において人種的統一や協力の動きがみられることを説き、返す刀で以下のように日本の対外政策を論難する。義和団事件において日本は欧米列強を助け、こともあろうか同じ「東洋人種」に属する清に出兵した。いまこそ日本人は、世界的潮流となっている「人種の競争」と「人種の統一」という観点から、民族の将来を考えるべきではないのかと(7)。日本が文明を清濁併せて飲み込んでいる現状を、陸は批判的に捉える。また別の論者は、以下のように説く。平和に、安穏と日本が芸術に浸っていた時代、西洋は日本を野蛮国と見なした。だが満州の戦場で殺戮を始めるや一転、日本を文明国と呼ぶ(8)。このように岡倉天心も、文明の正統性に異論を呈す。また機械と資本に立脚し、対立に満ちた西洋社会像に、土地と労働に基づく、調和のとれた東洋社会の姿を彼は対置する。東洋からみると、西洋が特殊な発達を遂げているに過ぎない(9)。遅れた東洋と進んだ西洋、前者が後者の文物を導入することで健全な発展を遂げるという一元的な歴史像はここには見られない。文明は普遍的ではない。岡倉の主張は、人類文明の多元的性格を前提とするのである。

先に見たように、福沢にとっての文明とはその人間精神のあり方を意味した。それゆえ周辺環境から自立し、科学的な洞察力を身に着けた人間像の育成こそが急務であった。一方陸や岡倉にとっての文明とは、帝国主義であった。文明の名の下に西洋諸国により行われる野蛮な行為、これに対する疑問が文明の虚構性を浮き彫りにし、帝国主義政策の被害者である東洋の姿を映し出したのである。大きな転換を遂げた文明についての評価は、その後の〈文明＝近代〉をめぐる議論に影響を及ぼす。

二　「近代」への違和感
――戦間期――

問題としての「近代」

ニーチェの翻訳で有名な文芸評論家生田長江は、中途で終わったとはいえ、日本で初めてマルクスの『資本論』の全訳を試みた人物でもある。彼は一九二五（大正一四）年、著書『超近代派宣言』で近代の行き詰まりを説き、それを超えた新たな時代を創りあげることを提唱した。彼もやはり、近代における人間精神のあり方に着目する。彼はこれを「人間主義もしくは人性主義（Humanismus）」と呼ぶ（以下「人性主義」とする）。「人性主義」とは人間を超越する存在や価値を認めない、独善的な人間中心の思考である。これはさらに二つの要素から構成される。第一の要素は、卓越した特殊な能力や地位を否定する平等主義である。ここから政治制度的には、デモクラシーが導き出される。第二は、知性において科学に重きを置く、実証主義の傾向である。科学法則の発見は機械の発明・改良を促進し、産業革命を進展させる。そこから資本主義が産まれる。さらに資本主義の成長は産業の中心部に労働力を集め、都市は拡大する。この結果、都会中心の姿勢が生じると生田は捉える。[10]事実、短期間で帰郷する女子労働者中心の繊維工業とは異なり、第一次世界大戦を境に発展する重工業は男性労働者中心であり、彼らは都市部に移り定住することから、都市への人口集中は顕著となった。人間精神における「人性主義」の精神と、社会制度としてのデモクラシーと資本主義、そして都市偏重の価値観が生田にとっての近代であった。

生田はこのような近代の性格に疑問を抱く。「デモクラシーの信奉者」たる彼は、デモクラシーの美名の下における「暗愚なる暴君」、すなわち精神的高貴さを欠いた群衆の跋扈を告発し、[11]また大規模産業に見られる、労働者の機械への隷属を指弾する。生産過程における人間疎外を問題視する以上、社会主義には期待できない。社会主義も資本主義も「実証主義的精神の頽廃」に起源を持つ点で共通であり、社会主義はさらにこの実証主義に平等主義的性格が加わったものにすぎない。[12]両者の相違は生産手段の所有の問題でしかなく、社会主義化は問題解決には寄与しないのである。

新たな人間像の創出

だが生田が挙げた処方箋は、彼の問題提起の重要性に反してどれも不充分なものであった。彼は近代の根底にある「人性主義」の克服を求め、英雄や偉人崇拝の復活を提示する。[13]デモクラシーが機能するには、民衆自身の人間性の向上が不可欠である。英雄や偉人は、個人が修養を積むためのモデルである。それゆえ偉人や英雄を陋劣な位置に引きずり下ろし、凡庸な存在として描き出す自然主義文学を彼は批判し、彼らをそのまま偉大な存在として描写する文学を求めた。[14]文学による人間精神の再興を、彼は目論んだのである。一方資本主義や都会中心の価値観に対しては、生田は農業や農村中心の思想（彼の言葉では「重農主義」）を提示する。[15]社会主義者は資本家階級による労働者階級の搾取を弾劾するが、生田の眼には都市による農村の搾取の方が、より深刻な問題に映った。貨幣経済の中で、商人は工業製品を暴利で農民に販売する一方、買い叩いた農産物を買値の何倍もの価格で販売して利益を得る。さらに生田はこの都市による農村の搾取を、単なる一国内の問題ではなく、世界大の問題としても理解する。[16]だが彼はこの問題の解決に関して、農村との有機的な関係を保つ地方小都市を称賛し、そこから重農主義芸術が産まれることを祈念するに留まる。[17]結局、新たな芸術の提唱という解決法しか、彼は提示できなかったのである。

生田以前にも西洋文明流入以降の、労働者の貧困や疎外、産業化による農村の荒廃や都市問題に警鐘を鳴らす論者は存在した。だが生田はそれら具体的な社会問題を個別ではなく、ある時代において、相互に関連して姿を顕した一塊の問題であると捉えた。さらにこの問題は日本と西洋をともに侵しており、両者はもはや同じ時代を生きているとも、彼は理解する。ここにおいて「近代」の語は先に『言海』に見た意味を失い、世界大に広がる、ある条件を共通とする一つの時代、としての意味を持つこととなる。末期状態にあるこの時代を批判する際に、彼はこれを「近代」と呼び、この超越と新たな時代の創出を求める。精神的な文化を生んだ「東洋」が、物質的な文化に立脚する「西洋」から生じた近代を克服すべきである。[18]彼の近代批判は、東西文明論のかたちをとる。この東洋と西洋を対照的に理解し、東洋による近代の超越を求める構想は、戦時下に再び息を吹き返すのであった。

三　世界史の哲学と「近代の超克」
――日中戦争―太平洋戦争期――

世界史の転換点としての「大東亜戦争」

終結の糸口の見えない戦争の下で、再び近代を問う思潮が姿を顕す。通常、この思想の流れは、その中心となった座談会の名をとり「近代の超克」と呼ばれる。その中心となったのは、以下の三つの人的グループである。まず京都大学の西田幾多郎や田辺元を師とする「京都学派」の若手の哲学者・歴史学者たちである。彼らはまた独自に「世界史的立場と日本」[19]などの座談会を『中央公論』誌上で行っている。残る二つは、文芸評論家保田與重郎（座談会は欠席）や亀井勝一郎らを中心とする『日本浪曼派』と、文芸評論家小林秀雄、河上徹太郎らに代表される雑誌『文学界』に拠るグループであった。

このような議論が頭を擡げた背景としては、まず第一に、第一次世界大戦後における西洋の絶対的地位の低下が挙げられる。戦間期にドイツの哲学者オズワルド・シュペングラー（Oswald Spengler）はその著作『西洋の没落』（*Der Untergang des Abendlands*, 1918–22）のなかで、文化圏としての西洋の危機的状況を指摘する。それは当のヨーロッパ人自身が非西欧文化圏の台頭を認めたものといえる。シュペングラーについては、一九二八（昭和三）年に笠信太郎により紹介されており、「近代の超克」論の思想的な底流の一つとなったといえよう。もう一つは戦争という現実である。総力戦を勝利に導くためには、国内の政治経済体制や対外関係の大きな見直しが必須である。にも関わらず現状の政治経済体制、歴史認識や対外認識は依然として旧い思考に絡め取られたままであり、巷には空疎で観念的な日本精神論が横行している。このような現状を憂い、戦争を支える知的バックボーンの確立を求め、多分野の専門家による会議として催されたのが、この座談会「近代の超克」であった[20]。ここでは議論がまとまらないままに終わった「近代の超克」座談会ではなく、相対的に歴史理論や政治経済など社会科学分野への言及が多い「京都学派」の議論を中心に、「近代の超克」論における近代概念およびその克服方法を鳥瞰してみたい。

超克される「近代」と回復される「道義」

「近代の超克」の議論において注目すべきは、近代とはすでに行き詰まった非合理的なものであり、それゆえその超克を求めねばならないという視点である。「近代の超克」座談会にも参加した西洋史学者鈴木成高の言葉を借りるならば、近代とは具体的には政治上でのデモクラシー、思想上でのリベラリズム、経済上の資本主義などに見出される[21]。これらは歴史上西欧の市民革命、産業革命により創り出された思想、社会制度そして生活様式である。政治的自由や財産権を巡って生じた市民革命により、封建的な身分制度や職能団体は解体され、また農村共同体を離れる人間も現れる。諸集団から自由になった人々は抽象的、普遍的な存在である平等な個人としてとらえられ、社会制度はその抽象的個人の理念により構築される。自由で平等との個人観は、政治的には個人による政党や圧力団体の組織化、参政権の拡大などリベラル・デモクラシーの制度を[22]、経済面では出資者・雇用主・労働者など、個人間の契約関係に基づく経済主体たる私企業の存在と活動を正当化する。この私企業主導の資本主義制度は国家の経済介入を制限し、市場中心の自由放任を基調とする[23]。このような政治・経済体制において近代的な個人の行動指針となるのが、利益の最大化なのである。

このリベラル・デモクラシーと資本主義の体制は西欧一国内の制度には止まらず、既に世界全体に浸透している。しかし、それらはもはや歴史的役割を終えつつある。ニューディール政策やファシズム、ナチズムに見られるように、もはや資本主義も政府の介入なしには生き延びることはできない。このような介入のためには、民衆の支持を背景にした強力な政府が政策を断行する「民主主義的全体主義」が必要となる。そこでは、議会は政策議論の場ではなく、政府支持を表明する一機関と化す。さらに組合や企業のみならず、教会や家族など、市民社会内部の諸社会集団に対する強力な政府の介入をも、鈴木は正当化する。これら諸社会集団は自らの利益のために行動するが、それは国家全体にとっては非合理なものでしかない。「民主主義的全体主義」では、部分でしかないこれらの諸社会集団から構成される市民社会は、全体である国家が定めた道義的な価値に従属すべきなのである(24)。

また主権国家から構成される近代国際秩序も、超克の対象とされる。各国が自らの利益にのみに従って動くこの国際秩序ははなはだ道義性を欠くと、哲学者高山岩男は理解する(25)。近代国際秩序ではそれぞれの主権国家は形式的には対等、平等な存在として扱われており、国力の大小強弱は等閑視されていた。この点に彼は疑問を呈す。そして新たな国際秩序の単位として、複数の民族や国家に共通の文化を単位とする広域圏・文化圏（以下「広域文化圏」とする。これは経済的意味も合わせ持つ(26)）を、近代主権国家に代わる存在として彼は提示する(27)。歴史的に観ると、ヨーロッパはキリスト教により統一性を保たれている広域文化圏である。しかしながら、それはあくまでも複数存在する広域文化圏のうちの一つでしかない。それがこれまで偶然、勢力を世界大に広げていただけである。もはや、利害得失を価値基準とするヨーロッパ文明の絶対的な地位は崩壊しつつあり、新たな国際秩序は利害ではなく倫理、道義に基づいて形成し直さなければならない。この役割を担うべき存在が、儒教という倫理的な統一性に基づく東アジアの広域文化圏なのである(28)。もちろん広域文化圏内においても、決して国家が消滅する訳ではない。しかし国力の差異という実情を無視した国家間の機械的平等は、その中では排される。国家間や民族間の関係は、「指導」と「協力」の関係に置き換えられる(29)。東アジアの広域文化圏において指導者の地位に置かれるべき存在は、当然、国内の政治・経済体制を道義に基づいていち早く改革した日本、となるのであろう。

政治や経済から宗教や道義を追放し、利益の拡大のみが、普遍的かつ抽象的な個人や国家の行動原理となっている体制、これが京都学派の眼に映った近代の姿であった。西洋に端を発するこの歴史的使命を終えつつある体制を、東洋的な道義に基づく新たな政治経済秩序に置き換えることで、近代を超えた新たな時代を世界史に創り出す。「近代の超克」とは単なる近代の否定ではなく、新たな時代を模索する試みであったのである。(30)

四　戦後日本における「近代主義」
――終戦直後―一九六〇年代半ば――

戦後「近代主義」と普遍的近代像

一九四六（昭和二〇）年一月、一つの文章が公にされた。かつて「超克」の対象とされた近代的な思惟は、いまだ日本において獲得されたことはない。だがそれは近代的思惟が日本において根を下ろさない、もしくは近代的思想の萌芽が存在しなかったことを示すものではない。しかし近代思想すなわち西欧渡来の輸入品としていては、いつまでたっても民主主義を含む近代思想が、日本に根付くことはできない。それゆえ、かつての日本における近代思想の形成過程についての研究が、いまほど必要な時はない、丸山眞男はこのように述べる。(31)この宣言は、彼の戦中の研究が、戦後の民主化に繋がるとの確信からなされたといえよう。近代的な思惟を戦後日本に確立するには、かつての日本においてそのような思惟の成長が、いかなる要因により妨げられたのかを、歴史的に明確にする必要があるのだ。

修身と治国、平天下、すなわち「私」と「公」がいまだ区分されない、前近代的思想とされる朱子学の崩壊過程から、儒学における古文辞学派が生まれる。その学派の一人である荻生徂徠の思想に、丸山は注目した。為政者の政治的責任論はじめ、徂徠の説く「聖人」の姿には規範の形成者を、その赤穂浪士の処罰案には「公」的な価値と「私」的な価値の緊張関係を、すなわち近代的な「政治的思惟」の原型を、丸山は徂徠に見出す。旧来の支配的思想の解体から、日本の近代的思惟は生まれた。(32)しかしそれは、定着することに失敗した。敗戦までの近代国家日本において欠如していたのは、このような近代的な思考つまり「自由なる主体的意識[33]」を有した人間であった。マルクス主義と並び戦後の思想界に大きな影響を与えた丸山や大塚久雄、川島武宜らを始めとする戦後啓蒙もしくはいわゆる近代主義とされる知識人たち（以下、「近代主義知識人」と記す）にとって、敗戦は近代的な人間像を欠いた日本近代の歪みの帰結、として理解された。彼らの理解した近代と、「近代の超克」で議論された近代の姿は、かなりの部分が重なり合う。だが「近代の超克」では、すでに日本に近代が成立したと捉えるのに対し、「近代主義知識人」にとっての近代（とくに近代的な人間像）はいまだ日本には姿を現してはいない。ここに両者の歴史観の相違が、垣間見える。

一連の戦後改革により、日本の社会的諸制度は大きく変化している。しかし肝心の人間精神のあり方はどうか。伝統や所与の条件に流されず、自分が置かれている現状を冷静に認識した上で、総合的な分析を行う。そして問題の本質を把握し、利害と損失とを考慮した上で、複数存在する解決方法の中から適切なものを選択し、状況に合理的方法で働きかけて、問題を解決に導く存在――彼らの考える近代的な人間像とは、総じてこのように描くことが可能である[34]。村落共同体や家族などの封建的な桎梏から自由になった近代的な個人が、公的活動に積極的に参加することで戦後の市民社会を支え、その活性化を図る。さらにその市民社会が国家権力を制御するというかたちで、戦後日本を正しい方向に誘導するべきなのである[35]。

このような近代的人間像からは、国際社会、国家から家族までのあらゆる社会秩序は自然に存在するのではなく、人為的に形成される存在である、との政治的思惟が導き出される。ゆえに自然な存在に見える家族という理念を、国家レベルにまで拡大した家族国家観、これに基づく戦前日本の国家主義は克服すべき対象と見なされる。戦後ナショナリズムは、決して自然や伝統などの「環境」に情緒的に依存したものであってはならない。「国民とは日々の国民投票」とのルナン（Joseph Ernest Renan）からの引用に見られるように、覚醒した、相互に平等な存在としての国民意識、さらにこれに立脚する民主主義の生育を丸山は説く[36]。〈秩序形成者＝主権者〉たる国民が狭い地域的エゴイズムを超越し、日本全体の進路を決定すべき、とする新たなナショナリズムの育成は、丸山らの次の世代に位置づけられる坂本義和の「革新ナショナリズム」論へと繋がるものであった[37]。

このような合理的人間像と秩序観は、「近代主義知識人」自身の国際政治分析にも投影される。丸山の論考から見てみたい。東西の冷戦、アメリカとソ連両国が核兵器を所有するといった状況下で、講和条約や日米安全保障条約についての論争は始まった。しかしいま目の前にある東西両陣営の対立は、あくまでも現実の一側面でしかない。数年前までは、米ソが協力して枢軸国と戦っていたこともまた現実なのである。(38) それゆえ両国の協調を求めることは、決して不可能だとはいえない。冷戦の存在という現実のみに拘束されるならば、国民は自縄自縛に陥り、「死への舞踏を続ける」(39) ことになりかねない。政治における現実とは、人為による変革が可能という点で、自然災害とはその性格を著しく違える。現在の状況を永劫不変のものとして理解し、その変革の試みそのものを放棄してしまうのは、現状とみなされる既成事実への屈服でしかなく、それは戦時の大日本帝国指導者たちの姿勢と何ら変わらない。(40) さらに双方が核兵器を所有することにより、戦争の意味は以前とは大きく変化してしまっている。もはやクラウゼヴィッツの警句は時代遅れとなり果てており、一旦両陣営間に戦端が開かれれば、世界の滅亡もあり得る。目的合理性から考察するならば、戦争は政治的な目的遂行のための手段とはなりえないのである。(41)

国際政治に対するこれらの視点から、安保条約や片面講和論への批判は展開される。日本がアメリカとの安全保障条約締結により西側にコミットすることは、東西対立という好ましくない状況の固定化に繋がるのであり、同時に日本が採りうる外交上の選択肢の幅を著しく狭める。また東南アジア諸国やインドが平和条約案に異を唱えていることに鑑みれば、片面講和により日本がアジアで孤立する可能性も高い。外交において可能な限り大きな行動の自由を確保するには、周辺諸国から支持される可能性の低い講和条約の締結は避け、全面講和や中立の立場を堅持することが日本にとって最善の策である。このように理性を通じた自由や権利の拡大、そしてそのための足枷となっている諸制度や思考の克服が、近代的人間像に課せられた課題なのであり、近代主義知識人らの国内政治や国際政治についての判断は、この視点から下されたといえよう。

ではこのような考察の根底にある歴史像とは、どのようなものであったのか。敗戦直後の日本における民衆に見出される、近代以前の「封建的、さらにいわゆるアジア的」人間類型と「近代西欧的人間類型」を、ヴェーバーの議論に依拠して大塚は比較する。

後者に見出される、社会や科学など外界世界に対する「自発性」や「合理性」、規範に則って判断を下すという「公平」な姿勢は、前者には全く見られないというのが、彼の分析である。[42] これらの人間類型はあくまでも理念型であり、その実在性を説いたところで仕様がなかろう。ただ「近代主義知識人」の歴史像との関連で見落とすことができないのは、大塚の述べるモデルとしての近代とは西欧近代に限定されたものであり、そこに西欧近代を終着点とする一元的な発展史観が見出される点である。近代（たとえそれが西欧近代であったとしても）へ至る多様な道筋はもちろん、西欧モデル以外の近代像が存在する可能性は、彼においては想定されていない。この点は、次に述べる「日本的近代主義」とは大きく異なるのである。

五　「日本的近代主義」と近代批判の狭間で
——一九六〇年代半ば—現在——

日本独自の近代化

高度経済成長期において飛躍的な発展を見せた日本経済は、石油危機の後も、安定した成長を遂げた。このような日本経済の発展要因として注目されたのが、終身雇用制や年功序列賃金制を柱とする日本的経営である。経済成長という普遍的な尺度において欧米より高い実績を見せたことで、かつて「近代主義知識人」らにより否定的に捉えられてきた日本の近代が、一転して肯定的に捉え直される。経済成長という事実を背景に、いわば新たな近代主義が展開されたのであった。この新たな近代主義（以下「日本的近代主義」とする）においては、西欧において近代——それは経済における資本主義の発展、政治における議会制度の定着などの制度面のみならず、個人主義の発展や、それに基づく自発的な社会集団の形成など、市民社会の形成の面も重視する——を形づくった諸要素が（西洋とは多少異なる形ではあるが）過去の日本にも存在したことが発見される。そして従来は否定の対象であった日本の中世や近世に、彼ら「日本的近代主義」者らは日本独自の近代の芽を見出すのであった。

近代日本文学において、伝統的な「家」の制度はしばしば旧習や因習の象徴として描き出された。この家制度は、家族に対して絶対的な力を有する家長をその中心に据えており、戦後は個人を圧殺する封建的・前近代的な制度として、克服の対象となった。[43]

しかしながら家制度と同じ原理を持つ組織が、実は日本における近代化の推進力であったならば、議論の文脈は大きく変化する。村上泰亮、公文俊平、佐藤誠三郎の共著『文明としてのイエ社会』はこのような試みの代表であるといえよう。

日本の社会組織のモデルとして、筆者らは東日本の武士団に見られるイエ型集団に注目する。このイエとは「生活を共同にする経営体」の一つの類型であり、家族そのものではない。イエとは、あくまで集団を形成する時の原理の一つである。(44) このイエ型集団の特徴は、以下の四つである。第一点は、組織の超血縁性である。イエ型集団では、外部からの新規加入者を（血縁外からの）養子もしくは疑似親子というかたちでこれらを迎え入れる。これは血縁の重視ではなく、集団の目的に合致する能力さえあれば、血縁の有無を問わず組織の構成員になれることを示すと同時に、集団加入に関しては双方の意志に基づく契約的行為が存在したことを意味する。続く第二点は系譜性である。この集団は組織を統合するための指導者を必要とする。指導者は特定の家系から選出され、その継承はその家系の嫡男（養子の場合もある）によって行われる。そして一旦跡継ぎが決定されると、その人物は他の構成員よりも高い地位に置かれる。そして第三の特徴は組織の機能的階統性である。元来武士の集団であったイエ型集団は、戦闘と農耕をその目的とする。戦闘において指揮系統は重要であるため、集団は階統性をとらざるをえない。ゆえにイエ型集団は構成員に対して、懲罰などの権限を有する。このような権限の存在は外部からの介入を排するものであり、外部に対するこの自立性がイエ型集団の四つ目の特徴となる。明治以降の家制度や企業形態にも見出されるとされるイエ型集団は、従来考えられていたような封建遺制的な共同体ではなく、構成員の意志に基づき、特定の目的のために設立されたアソシエーションであった。なお筆者たちはこのイエ型集団の外部に対する自立性と（西欧における）「個人」の外部に対する自立性との相似も記しており、西欧における個人と同様の役割を、日本では組織ごとにイエ型集団が担ったとの理解をここに見いだすことができる。(45)

さらに社会制度のみならず（近代主義知識人がその確立を求めた）近代的人間像を、前近代日本に積極的に見出す試みも行われる。評論家山崎正和は中世の農民に見られる技術革新に対する積極性や、彼らの生活変化に対する柔軟な対応に、近代的産業に必要な進歩の精神を発見する。さらに彼は、メンバーの身分や職業を問うことなく形成された俳諧の愛好家たちの集団である「連」に、西欧の貴族、ブルジョワジーそして文人の社交の場であったサロンの姿を重ね合わせ、さらにその「連」が全国的なネットワークを有していた事例を挙げる。彼は沈滞した、封建的な時代としての江戸時代像を否定し、市民的公共性の場の全国的な繋がりを描き出す[46]。このように山崎は近代主義知識人により、従来西欧には存在したが日本には見出されなかった、もしくは夭折したとされる近代化のためのエートスの起源や市民的公共性の萌芽を、日本の前近代に捜し当てたのであった。

「日本的近代主義」と歴史観

この歴史理解から山崎は、冷戦後にサミュエル・ハンチントン（Samuel Phillips Huntington）により示された「文明の衝突」論に対して、否定的な見解を示す。「文明の衝突」論は地球上を複数の文明圏に分割し、議会制民主主義は（日本以外の）西欧文明以外の文明圏には決して根付くことはないとする。それはある意味、個々の文明の宿命でもある。しかし定義も恣意的な「文明」の語は、敵対する存在を自らとは異なる他者として遠ざけるためのイデオロギーとしての役割を果たし、文明圏間の対立を回避不可能なものとする。山崎はこの議論の危険性を指摘する[47]。近代に向かうさまざまな道のりが存在する可能性を肯定する山崎の視点からすれば、「文明の衝突」論の危険性は戦時中の「近代の超克」のそれと重なって映らざるをえない。

相対的に産業化の意味合いが強いとはいえ、戦後「近代主義知識人」同様、「日本的近代主義」者たちは近代が持つ普遍的な価値を肯定する。ただし「日本的近代主義」者は前近代日本にも近代は芽生えており、それが独自の発展（例えば、自己の権利を主張する西欧の強固な個人主義に対する、日本の「柔らかい個人主義[48]」）を遂げたと理解する。一元的な性格の強い「近代主義知識人」の歴史像に対し、「日本的近代主義」者はいかなる国家や民族も差異はあれども、最終的にはそれぞれ、独自のかたちの近代へ至るのであり、近代へ至る道をもまた多様であるとの歴史観を有していたのである。

管理における「客体」化と「主体」の消失

反面、成長する日本経済の下で「日本的近代主義」と並行して、近代そのものに懐疑的な姿勢も生じる。個人を内部に取り込む一種のシステム、このように近代を理解する先駆として位置づけられるものとして、「管理社会」論を挙げることができる。哲学者の荒川幾男は、（一）先進工業国の労働者は階級意識を希薄にし、その結果として市民社会全体が変容を遂げる、（二）多分野において巨大な組織（企業や官庁）が発達し、多くの人間がこれに属す、（三）このような組織は、職務の専門化した階層的秩序から構成され、その人員は能力に基づいて選抜される点、などを現代の特徴として挙げる。さらにこの状況下で、社会全体が管理する側と管理される側に二分され、一見自由に見える社会の構成員は、眼に見えないかたちで管理されているという息苦しさを感じていることを、荒川は指摘する。彼はこの管理社会の起源を、重工業の発展や義務教育の普及が始まった一八七〇年ごろの西欧にまでさかのぼるとする。[49] 彼にとっての近代化とは、「管理社会」化を意味するのであった。

またこの管理社会は資本主義国家特有の現象ではなく、（当時の）社会主義国家においても見出される普遍的なものともされる。プラハの春、フランス五月革命やアメリカのスチューデント・パワーの台頭などは、いずれも各国で見られる管理社会への反抗である。[50] もはや社会主義への幻想も完全に消滅し、他の選択肢は存在しえないとの閉塞感が近代社会を覆うこととなる。

さらに、合理的な思考に基づいて行動する自由な「主体」の存在に、ポストモダンを志向する文芸評論家の柄谷行人は疑問を呈する。群衆心理学の誕生や精神分析学における無意識概念の確立に見られるように、「近代主義知識人」によって唱えられた近代的人間像の存在はすでに戦間期ヨーロッパなどでは疑問視されており、それに対する疑念の噴出は時間の問題であった。柄谷によれば、画期は世界恐慌である。古典派経済学においては、市場メカニズムでは個々人の合理的な利潤追及の行動により、結果として適切な資源の分配が行われるはずであった。しかし世界恐慌では市場メカニズムは機能せず、市場は国家の介入を必要とした。これにより市場メカニズムのみならず、人間行動の合理性に疑いが生じたことを、彼は指摘するのであった。[51]

同時に柄谷は、自由な主体の存在そのものにも疑いの眼を向ける。自由な主体は、他者から独立した「自己」の存在を前提とする。彼は森鴎外の文章を引き、その「自己」についての見解を紹介する。自己（鴎外自身の表現では「自我」）とは独立した実体的な存在ではなく、自らを束縛する諸関係の集合体でしかない。確固とした自己が存在しない以上、それに抗う絶対的な他者もまた存在しえない。それゆえ鴎外の小説における登場人物は、明確な意識の下に他者に向けて行動したのではなく、周辺の「成行き」に流されただけである。[52] 個人の行動とは、合理的な判断によるものではなく、周辺の状況に流された結果に過ぎない。

一九六〇年代半ばに近代理念への疑念が生まれた背景には、日本経済の成長にともなう社会の変化があったといえよう。人々はマスプロ大学での学業を終えるとともに、巨大組織に就職する。これ以外の選択肢は、ほとんど存在しない。このようなソフトな方向付けというかたちで、彼らは自らの行動指針の多くを、外部からの管理に委ねざるをえない。所詮は、自由な個人など観念上の遊戯でしかないのだ。この実感は、「近代主義知識人」の思考に見られた、社会・国家と個人との関係に再考を迫る。それゆえ「近代主義知識人」は、当時の学生運動の批判対象となったといえよう。

前近代と共同体への憧憬

自由を喪失した個人、もしくは虚構としての主体との認識は、前近代日本に対する評価をも転換させる。近代国家の集権的性格に比べ、中世の権力は甚だしく多元的である。ことに室町期は関東公方や守護大名などの地方権力が存在し、また寺社や都市は独自の規範を持つ。職人たちは座を組織して、自らの利益の保護を図る。政治的権力の支配下で、経済的には企業内部で私生活までを管理され、息苦しさを感じる近代人の眼には、この中世像は魅力的に映る。中世の、世俗の人間関係や組織を離れた「無縁」の存在や、多元的な権力の狭間たる「公界《くがい》」を自在に闊歩する民の姿を描き出したのが、中世史家の網野善彦であった(53)。

また江戸時代に関する同様の試みは、国文学研究者の廣末保によりなされた。江戸期に悪場所と呼ばれた廓と芝居小屋、また遊女や役者など元々遊行の民であったとされた人々と都市住民たる定住民の関係に、廣末は着目する。悪場所に足を運ぶことで、定住民は「日常」と「非日常」の垣根を越える(54)。娑婆の定住民が悪場所へ赴くことは、日頃から権力の支配下に置かれていた彼らにとっては、秩序からの束の間の出奔を意味する。定住民は管理社会に囚われた近代人の姿と重なり合い、悪場所はその管理社会による支配への抵抗の場を窺わせる。一般の民衆よりも厳しい幕府の管理統制下に置かれていた悪場所やそこの住民が育んできた強さに(55)、廣末も管理社会への抵抗の術を探り当てようと試みていたのである。

前近代への憧憬とともに、顕著になったのが共同体(共同態)の復権である。共同体とは地縁や血縁を基盤として成立した小集団であり、その創設やそれへの参加において構成員個人の意思は重きをなさない。共同体の持つこの性格は、個人を取り込み、埋没させることで自発的に行動する主体的な人間形成を阻害する、それゆえ共同体の解体もしくはそれからの脱出なしには、自由な人格は生まれえない、従来このように理解されたゆえに近代への足枷として位置付けられた共同体を、歴史家色川大吉は社会変革の礎としてとらえ直す。彼は秩父の困民党、五日市の自由民権運動や北村透谷などについて研究を続け、共同体の中で自由で主体的な近代的人格が誕生しえたことを指摘し、これまでの共同体像を一変させる。[56]「近代主義知識人」が主張した近代的人間像は、色川も共有する。しかし国家に対して、一個人が抗するのは困難である。それゆえ自律的な自治組織である共同体を、国家機構への抵抗のみならず変革の砦として、彼は位置づけようと試みた。

同様に思想史家松本健一も、共同体の再評価について肯定的立場をとる。だが工業や都市中心の時代である近代は、もはや日本でも閉塞状況にある。その近代の文明を打ち破るために、松本は共同体の復興を求めるのである。共同体の復権を求める点では同様であったが、共同体を通じて近代的・主体的な人間像の形成を求めた色川と、近代を解体するために共同体の再生を求める松本では、近代に対して共同体の持つ役割は百八十度異なるのであった。[57]

さらに、近代に対して共同体を対置する思考は、そのモデルを再び東洋ことに中国に求める。中国の文化大革命に対して肯定的な立場を採ったある知識人は、その小共同体（コミューン）を中心とするその運動形態に熱い眼差しを向ける。貨物船内の乗組員の間に階級は存在せず、都市は革命委員会が統治を行う。革命委員会は人民の直接選挙により選出され、人民解放軍の末端組織をも兼ねる。当の人民革命軍もエリートによる指導を否定し、階級制を廃した戦闘部隊であり、同時に彼らは生産活動をも担う。[58]職場、都市、軍など各コミューン内では構成員間の平等が維持され、彼らの直接投票により指導部の選出・更迭も行われる。そのため、指導部の意思と一般構成員のそれとの間に乖離は生じない。これらの説明が真実だったか否かはともかく、このような理念的かつ理想的な共同体の姿が、そこには描き出されていたのである。

このように管理社会としての近代に抗うために、日本や中国における伝統が再発見される。その伝統とは共同体であり、日本の中世や近世であった。近代に対峙するために東洋が注目を浴びる時期が、また訪れたのである。

社会システム内の囚人《とらわれびと》

管理社会論における個人には、まだ「管理されている」との意識が存在した。彼らは私生活の領域では、自分自身の意思に基づいて行動しているはずであった。しかし、疑問はさらに深まることとなる。「この個人の行動は、本当に自らの意思に基づくものなのか」。管理社会論や柄谷が提起した問題を受けて、思想史研究者の山之内靖や中野敏男は「社会システム」論を展開する。彼らが着目したのは、近代における国民国家と市民社会の関係である。それぞれの国家（政府）は、そのあるべき市民像を創出する。そしてこのような理念的な市民像は学校教育などの諸経路を通じて市民社会もしくは個人の意識にまで浸透し、国民間に共通する価値観を形成する。このモデルとしての人間像を意識して、個人は行動せざるをえない。個人は、このような構造に絡めとられているのである。国家と社会のこの関係は戦時中に、戦時動員体制のかたちで強化され、敗戦と戦後改革を経てもなお、戦後の福祉国家の下でも強い影響力を維持しているのである(59)。市民社会による権力機構たる国家の制御など、戯言でしかない。

それゆえ彼らは、「市民社会の国家からの自立」や「人間の主体の自立」との近代主義的理念の虚構性を批判する。「近代主義知識人」の説いた、主体的に社会行動に参加する近代的な人間、彼らが形成する市民社会、これらも幻想でしかない。ボランティア活動に見られるような個人の自発性とは、実際は近代国家による動員計画によって掻き立てられたものに過ぎない(60)。それゆえこのような活動により生み出されるのは市民社会の活性化ではなく、市民社会に対する国家介入の深化である。国家権力の規範がその隅々まで行き渡る均一な空間たる近代国家、これに市民社会は取り込まれている。さらにその中では、個人の内面という最も私的《プライベート》な場所までが、国家権力の侵入と操作を許しているのである。

市民社会内に生まれた反国家的な社会運動すらも内部に取り込み、やがて体制内化もしくは無害化してしまうほどの強固なシステム(61)、これこそが社会システム論における近代の意味するものである。この近代は、すでに日本をはじめ多くの国々に深く根を下ろしており、そこから誰も逃れることはできない。そこには、陰鬱な近代社会像が描き出されることとなる。

おわりに

近代についての議論は多岐にわたるが、最後に簡単にまとめておきたい。まず近代とは西洋の産物であるが、その普遍的な性質ゆえに日本にも根を下ろすとしたのが、福沢や戦後の「近代主義知識人」、そして「日本的近代主義者」、管理社会論やシステム社会論の主張であった（この三者は、近代はすでに日本に姿を現しているとの理解に立つ）。これに対して近代を、文化的に異なる東洋（日本を含む）には不適合であり、また洋の東西を問わず社会の不安定要因であるとするのが、多元的文明史観に立つ岡倉、生田や京都学派らの理解であった。彼らは近代により引き起こされた危機を、日本または東洋文明の産物によって乗り超えようと試みる。このような試みは、中国の文化大革命への憧憬を有する戦後の共同体論（色川を除く）へと繋がる。なお戦後においては、近代への道は果たして一元的であるのか（「近代主義知識人」）、それとも多元的なのか（「日本的近代主義者」や色川共同体論）、その主張は分かれた。時系列上は高度経済成長を画期として、前者から後者への転換が見られる。

次に近代と人間個人との関係である。福沢や「近代主義知識人」、色川共同体論や「日本的近代主義者」は、近代は安定した社会を創り上げ、各人がその能力を発揮することを可能にすることから、個人の生活にとっても価値ある存在であるとする見解をとる。一方、岡倉、生田、京都学派、および戦後の管理社会論や社会システム論は、近代とは個人の行動を規制、抑圧するシステムであるとの観点に立つ。特に高度経済成長期以降、近代について肯定と否定、正反対の二つの評価が拮抗していたといえよう。

これまで多くの知識人が、近代という語にさまざまな日本の姿を映し出してきた。そしてもはや、近代という鏡に何も映し出されることがなくなった時にこそ、真に近代は終焉を迎えるのであろう。

注

（1）河上徹太郎編『近代の超克』（冨山房［冨山房百科文庫］、一九七九年）一六六―一六八頁。

（2）アンソニー・ギデンズ『近代とはいかなる時代か？』（松尾精文、小幡正敏訳、而立書房、一九九三年）二〇頁。
（3）夏目漱石「現代日本の開花」『漱石文明論集』（岩波書店［岩波文庫］、一九八六年）二六―三一頁。ここで漱石は近代化のかわりに「開化」との語を使用している。
（4）大槻文彦『言海』（筑摩書房［ちくま学芸文庫］、二〇〇四年）三九九、一〇四七頁。
（5）福沢諭吉「文明論之概略」『福沢諭吉全集　第四巻』（岩波書店、一九五九年）一七―二一、四一、九〇、九八頁。福沢の教育における科学重視の姿勢は、その後も堅持される。これについては、福沢諭吉『福翁百話』（角川書店［角川文庫］、一九五四年）七三―七九頁、参照。『文明論之概略』については、丸山眞男『「文明論之概略」を読む』、『丸山眞男集　第十三巻』および『同、第十四巻』（岩波書店、二〇〇四年）。
（6）福沢、前掲書『文明論之概略』一八、二〇九―二一一頁。
（7）陸羯南「獣力進歩の時代」『陸羯南集』（筑摩書房、一九八七年）四〇四―四〇五頁、および、同「日本民族の将来、読者に高誨を促す」同書、四六〇―四六一頁。
（8）岡倉天心「茶の本」『岡倉天心全集　第一巻』（桶谷秀昭訳、平凡社、一九八〇年）二六七頁。
（9）岡倉「東洋の覚醒」同書（佐伯彰一訳）一四〇―一四一、一五〇―一五一、一五六頁。
（10）生田長江「『近代』派と『超近代』派との戦い」（『生田長江　批評選集　超近代とは何か　一　新と旧』書肆心水　二〇〇九年）三七―四二頁。
（11）生田「日常生活を偏重する悪傾向」同書、二二三頁、同「流行児、問題にされること」同書、二四〇頁。
（12）生田「『近代』派と『超近代』派との戦い」同書、三七―四〇、四二頁。
（13）生田「英雄崇拝は笑うべきか」同書、一一〇頁。
（14）生田、前掲「日常生活を偏重する悪傾向」参照。
（15）生田「超近代派としての重農主義芸術」同書、参照。
（16）生田「農村問題断片」同書、参照。
（17）生田、前掲「超近代派としての重農主義芸術」五二、六一―六二頁。
（18）生田、前掲「『近代』派と『超近代』派との戦い」四二頁。同「東洋人の時代が来る」同書、一四七―一四八頁。

(19) 高坂正顕・西谷啓治・高山岩男・鈴木成高「世界史的立場と日本」(『中央公論』一九四二年一月)。その後も同誌には同じメンバーによる座談会「東亜共栄圏の倫理性と歴史性」(一九四二年四月)と「総力戦の哲学」(一九四三年一月)が掲載された。
(20) 河上、前掲書、一六六—一六七頁。
(21) 同書、一七六頁。
(22) 鈴木成高『歴史的国家の理念』(弘文堂、一九四一年)一六〇頁。
(23) 同書、一六五頁。
(24) 同書、一六三、一六六頁。
(25) 高山岩男『世界史の哲学』(岩波書店、一九四二年)三〇〇、三五六頁。
(26) 同書、三六五頁。
(27) 同書、三六四—三九四頁。
(28) 同書、三三〇頁。
(29) 高山岩男『日本の課題と世界史』(弘文堂、一九四三年)一四六—一四七頁。
(30) 大島康正『時代区分の成立根拠』(理想社、一九六七年)二一八頁。
(31) 丸山眞男「近代的思惟」(『丸山眞男集　第三巻』岩波書店、一九九五年)三—五頁。
(32) 丸山眞男「近世儒教の発展における徂徠学の特質並にその国学との関連」(『丸山眞男集　第一巻』岩波書店、一九九六年)。一九二—二三六頁。
(33) 丸山眞男「超国家主義の論理と心理」前掲『丸山眞男集　第三巻』三二頁。
(34) 大塚久雄「近代化の人間的基礎」(『大塚久雄著作集　第八巻』岩波書店、一九六九年)二一五—二一六頁。
(35) 社会制度より、個人の自由な思考や価値判断、そして自己の良心という行動指針に見出される人間心理の近代性を重視する丸山らの思考態度は、一九六〇年に箱根で開催された日米知識人による会議における、近代日本に対する日米知識人の評価のすれ違いにも大きな影響を与えている。この会議については、金原左門『「日本近代化」論の歴史像——その批判的検討への視点——　増補第二版』(中央大学出版会、一九七四年)二六—三三頁、参照。またアメリカ知識人の日本近代に対する評価については、E・O・ライシャワー『日本近代の新しい見方』(講

談社［講談社現代新書］、一九六五年）、参照。

(36) 丸山眞男「日本におけるナショナリズム」（『丸山眞男集　第五巻』岩波書店、一九九五年）六七―六八頁。

(37) 坂本義和「革新ナショナリズム試論」（『坂本義和集　三』岩波書店、二〇〇四年）参照。

(38) 丸山眞男「『三たび平和について』第一章・第二章」前掲書『丸山眞男集　第五巻』一三頁。

(39) 丸山眞男「『現実』主義の陥穽」同書、二〇〇頁。

(40) 丸山眞男「軍国支配者の精神形態」（『丸山眞男集　第四巻』岩波書店、一九九五年）一一六―一二〇頁。

(41) 丸山、前掲「『三たび平和について』第一章・第二章」八頁。

(42) 大塚久雄「近代的人間類型の創出」前掲書『大塚久雄著作集　第八巻』一六九―一七三頁。

(43) 川島武宜『日本社会の家族的構成』（岩波書店［岩波現代文庫］、二〇〇〇年）参照。

(44) 村上泰亮、公文俊平、佐藤誠三郎『文明としてのイエ社会』（中央公論社、一九七九年）二一二―二一三頁。これに関しては、筒井清忠「戦後社会科学史における比較近代化論の展望」『現代思想の社会史』（木鐸社、一九八五年）一六九―一七四頁、参照。

(45) 村上、公文、佐藤、前掲書、二二三―二三八頁。

(46) 山崎正和『日本文化と個人主義』（中央公論社、一九九〇年）二九および五七―六一頁、参照。ハーバーマス（Jürgen Habermas）におけるサロンと公共性の関係については、ユルゲン・ハーバーマス『（第二版）公共性の構造転換』（細谷貞雄・山田正行訳、未来社、一九九四年）五〇―六四頁、参照。

(47) 山崎正和『近代の擁護』（ＰＨＰ研究所、一九九四年）二〇九―二三四頁、参照。ハンチントンの議論は、サミュエル・ハンチントン『文明の衝突』（鈴木主税訳、集英社、一九九八年）参照。

(48) 山崎正和『柔らかい個人主義の誕生』（中央公論社［中公文庫］、一九八七年）参照。

(49) 荒川幾男『管理社会』（講談社［講談社現代新書］、一九七〇年）「一　管理社会のイメージ」、および「五　管理社会への道」参照。

(50) 北沢方邦「計量主義の罠――管理社会とはなにか――」『神話的思考の復権――管理社会批判――』（田畑書店、一九七三年）、同「『近代』の終末」『情報社会と人間の解放』（筑摩書房、一九七〇年）参照。

(51) 柄谷行人『批評とポスト・モダン』（福武書店、一九八五年）二九頁。ポストモダニズムと近代の超克との近さを指摘したものとして、竹内芳郎「新たな〈近代の超克〉論のための予備的考察」および「ポスト＝モダンにおける知の陥穽」『ポスト＝モダンと天皇教の現在』（筑摩書房、一九八九年）を参照。

(52) 柄谷、前掲書、三四―三六頁。

(53) 網野善彦「無縁・公界・楽」『増補　無縁・公界・楽』（平凡社［平凡社ライブラリー］、一九九六年）参照。

(54) 『廣末保著作集　第六巻　悪場所の発想』（影書房、一九九七年）「悪場所論おぼえ書き」、および「『新編　悪場所の発想』（筑摩書房版）あとがき」、参照。引用は、同、一八二頁、より。

(55) 同書、三二五―三二八頁、参照。

(56) 色川大吉『明治の文化』（岩波書店、一九七〇年）二九〇―二九六頁。

(57) 松本健一・菅孝行『対論　共同体のゆくえ』（第三文明社、一九八五年）二二一―二二二頁。および、松本健一『共同体の論理』（第三文明社、一九七八年）二六八頁。同「アポリアとしての共同体」『時代の刻印』（一九七七年、現代書館）参照。

(58) 山田慶児「コンミューン国家の成立」、「人民の軍隊」『未来への問い』（筑摩書房、一九六八年）参照

(59) 山之内靖『システム社会の現代的位相』（岩波書店、一九九六年）「第一章　総力戦とシステム統合」の「一　総力戦と社会の編成替え」参照。なお山之内は、ウェーバー（ヴェーバー）の思想における近代、ことにその社会の官僚化に対する悲観的な視点を重視する。大塚久雄と山之内の、ウェーバーの近代認識に対する理解は、ほとんど正反対といってもよい。これに関しては、山之内『マックス・ヴェーバー入門』（岩波書店［岩波新書］、一九九七年）終章、参照。

(60) 中野敏男「ボランティアとアイデンティティ」『大塚久雄と丸山眞男』（青土社、二〇〇一年）参照。

(61) 海老原明・小倉利丸編著『レギュラシオン・パラダイム』（青弓社、一九九一年）二五一頁。ただし、山之内は、人権などの近代の普遍的な原理そのものまで否定するわけではない。これに関しては、同書、二五七頁。

参考文献

石田雄『日本の社会科学』（東京大学出版会、一九八四年）、同『社会科学再考　敗戦から半世紀の同時代史』（東京大学出版会、一九九五年）。『日本の社会科学』は敗戦までを中心として一九六〇年代ごろまでの、『社会科学再考』は敗戦後の日本における社会科学を対象とした、思想

史的・知識社会学的研究である。『社会科学再考』は、社会科学上の概念変化に重きを置いた記述となっている。『日本の社会科学』のⅥ、および『社会科学再考』の第三章は本章に深く関連する。

都築勉『戦後日本の知識人　丸山眞男とその時代』（世織書房、一九九五年）。

丸山眞男、大塚久雄や『近代文学』同人らを中心とする知識人の一団を「市民社会青年」としてとらえ、その思想と行動を現実の政治や社会の変化との関連を中心にして考察した研究である。その思想形成におけるマルクス主義や十五年戦争の影響など、注目するべき点は多い。

ハリー・ハルトゥーニアン『近代による超克　戦間期日本の歴史・文化・共同体　上・下』（梅森直之訳、岩波書店、二〇〇七年）

戦間期における、日本社会の構造変化から生じた旧来の社会的紐帯の解体に際して、それぞれの思想家がどのようなかたちでの社会の再統合を求めたか、その試行錯誤についての広範な研究である。

鈴木貞美『「近代の超克」　その戦前・戦中・戦後』（作品社、二〇一五年）。

近代日本思想史の流れの中に戦中の「近代の超克」の議論を位置づけるだけではなく、欧米思想に見られる近代への違和感についても丹念な分析がほどこされており、「近代の超克」が世界の大きな思想潮流と乖離していなかったことが理解できる。

アジア（亜細亜）

萩原　稔

はじめに

「アジア」（Asia）の語源は、アッシリア語の「日の出づるところ」（asu）とされ、「ヨーロッパ」（Europe）の語源である「日没するところ」（ereb）とともにそれがギリシアに伝わって「Asia」となったと言われる。ただし当時の「ヨーロッパ」がペロポネソス半島・エーゲ海諸島のみを指していたのに対し、「アジア」はその範囲が限定されず、あくまでギリシアより東方の漠然とした範囲を指していたとされる。[1] すなわち「アジア」という概念が、その地に住まない者によって生み出されたことを、まずは念頭に置く必要がある。

日本における「アジア（亜細亜）」に関する議論では、西洋から与えられた「アジア」という「他称」の概念のなかに日本が含みこまれることに違和感を持つものもいれば、その「他称」を自らのうちに取り込むもの、またその「他称」性を意識せずに日本が「アジア」であることを自明とするものもみられた。本章では、かような日本人の「アジア」という概念に対する認識について、その言葉を伝えた「西洋」に対する視線、「アジア」の中核を占めるとみなされた「中国」への視線、「アジア」の範囲やそのなかにいかなる「価値」を見出すのかをめぐる議論などについて、その変遷を追っていく。それによって、「アジア」に対して現代の日本人がどのように向きあっていくべきなのかを考えていく手がかりとしたい。

一　「和漢」「三国」そして「亜細亜」

「亜細亜」という漢字表記が最初に現れたのは、マテオ＝リッチ（利瑪竇）の『坤輿万国全図』（一六〇二年）だとされる。この表記は「Asia」の音を漢字で示したものであるが、それぞれの漢字を例えば『漢和大字典』（学習研究社、一九七八年）で見ていくと、「亜」は「主たるものの下になり、それに次ぐ地位にある」という意味であり、また「細」は「ほそい、こまかい」という意味で、これは「太い」「大きい」と対照的な意味を成す。このようなどちらかといえばマイナスの意味のある漢字が使われ、その表記がさほどの抵抗もなく中国及び日本・朝鮮などの東アジア諸国で受け入れられた理由はわからない[2]。いずれにせよ、この『坤輿万国全図』の伝来によって「亜細亜」という概念が日本にも伝わったことは事実である。

では、それ以前の日本において、「アジア」に対応するような地域的なまとまりを表象する用語はあったのか。その一例として、平安時代における「和漢」と「三国」という用語を取り上げる[3]。前者は日本と中国で世界を表象させようとするものであり、それは一方で「漢」＝中国（中華）の圧倒的な存在感への意識とともに、「和」＝日本の独自性も示すものであり、いわば両国の差違と同一性を表した用語である。これに対し「三国」という枠組みは、本朝（日本）・震旦（中国）・天竺（インド）の三つの国から成る。この枠組みは「仏教的という限定付きだが……古代・中世の日本人にとって、日本を超えかつ包み込む、今日いうところのグローブ（globe）としての『全世界』というものを自覚させることば[4]」として通用していった。一二世紀前半に成立したとされる『今昔物語集』は、この「三国」の枠組みを前提として編纂されたものである。かように日本という範囲を超えた、地域的な統一性（実際には「全世界」を意味していたが）を意識する言説が古くから存在していたこと、さらに「和漢」にせよ「三国」にせよ、その枠組みの中で中国の存在が強く意識されていたということには注意してよい[5]。

では、西洋由来の「アジア」という概念に対して、江戸時代の日本人はこれをどのように受け止めたのか。松田宏一郎の研究によれば、蘭学者や国学者、さらには一部の儒学者は、「アジア」という枠組みを用いて「中華」の優越性を打破し、日本と中国（及びその影響を受ける朝鮮半島）との間に明確な区別をつけることを試みたとされる。しかし、それと同時に「アジア」という「他称」のもとに日本もまとめあげられてしまうことへの不快感を示す者も少なからず存在した。その不快感は、「ヨーロッパ」に対する「アジア」の劣位が明瞭な形となって表れたアヘン戦争（一八四〇―一八四二年）を契機に、危機意識へと転化していくことになる。(6)

劣位にある「アジア」に含まれるとされた日本は、この流れにどのように対応しようとしたのか。松田は会沢正志斎や勝海舟、岩倉具視ら幕末維新期の日清提携論を紹介しつつ、「両国の協力の『理』は……どちらかが西洋に屈することは他の独立を害するという論拠から構築されたものであって、もともとの一体感の産物とはいえない」として、「価値的な一体性よりは戦略的な利便性が本来の動機であった」と論じ、(7)日本を「アジア」の一国として位置づける――ないし「位置づけられる」――ことが日本の独立維持につながらない、という福沢諭吉の「脱亜」論などの発想と実際には同根だとする。すなわち、当時の日本の知識人は、日本が国家を超えた「アジア」という地域的な一体性のもとに組みこまれることを拒絶した、というわけである。

さらに、幕末以降の日本の知識人が西洋（ヨーロッパおよびアメリカ）との往来の途上で触れた「アジア」各地の状況は、結果的に西洋からもたらされた「アジア」＝「劣位」イメージを補強するものでしかなかった。岩倉使節団がヨーロッパを発ってアラビア半島のアデンに到着した時（一八七三年）の感想として、国の貧富の差は「よく生理に勤勉するの力の、強弱いかんにあるのみ」として、「欧洲より、亜細亜の地に回航して、その土民の状をみれば、これに感慨すること少からず」(8)と記されていることは象徴的である。ここから、「勤勉する力」を高めれば日本も西洋諸国に比肩しうるという意識とともに、西洋を基準として「アジア」の「劣位」を確認する視点がうかがえる。かように「アジア」の「他称」性を意識することを通じて、一方ではリアルな国際環境のなかでの日本の進路を模索するとともに、他方で日本以外の「アジア」に対する自己の優越性を確認するという、近代日本における「アジア」認識の原型が生み出されたのである。

二　明治維新から日露戦争まで
——一八六八—一九〇五年——

ところで、前記の引用文においては、アラビア半島が「亜細亜」だと認識されている。中国やインドなどの既知の土地だけでなく、未知の土地も含まれたこの呼称に、幕末・明治初期の日本人が自らも含めた一体性を感じようがなかったのは道理であろう。しかし、日本と密接な関係があった中国（及び朝鮮）との共通性の意識が、当時の日本人に一定程度存在していたことは間違いない。金山泰志は、明治期の教科書や地方新聞・講談・演劇などを通じて一般民衆の中国観を分析し、「古典世界の中国への肯定観」と、「同時代の中国（=清）への否定観」という二面性が存在することを示している(9)。後者からは清との差異性の意識がうかがえるが、前者からは文化面における日中の「近接性」意識の根強さがわかる。それは知識人でも同じであり、中国を「固陋の国」とみなす視点とともに、歴史と文化の大国として中国を評価する文化的な視点、そして「洋務運動」などを背景に、清を軍事的脅威としてとらえる視点が複雑に交錯していた(10)。すなわち明治期の日本は、西洋「文明」の流入にもかかわらず、意識の面ではむしろ中国や朝鮮との近接性が強い社会であったと考えるべきであろう。

だからこそ、「アジア」に日本が含みこまれることを否定するものは、日本と中国・朝鮮との差異性を強調することに力を込めた(11)。福沢諭吉の「脱亜論」で、日本が「脱」すべきとされた「亜」=「アジア」が、中国と朝鮮に限定されていることは象徴的である。また、松田宏一郎は、福沢が「徳教之説」（一八八三年）において、日本で儒学が完全な体制教学とならなかったこと（=科挙の不採用など）をもとに中国・朝鮮との差異を強調したことについて、「徳川知識人の議論を継承し、『亜細亜』という呼び方への違和感を、『自由』と『文明』の原理を日本の歴史の中に探ろうとする努力と結びつけた」と評価する。そして福沢との対称軸として、戦前日本の「アジア主義」者の主張をとりあげ、それらが「『亜細亜』がそもそも『他称』の『総称』であることの違和感」を持たぬまま、「漠然とした同一性の内容吟味がまったくなされず、だからこそ平然と『亜細亜』の呼称を使う」ことを批判している(12)。

だが、福沢と同時代の「アジア主義」者が、必ずしも「アジア」の同一性を閑却した議論を展開していたとばかりはいえない。

なぜなら、彼らにとって、真に同一性を実感できる「アジア」の範囲は、福沢と同じく中国・朝鮮の二国であったからである。例えば、「アジア主義」の嚆矢とされる樽井藤吉の『大東合邦論』（原案一八八五年、刊行一八九三年）を見てみよう。同書は日本と朝鮮の合邦による連邦国家「大東国」の建設を説き、それと清との提携によって西洋諸国の侵略を防ぐことを提唱したもので、最後に付け足しのようにベトナムの自主独立、シャム・ビルマの連合、マレー半島やインドの解放などにも触れているが、あくまで主軸は朝鮮及び清との連携である。樽井はこの序言で、日本と朝鮮の「性情風俗」が似ているのは「自然の理」だとし、「和」と「仁」をそれぞれ重んじる両国の政治の特徴を念頭に置くならば、「両国親善の情は、もとより天然」のものだと述べる(13)。また別の箇所では、西洋諸国が個人に重きを置く「一個人制度」をとるのに対し、「東亜」――これは日本と朝鮮と中国を指す――が「家族制度」に基づき、「一家をもって国本（＝国の中核）となす」という特徴を有しており、お互いに助け合う心情があるがゆえに、「合邦は、もとより東方諸国に適するものなり」と論じている(14)。

このような樽井の「東亜」観を浅薄だと片づけることは簡単だが、それは福沢が日本の前近代に見出した「『自由』と『文明』の原理」が事実かどうかを問うことと同様、さほど意味があるわけではない。自らの持論を補強するための「仮説」として、福沢は日本と「東亜」の相違点を、樽井は共通点を、それぞれに強調してみせたわけである。もっとも、樽井もまた「文明化」した日本が「アジア」の先覚者として他国を導くという構図を描いており、前近代的な要素を有する「アジア」の現状の革新が独立の維持（ないし回復）の必要条件であると考えていたことは事実である(15)。

これに対し、明治期の「アジア主義」者の一人である岡倉天心は、「アジア」の範囲をいわゆる「東亜」よりも広範にとらえ、かつその「アジア」に共通する肯定的な価値を、「愛」や「美」という表現で示し、その精神性の高さを強調することで西洋「文明」の優位を相対化したという意味で、同時代において特異な位置を占める存在である。

「アラビアの騎士道、ペルシアの詩歌、中国の倫理、そしてインドの思想、これらの一切が、単一のアジア的な平和を語っていて、そこにおのずと共通の生活が育ち、それぞれの場所で異なった特徴的な花を咲かせながらも、確たる区分線などを引きようもないのである」[16]。

しかし、かように「アジアは一つ」と語った天心が直面するのは、「アジアは現実には一つではない」ことだった。「われわれ（＝「アジア」に住む人々）はヨーロッパのあらゆる言語をやたらにしゃべっているが、誰が自国語以外に東洋の言葉を一つでも知っているであろうか」[17]。

ちなみに、一八八〇（明治一三）年に結成された、最初の「アジア主義」団体と位置づけられる興亜会は、会報『興亜会報告』で使用する言語を、翌年一一月に当初の日本語から漢文を主とする方向に改めている。また樽井の『大東合邦論』も漢文で著されている。彼らは自らの主張を広く伝えるため、漢文という「東亜」の共通語を用いたのである。しかしそれはあくまで「東亜」という範囲に限られ、近接性の意識はそれ以上に拡大はしない。興亜会にはペルシアの王族や閣僚、またペルシア駐在のトルコの全権公使などが加盟しているが、これらの地域への日本人の関心は必ずしも高くはなかった。

かような同時代の状況をふまえ、天心は盛んに「アジア」相互の文化を知れと呼びかける。しかし「われわれの近隣諸国に関する印象は、大部分、ヨーロッパを出所にしているので……おのずからヨーロッパ人の解釈によって潤色されている」[18]と天心が嘆いたように、当時の日本人の多くはまさにその「解釈」を忠実に受け入れたのであった。

三　日露戦争から第一次世界大戦前後まで
——一九〇五—一九一九年——

さて、先に樽井の『大東合邦論』を「アジア主義」の嚆矢だと紹介した。しかし彼は、「アジア主義（亜細亜主義）」という言葉を用いてはいない。明治期の「アジア主義」者についてもほぼ同様である。「亜細亜旨義」という言葉が使われた例はあるものの[19]、その用語は定着しなかった。クリストファー・W・A・スピルマンによれば、「アジア主義」という言葉も西洋由来であり、黄色人種の脅威を唱える「黄禍論」と連動して生み出された。よって、日本で「亜細亜主義」という用語があらわれた最初の一例とされる一九一三（大正二）年の新聞記事では、「日本人が全亜細亜主義の信仰の下に活動しつつありといふ説の如きは……（西洋人が）自ら幻影を映《えが》きて之に怖るるの類なり」と否定的な意味に使われている。[20] 他方でスピルマンは、この記事と同年に哲学者の大住舜が著作で「全亜細亜主義」という言葉を「全スラヴ主義」と対抗するものとして肯定的に用いたと紹介している。[21] だがいずれにせよ、この用語が「黄禍論」や「全スラヴ主義」などの西洋の動きと連動して使用されていることに注意したい。「アジア」のみならず、「アジア主義」という用語もまた「他称」性をはらむものであった。

しかし、用語の使用とは別に、日露戦争（一九〇四—一九〇五年）を契機に日本人の間にも「アジア主義」的な意識が広く見られるようになった。この戦争は、「アジア」の劣位という構図を打破したという意味で、インドやトルコなどの「アジア」諸国のナショナリズムの高まりに大きな影響を与えた。これに対し、西洋諸国では日清戦争前後からささやかれていた「黄禍論」が現実になるのではないかという警戒感が広がった。日本政府はこのような懸念を払拭するため、あくまで西洋列強との協調を進めたが、民間の「アジア主義」者は「アジア」からの留学生や亡命者に助力し、場合によっては自らの生命や財産をも賭けて彼らに協力した。インドからの亡命者であるラス＝ビハーリー＝ボースを保護した中村屋の相馬愛蔵・黒光夫婦、孫文の革命蜂起に加わって処刑された山田良政、また中国革命に協力した宮崎滔天・北一輝らなど、その例は枚挙にいとまがない。宮崎や北の中国革命援助は、革命によって強国化した中国と日本が連帯し、西洋帝国主義に対峙することを目指したという点で、共通するものがある。

そして、辛亥革命（一九一一年）、さらに第一次世界大戦（一九一四—一九一八年）におけるヨーロッパの混乱の深まりを経て、「アジア主義」を肯定的にとらえる言説があらわれる。その初期の著述が、一九一六（大正五）年に刊行された小寺謙吉の『大亜細亜主義論』である。小寺は一二〇〇頁を超えるこの大著で、帝国主義は現代の世界的大勢であると説き、西洋列強の中国侵略、ヨーロッパとアジアの対抗の歴史、黄禍論の展開などについて言及する。そして全体の約三分の二を占めるテーマが、中国の現状とこれに対する日本の役割であった。この問題に小寺が多くの紙幅を割いた理由は、「大亜細亜主義」の最重要点が日中の提携に置かれているからであり、それゆえに小寺は民族の共通性、文字の同一性、古代における法制度・仏教・儒教の移入、生活行事の類似性などをあげてその提携が「自然」であることを縷々論じるのである。ただし彼にとって、日中両国の関係は対等ではありえない。

「日本は支那を指導するの権利を有し、支那は日本の指導に信頼せざる可らざるの義務あり、何となれば、日本は東亜の動揺より来る危険を防止する自衛的必要の為め、支那をして内外に対する自国の平和を保証せしむるの権利を有するのみならず……日本は亜細亜における唯一の先覚者たればなり[22]」。

このような小寺の主張を「中国併呑主義」あるいは「大日本主義の変名」として批判したのが、五・四運動（一九一九年）の指導的役割を担った李大釗であった。彼は「大亜細亜主義」をはじめとするさまざまな「大……主義」の虚構性を指摘したうえで、世界連邦の基礎として民族自決を理念とする「新亜細亜主義」を提起し、次のように述べる。「アジアは我々が世界改造を図る上でまず着手する一部分であり、アジア人が独占する舞台ではない[23]」。「アジア」という概念に対するかような認識は、日本の「アジア主義」者にほとんど見られないものであった。彼らにとって、あくまで「アジア」は「アジア人」のものである、という発想がまず前提にあり、そこから一歩進めて「アジア人」のなかでもっとも優位にある日本人が――その優位は西洋「文明」の受容度にあるのだが――「独占する舞台」であるべきだ、という方向にむかう。よって、例えば日本による朝鮮半島の植民地統治に対しては、北一輝の『国家改造案原理大綱』（一九一九年）に示されたように、文化的・民族的な共通性や、日本の国防上の必要性から正当化し、ただ西洋列強を模倣している現実の統治のやり方は是正すべきである、という形の批判になったのである[24]。

また、パリ講和会議（一九一九年）に際して日本政府が「人種差別撤廃案」を提案した（西洋諸国の反対により挫折）ことがしばしば高く評価されるが、実際には自国内外の他民族への差別には目を向けないものであったこと（同時代でも石橋湛山らの批判がある）、そして「文明国」に達した日本を差別すべきでない、という意図があったことも見逃してはならない。「人種」による差別を批判しつつ、「文明」による差別は当然とみなす視点は、その後の日本においても継続したのである。

四　第一次世界大戦から「大東亜戦争」まで
——一九一九―一九四五年——

日本人における「アジア」概念の広がりは、先述した亡命者などとの交流によって芽生えていたが、第一次世界大戦後にさらに顕著になっていく。「民族自決」の流れの中で、日本にかかわらない「アジア」の独立運動についての好意的な意見も目立つようになった（日本に関係する「三・一独立運動」や「五・四運動」に対しては、吉野作造や石橋湛山などを除けば、多くの日本人は冷淡であった）。そのなかで、いわゆる「東亜」に限定されない「アジア」論も現れる。その代表的な著述の一つが、満川亀太郎『奪われたる亜細亜』（一九二一年）である。猶存社の設立者として知られる満川は、東南アジア（タイ）、インド、中近東（ペルシア、トルコ、アラビア、ユダヤ人の独立運動）、さらにはアフリカ（コンゴ、エジプト）も含め、広範囲にわたる「アジア」の実情を紹介し、日本がその解放運動の陣頭に立つことを呼びかけた。また、満川、ならびに彼とともに猶存社を興した大川周明は、日本の社会主義運動には同意しないものの、ロシア革命には共鳴し、日本政府にソビエト政権の承認を求めていた[25]。これは彼らが革命後のロシアをも、西洋列強と対峙するという観点から「アジア」の枠組みに含めていたと捉えられる。「アジア主義」者にとって、日本が提携すべき「アジア」の範囲は「東亜」の枠を超え、次第に拡大していったのである。

また、第一次世界大戦後の「国際協調」「平和主義」の流れを受け、石橋湛山は「大日本主義の幻想」（一九二一年七月―八月）と題した論説において、日本が植民地放棄を前面に打ち出すことによって、道義的に「東洋」のみならず、「世界の弱小国全体」を味方にできると同時に、日本の領土拡張の野心を否定することで西洋諸国の警戒感を解くことができるとする議論を展開した[26]。いわば植民地放棄は日本にとって無形の安全保障として機能するというのが、石橋の読みであった。

だが、真に日本は「弱小国」、ひいては他の「アジア」諸国を「我が友」とできるのか。その点を「アジア」から追及したのが、「アジア」で初めてノーベル文学賞を受賞したインドのタゴール、そして中国の孫文である。タゴールは一九一六年の来日時の講演で「西洋の複製」に堕する日本の実情を厳しく批判し、孫文は一九二四（大正一三）年の「大亜細亜主義」演説をはじめとした日本での演説において、中国に対する不平等条約の撤廃を求め、また日本の興隆を称賛しつつも、日本が西洋の帝国主義を模倣し、武力によって他者を圧迫する「覇道」に陥っていることを指摘した。これらの「アジア」からの提言に対し、おおむね日本人は理解を示すことはなかった、というのが大方の評価である[27]。

もっとも、彼らの日本での講演に多数の聴衆が詰めかけたことを考えれば、一定の関心を呼び起こしたことは間違いない。タゴールの来日はちょうど第一次世界大戦中にあたり、西洋の「文明」が悲惨な殺戮を生み出している現状に対し、少なからぬ日本人がそれとは異なる「アジア」への興味を深めたからこそ、一定の歓迎を受けたといえる。また孫文の来日の時期は、アメリカでいわゆる排日移民法が制定（一九二四年七月施行）されたことへの不満が日本人に広がっていた時期であった。すなわち、西洋に対抗する「アジア」の連帯という図式が描きやすい時代状況だった。ただし、それはいずれも「ブーム」というべきものであり、「アジア」の実像への関心を真に深めるものではなかった。「西洋＝物質文明、東洋＝精神文明」という区別の下に東洋文明の再建を図るというのが「アジア主義」者のよく用いたロジックではあったが、しかし「アジア」全体を統合する「東洋文明」の中身を説得的に示すことは、ほとんどの論者にはできなかった[28]。当時の日本人の多くにとって、「アジア」の連帯という議論は、現実味がないがゆえに――しかも自分たちがその「盟主」であるという心地よい自覚とともに――「消費」できる言論にすぎなかったのである。

ここから推察できるのは、「アジア」が「盟主」たる日本に対して牙をむくのであれば、日本人の「アジア」イメージが変化する可能性があるということである。それが露骨にあらわれるのは、中国との関係であった。五・四運動以降、国民革命を経て中国のナショナリズムが高揚し、排日運動が激化していくにつれ、一般の日本人のみならず、「アジア主義」者の議論においても、中国に対する批判、ないし距離感が顕在化していく。世界恐慌（一九二九年）及び満州事変（一九三一年）を契機に日本の「アジア主義」の性格が変わったと分析する松浦正孝は、新しい「アジア主義」を「東南アジア・南アジア・西アジアをも含む汎アジア主義の色彩を強く持つと同時に、反西洋及び反中華帝国の性格をあわせもつ」と整理している[29]。松浦は別の論説で、後者について「大一統」という理念のもとに国民国家化が進む中国を「中華帝国」の復活とみなして警戒する考え方と説明しているが[30]、いずれにせよ宮崎滔天や北一輝らによる、強国化する中国との提携による「アジア主義」という構想とは明らかに異なる。

その種の「アジア主義」における極端な議論の一例が「トゥーラン（ツラン）主義」の提唱である[31]。これは広くトルコ、ハンガリー、フィンランド、現在の中央アジア、モンゴル、満洲、朝鮮、日本に居住するとされた「トゥーラン民族」の団結を訴えるもので、もともとは日露戦争後にハンガリーにおいて生み出されたが、日本にも伝播して今岡十一郎・角岡知良らがこれを盛んに宣伝していた。ただしこの枠組みからは、漢民族（及びスラブ民族）が除外されており、中国との提携を説く「アジア主義」の主流を占めるものではなかった。しかし満洲事変以後、中国との対立が深まるにつれ、それを牽制する意味からも、モンゴル及びイスラーム圏との結びつきを内包する「トゥーラン主義」が一定の影響力を持つことになる。松井石根らを中心として結成された「アジア主義」団体の「大亜細亜協会」（一九三三年成立）に、今岡が理事として参与していることはその一例である。

もっとも、中国抜きの「アジア主義」は、中国を「アジア」に含めることが自明であると考えていた多くの日本人にとっては理解しにくいものであったと思われる。それゆえに、西洋諸国との対立が深まり、「アジア主義」に傾斜していった時期においても、中国を無視した形での「アジア」の統一、ないし連帯をめざすという動きが具体的な政策として採用されることはなかった。一九三七（昭和一二）年に始まった日中戦争で、中国の予想外の抵抗に直面した近衛文麿首相は、翌年一一月の第二次近衛声明を契機に、中国も含めた「東亜新秩序」の形成による停戦を模索する方向へと動く。近衛の政策研究機関であった昭和研究会の知識人は、日本・「満洲国」・中国の三カ国が提携する具体的な構想として「東亜協同体」論を展開し、それぞれのナショナリズムを止揚し、より高次の地域的まとまりの形成をめざしたのである。

しかし、彼らの多くが想定した「東亜」の秩序は、日中両国が互いにその主権を認め合う対等な関係ではなく、中心国と周辺国の文化レベルにおける階層性を基調とする、前近代の中華秩序のイメージと類似したものであった。さらにいえば、新たな「中華」――言い換えれば「盟主」として「アジア」に君臨した日本は、かつての「中華」が周辺国の内政にほとんど干渉しなかったのとは異なり、「劣位」とみなした他の「アジア」諸国に対して権威的に干渉（内面指導）を行った。それは「東亜新秩序」からさらに規模を拡大した「大東亜共栄圏」論においても同様である。イギリス・アメリカを中心とする西洋諸国との戦争に突入したことで、戦争の性格は「アジア」対「西洋」の構図が明確となり、いわゆる京都学派の知識人たちに代表されるような、西洋近代を超克し、西洋中心の「世界史」を書き換える契機として「大東亜戦争」を肯定的に位置づける言論が一定の影響力を持った。もっとも「大東亜共栄圏」の実態は、そのような理想とは必ずしも一致するものではなかった。東南アジアを含む「大東亜」の諸民族・諸国家はあくまで日本の指導のもとに「各々その処を得せしめる」存在として位置づけられる。すなわち、西洋列強の植民地支配から解放しさえすれば「アジア」は日本に従う、という安易な認識があったといえる。日本の当局者が意識していたのはあくまで「西洋」であり、それとの対決が不可避になった時点で、自らを「アジア」の列に加えてその指導者としてふるまったに過ぎない。もっとも、日中戦争、さらに「大東亜戦争」を通じて、「アジア」の実態に触れることでそれをより深く認識しようとする心情が、日本人の間に生まれたことはたしかである。(32) しかし、日本と他の「アジア」には優劣があり、日本が「大東亜」における指導者たることを疑うものは、結局のところほとんどいなかった。その根拠は、「アジア」で唯一「文明化」に成功し、西洋諸国と対峙しうる国力を身につけたということに尽きる。先に挙げた京都学派の知識人の一人である西谷啓治の以下の発言は、当時の知識人における日本と他の「アジア」の差異に対する認識を象徴的に示している。

「ヨーロッパを構成している民族・国家の一つ一つは非常に高い水準に達している。それに対して大東亜では、同じ水準に達しているのは日本だけで、あとの民族はだいたいずっとレヴェルの低い民族だ。そういうものを引っ張って育てて行き、民族的な自覚をもたす(33)」。

これが「脱亜」にも「アジア主義」にも共通する、「ヨーロッパ」に近い自分たちと他の「アジア」とを区分するという、近代日本の「アジア」認識の帰結であった。

五　第二次世界大戦後から現在まで
――一九四五年―二一世紀――

「大東亜戦争」の敗北により、日本は「アジア」の植民地である朝鮮半島や台湾、及び「満洲国」、中国大陸、東南アジアの支配地域をすべて失った。さらに、冷戦の影響は日本人の「アジア」認識にも影を落とす。中華人民共和国の成立（一九四九年）、国民党の台湾への撤退、そして翌年の朝鮮戦争の勃発とそれへの中国の事実上の参戦を受け、アメリカの要求のもとに日本は台湾の中華民国を正当な中国政府として承認する。これによって、形式的には「中国」との国交が復活したものの、実質的には中国大陸との結びつきは弱まった。日本人にとって、中国抜きの「アジア」というものを想定することが難しかった以上、「アジア」が遠いものになったのはやむをえなかった。

ただし、「アジア」を取り巻く状況は戦前とは大きく異なっていた。それはインド、フィリピン、インドネシアなど、かつての西洋列強の植民地が独立を達成したことである。この事実は日本の知識人の目をひくものだった。もっとも、その関心の向け方は多様であった。経済的な意味で言えば、東南アジア諸国（当時はインドもこの中に含まれていた）の開発を援助し、それを通じて日本の経済復興を図るという考え方がみられた[34]。政治的な意味では、列強の支配から独立した「アジア」に対する共感――それは左右を問わず、日本を占領し、かつ講和後も多大な影響力を有するアメリカへの反発が多分に含まれる――がみられた。そしてこれらはいずれも日本が「アジア」の一員であるという前提に立つものであった。一九五〇年代に書かれた文章をいくつか見てみよう。

「急激に進展する民族運動の中で……戦後の日本経済がいかにして、アジア民衆の生活水準の向上に役立ち得るか、日本はアジアの一部として、――その欠くことの出来ない一環として――真剣に考えねばならない段階が来つつある[35]」。

「日本はアジアの中に伍してアジアと運命を共にする国でありながら、私たちの多くはややもすればアメリカやソ連のほうばかりを見る傾向をもちがちです[36]」。

「日本と亜細亜との行き悩みの打開のみちは、われわれ自らのうちにひそめている過去の幻想と残滓を勇敢に捨て去り、われわれも一切の植民主義と闘うのだという態度を鮮明にすることではじめられなければならない。……日本の外交路線は植民主義反対＝大国主義反対のアジアの理念にたちかえり、小国群の集団行動の戦列に参加することである[37]」。

さらに、「アジア」＝「優位」という、それまでとは逆転したイメージを強調した戦後知識人の代表的な存在が竹内好である。竹内の代表的な著述として知られる「中国の近代と日本の近代――魯迅を手がかりとして」（のち「近代とは何か（日本と中国の場合）」と改題）では、「ヨオロッパ」と「東洋」のそれぞれに、抵抗を通じた近代化の要素を見いだせるとしてこれを肯定的に評価するのに対し、抵抗なく「ヨオロッパ」を受容した日本を「何物でもない」と切り捨てている。[38] 竹内には、敵国であったアメリカの占領に唯々諾々と従う日本の現状に対する不満があった。それに対し、中国をはじめとする「東洋」＝「アジア」諸国の独立への動きが対照的なものとして映ったわけである。

しかし、同じ文章で竹内が「東洋の一般的性質といっても、そんなものが実体的なものとしてあるとは私は思わない」[39]と述べていることは重要である。彼にとって、「東洋」＝「アジア」は、日本の現状、そして「西洋」（「ヨオロッパ」とアメリカ）を批判するための枠組みであった。竹内は自由・平等などの西洋由来の「文化価値」を認めつつ、それが帝国主義的な侵略、すなわち武力によってもたらされたものであるという問題性を指摘したうえで、次のように語る。

「西欧的な優れた文化価値を、より大規模に実現するために、西洋をもう一度東洋によって包み直す、逆に西洋自身をこちらから変革する、この文化的な巻返し、あるいは価値の上の巻返しによって普遍性をつくり出す。東洋の力が西洋の生み出した普遍的な価値をより高めるために西洋を変革する」[40]。

もっとも、この「価値の上の巻返し」による変革とは具体的にどういうことか、竹内は語ってはいない。また、理想像としての「アジア」を持ち出すという竹内の手法の有効性に対する疑念や反発は現在でも根強い。だが、彼がそのような議論を展開した理由として、同時代の日本人の「アジア」認識への批判意識があったことを見逃してはならない。知識人の中に一定程度見られた「アジア」の一員としての日本という考え方が、はたして戦後の日本人一般に共有されたものであったかは微妙であろう。地理学者の飯塚浩二は、当時の日本人の多くは、戦後の「アジア」諸国について、戦前とさほど変わらない見方をしているとして、次のように述べている。

「今日依然として十九世紀的な西洋人の眼をかりてアジアをみ、しかもそうとは自覚していないという傾向がおそらく支配的なのではないかと思われる。いいかえれば、資本主義化、工業化にかけての優越感から、アジアを遅れた国々とみているということである。アジアの先進国、盟主、指導者気取りでいたついこの間までの観念は、日本人の心に強く残映をとどめている」(41)。

そして実際に、戦後補償の名のもとに日本企業の「アジア」進出がすすみ、また高度成長を実現した「先進国」意識が日本人のあいだに定着すると、「アジア」＝「劣位」という図式もまた定着していった。その意識をもとに「アジア」に乗り込む日本人の傲慢さは、「大東亜共栄圏」の名のもとに支配者としてふるまったかつての日本人に対する記憶と結びつき、「アジア」の側から強烈な反発を呼び起こす。その一例が、一九七〇年代前半における、東南アジアでの反日デモの頻発であった。さらに一九八〇年代以降になると、台湾（中華民国）・韓国の民主化、中国（中華人民共和国）の改革開放などの動きとあいまって、歴史認識問題に対する「アジア」からの提起がなされることになる。これらの動きは、日本が「アジア」を支配するにしても、西洋による植民地支配を是認するにしても、また指導者や経済援助国としてふるまうにしても、いずれにせよ常に「アジア」を劣位に置き続けてきた日本への自省を迫るものであった。特に中国・韓国についていえば、日本との経済的な格差が縮小したこともあり、日本の優位性を前提とした「アジア」に対する語り口が通用しなくなっているのが現実である。ただし、近年における中韓両国の過剰なナショナリズムの噴出は、従来の日本＝西洋「文明」の優等生＝「悪」、「アジア」＝「劣位」＝「善」、とでもいうべき図式の有効性に対する疑義にもつながっていることにも留意が必要であろう(42)。

他方、日本以外の「アジア」諸国の経済的な台頭は、西洋、とりわけアメリカと対峙しうるような「アジア」というまとまりを形成すべきだという動きにもつながっていく。一九九七（平成九）年以降、ＡＳＥＡＮ（東南アジア諸国連合）と日中韓の三カ国（ＡＳＥＡＮ＋３）による首脳会議が開催されるなど、地域間の連携は深まっている。それをさらに深化させるべく今世紀に打ち出されたのが、いわゆる「東アジア共同体」構想である。論者によってその具体的な内容は異なるが、通貨統合なども視野に入れた幅広い分野での地域統合も提唱されている。この枠組みの具体的な構成国については、日本政府はＡＳＥＡＮ＋３にさらにインド・ニユージーランド・オーストラリアを加えることを提唱してきたが、中国はそれに反発している。従来のイメージからいけば、インドはともかくニュージーランドやオーストラリアが「アジア」を冠する共同体に含まれるのは、いささか違和感があるだろう。だが、これもまた「アジア」という地域的概念の自由さ、悪く言えば融通無碍であることを示している。

だが、「アジア」という概念に対していかなる「価値」を見出すのか、ということについては、まだ十分に語られているとは言えない。むしろ、現在においても、「東アジア共同体」の枠組みの内部において同一の「価値観」が存在しないという批判は根強い（もっともこの種の批判は、民主主義や自由・平等などの人権に関する価値観を、一党独裁国家である中国などが共有していないという意味で持ち出されることが多いのだが）。「アジア」という地理的な概念は、政治概念としてはいまだ発展途上である、といえるのではないだろうか。

おわりに

以上、日本における「アジア」概念の歴史的な展開について紹介した。近代以降における日本の「アジア」への向きあい方として、「アジア」とは一線を画す「脱亜」が主流であったものの、「アジア」の同一性を意識する「アジア主義」の流れも存在した。日中戦争以後、日本は「アジア」の盟主としての位置を模索するが、結果的に破綻し、その後は「アジア」への確固たる姿勢が確立しているとは言い難い。

近代の日本人は、外来の「アジア」という概念に向き合った時、そこにはその概念を生み出した「西洋」の存在を意識するとともに、「アジア」のなかで日本に最も近い「中国」の存在を意識せずにはいられなかった。「アジア」から遠ざかることは、近代以前まで「アジア」で圧倒的な存在感を持っていた「中国」から離れることであり、「アジア」に近づくということは、「中国」との関係を密にする（対等か、それとも中国を従属させるかは別として）ことを意味していた。むろん、他の「アジア」の情報が日本に入るにつれ、モンゴル、東南アジア、インド、中東、また中央アジアなどの他の「アジア」諸国に対する関心も高まり、満洲事変後にはトゥーラン主義のように中国を除外する形の「アジア」の連帯を説く議論もあらわれた。それでもなお「アジア」≠「中国」というイメージは、日本人のなかで確固たる位置を占めていたし、現在でも決して大きく変わってはいない。むろん、現在の中国については批判すべき点も多々あるが、それでもその存在を無視して「アジア」を語ることは非現実的である。

他方、「アジア」という呼称を生み出した「西洋」の存在についてはどうか。近代日本における「脱亜」／「アジア主義」の論理は、いずれも西洋「文明」の受容については肯定的であり、西洋「文明」を受容して強国化した日本が「アジア」のトップを占めるという考え方も、自明のものとして語られた。そこでは日本はむしろ「西洋」の価値観を前提にして「アジア」における自国の優位を語るというパターンになっており、それが現代に至るまで潜在的な意識としては継続している。

では、「西洋」の価値観とは異なるものを「アジア」に見出すことは可能なのか。「アジア」は「西洋」の側から「非西洋」に対して与えられた「他称」であり、そこに統一した価値は存在しない、という立場からは、融通無碍に「アジア」を取り上げてそこに価値を見出すというスタンスは理解不能であり、かつ有害なものと映るであろう。

だが、「ヨーロッパ」という概念もまた、実際に「ヨーロッパ」に住むものにとって「他称」ではなかっただろうか。歴史学者のノーマン＝デイヴィスは、次のように指摘する。「『ヨーロッパ』という考え方は比較的近代に属する。この概念は、十四世紀から十八世紀にかけて続いた複雑な知的発展の過程で、それ以前の『キリスト教世界』という概念にしだいに取って代わった」[43]。キリスト教が絶大な影響を持っていた時期において、古代ギリシアに起源をもつ「ヨーロッパ」――冒頭でみたように、古代においてそれはわずかに限定された地域の呼称であった――という言葉は顧みられなかった。それがルネサンスで「発見」され、もともとの範囲を拡大して適用され、それが受容されたわけであり、ゆえに「ヨーロッパ」という地域にロシア、東ローマ帝国やオスマン帝国の版図であったバルカン半島、さらにはイギリスなどを含むのか、その基準は非常にあいまいなものであった。むろん、「ヨーロッパ」内部の同一性を吟味しようとする思潮はあったものの、「一枚岩のヨーロッパ文化というようなものがこれまで存在したことがあると主張する専門家は、今やほとんどいない」ように、それはあくまで「現実には欠けている調和と一体感の同義語」「容易には到達できない理想で、すべてのよきヨーロッパ人の努力目標」であった[44]。そしてその「努力」のなかで生まれたのが世界を覆った西洋「文明」であり、また国民国家を超えた統合への動き——ＥＵ（ヨーロッパ連合）の成立と拡大である。これらに問題点が多く存在することは言うまでもないが、さりとてそのすべてを否定し去ることはできないだろう。

「アジア」という概念は「他称」であり「フィクション」である。そこに実体的かつ統一的な価値を見出そうとすることは、結果として恣意的な「アジア」像を生み出した過去の日本と同様の過ちを犯す可能性をはらむ。しかし他方で「アジア」という概念は、日本のみならず他国でもそれなりに定着しており、それを無視することが難しいのも現実である。そうであるならば、「ヨーロッパ」と同様に、そこに何らかの「目標」を立ててもよかろう。それはＥＵのような具体的な国際秩序である必要はない。ただ最低限のまとまりを形成し、かつそのまとまりがいかなる価値観を共有するのを、悩みながら考えていく「努力」は必要であろう。

例えば、「アジア」における昨今の領土問題の激化は、領域の排他的支配という西洋由来の主権国家体系の原理——それ自体は非常に合理的である——が、無人島のように本来なら無価値であるはずの地域をめぐり、最悪の場合は多くの人命が失われかねない事態に発展しうることを示している。このことを想定すれば、現在、領土問題に深刻に向き合わざるを得ない「アジア」の人々は、従来の西洋的な原理を超える新たな解決方法を模索する必要があるのではないか。これは領土問題に限らず、民主主義や人権、そして民族問題、難民問題、軍事、経済、文化、その他の問題においても同様であろう。このような問題に向き合うという意識のもとに相互の信頼を高めることで、地域的に緩やかなまとまりを形成していくのであれば、それは「東洋の力が西洋の生み出した普遍的な価値をより高めるために西洋を変革する」という竹内好の提起を生かした、真に「世界史」を書き換えるものになるかもしれない。そのときに、はじめて「アジア」は単なる地域的な概念から、政治概念としての実質的な意味を持つものになるだろう。

注

（１）『世界大百科事典』第一巻（改訂版、平凡社、二〇〇五年）の「アジア」の項目（加藤祐三執筆）一九五頁。

（２）以上の点については、同書、一九五頁を参照。

（３）以下、「和漢」「三国」についての説明は、前田雅之「三国観」（小峯和明編『今昔物語集を読む』吉川弘文館、二〇〇八年）一一三—一一四頁を参照。

（4）同書、一二四頁。カッコ内は原文。

（5）なお、「天竺」がはたして当時の日本人にとって実体的な存在であったかについては、石井米雄・板垣雄三・濱下武志・川勝平太・坂本多加雄「座談会『アジア』とは何か」（石井米雄編『アジアのアイデンティティー』山川出版社、二〇〇〇年）二三―三〇頁の議論を参照。このなかで、「天竺」は想像上の、あるいは「外縁」としての位置づけだったのではないかとする石井・川勝に対し、板垣・濱下は具体的な存在として見る視点があったと論じている。

（6）以上の内容については、松田宏一郎「『亜細亜』の『他称』性――アジア主義以前のアジア論――」（『日本外交におけるアジア主義』『年報政治学』一九九八年度）四一―四四頁、及び松田宏一郎「『亜細亜』名称への疑い――アジア観の伝統と近代――」（酒井哲哉編『日本の外交第三巻、岩波書店、二〇一三年）一〇四―一〇五頁を参照。

（7）松田、前掲「『亜細亜』の『他称』性」、四四頁。もっとも、勝海舟は隣国である中国から日本の制度文物が伝来したという共通性を意識しており、日中両国の間に「価値的一体性」があるという観点を持っていたことも指摘されている。松本三之介『近代日本の中国認識』（以文社、二〇一一年）一一九頁参照。

（8）久米邦武編、田中彰校注『米欧回覧実記（五）』（岩波書店［岩波文庫］、一九八二年）二七五頁。

（9）金山泰志『明治期日本における民衆の中国観――教科書・雑誌・地方新聞・講談・演劇に注目して――』（芙蓉書房出版、二〇一四年）二四八―二四九頁参照。カッコ内は筆者注、以下注記なき限り同じ。

（10）松本、前掲書、六〇―七六頁参照。

（11）福沢諭吉「脱亜論」（一八八五年）『福沢諭吉全集』第一〇巻（岩波書店、一九六〇年）二三八―二四〇頁。

（12）松田、前掲「『亜細亜』の『他称』性」、四七―四八頁。

（13）樽井藤吉『大東合邦論』竹内好編『現代日本思想大系　9　アジア主義』（筑摩書房、一九六三年）一〇六頁。

（14）同書、一一六頁。

（15）同書、一一五頁。

（16）岡倉天心「東洋の理想」（一九〇三年）『岡倉天心全集』第一巻（平凡社、一九八〇年）一四頁。

(17) 岡倉天心「東洋の覚醒」（一九〇二—一九〇三年）、同書、一四四頁。
(18) 同書、一四五頁。
(19) その例として、「亜細亜旨義とは何ぞ」（『亜細亜』三二号、一八九二年二月）という無署名の論説がある。
(20) 「日本民族の同化性（下）」『大阪朝日新聞』（一九一三年六月二八日付）。
(21) 以上の内容については、クリストファー・W・A・スピルマン「アジア主義の再検討」（柴山太編『日米関係史研究の最前線』関西学院大学総合政策学部、二〇一四年）五三—五五頁を参照。
(22) 小寺謙吉『大亜細亜主義論』（東京寶文館、一九一六年）四六九—四七〇頁。
(23) 李大釗「再論新亜細亜主義（答高承元君）」（一九一九年一一月）（『李大釗全集』第三巻、河北教育出版社、一九九九年）三五七頁。
(24) 北一輝『国家改造案原理大綱』『北一輝著作集』第二巻（みすず書房、一九五九年）二六〇—二六七頁。
(25) これについては、満川がロシア革命を支持した「何故に『過激派』を敵とする乎」（一九一九年）及びそれに対する大川の賛同の書簡を参照。満川『三国干渉以後』（論創社、二〇〇四年）二九五—三〇三頁。
(26) 石橋湛山「大日本主義の幻想」（一九二一年七月—八月）（『石橋湛山全集』第四巻、東洋経済新報社、一九七一年）二九頁。
(27) 孫文とタゴールの講演、及びそれに対する日本人の反応については、中島岳志『アジア主義　その先の近代へ』（潮出版社、二〇一四年）二九二—三一二頁、三二〇—三二九頁を参照。
(28) これについては、排日移民法制定前後の時期における雑誌に見られた「アジア主義」の論説に関する古屋哲夫の分析を参照。古屋哲夫「アジア主義とその周辺」（同編『近代日本のアジア認識』緑蔭書房、一九九六年）九一—九五頁。
(29) 松浦正孝編『昭和・アジア主義の実像——帝国日本と台湾・「南洋」・「南支那」——』（ミネルヴァ書房、二〇〇七年）三頁。
(30) 松浦正孝『「大東亜戦争」はなぜ起きたのか　汎アジア主義の政治経済史』（名古屋大学出版会、二〇一〇年）二二九頁。
(31) 「トゥーラン主義」については、シナン・レヴァント「日本におけるトゥーラン主義運動の系譜——アジア主義との交差——」（松浦正孝編著『アジア主義は何を語るのか——記憶・権力・価値——』（ミネルヴァ書房、二〇一三年）を参照。
(32) その一例として、この時期に知識人による「アジア」社会論が進展したことがあげられる。石井知章・小林英夫・米谷匡史編著『一九三〇年代のアジア社会論』（社会評論社、二〇一〇年）、辛島理人『帝国日本のアジア研究——総力戦体制・経済リアリズム・民主社会主義——』

（明石書店、二〇一五年）などを参照。
(33) 座談会「東亜共栄圏の倫理性と歴史性」（『中央公論』五七巻四号、一九四二年四月）一四三頁。他に高坂正顕、鈴木成高、高山岩男が参加。
(34) これについては、小林英夫「日本企業の戦後東南アジア観」（同『日本人のアジア観の変遷　満鉄調査部から海外進出企業まで』勉誠出版、二〇一二年）を参照。
(35) 大来佐武郎「アジア経済と日本経済」（『世界』五二号、一九五〇年四月）四九頁。
(36) 都留重人「アジアの日本」（『世界』一二四号、一九五六年四月）四一頁。
(37) 浜西健次郎「アジアの民族主義運動と日本」（『日本及日本人』一三六〇号、一九五六年二月）二一頁。
(38) 竹内好「近代とは何か（日本と中国の場合）」（一九四八年）（『竹内好全集』第四巻、筑摩書房、一九八〇年）一四五頁。
(39) 同書。
(40) 竹内好「方法としてのアジア」（『竹内好全集』第五巻、筑摩書房、一九八一年）一一四―一一五頁。
(41) 飯塚浩二「アジアに向かう日本人の眼」（一九五一年）（『飯塚浩二著作集』第四巻、平凡社、一九七五年）四一三頁。
(42) 與那覇潤「帝国に『近代』はあったか――未完のポストコロニアリズムと日本思想史学――」（『日本思想史学』第四四号、二〇一二年九月）八七―八八頁参照。
(43) ノーマン＝デイヴィス（『ヨーロッパ　I　古代』別宮貞徳訳、共同通信社、二〇〇〇年）三七頁。
(44) 同書、四二頁。

参考文献

山室信一『思想課題としてのアジア』（岩波書店、二〇〇一年）。

「アジア」各国間の「思想連鎖」に着目しながら、「アジア」における近代化の過程とそれに対する日本人の応答を追った大作。

米谷匡史『アジア／日本』（岩波書店、二〇〇六年）。

近代日本の「アジア主義」思想の連帯性と侵略性について分析し、それに対応する「アジア」の側からの反応を描く。

松浦正孝編著『アジア主義は何を語るのか　記憶・権力・価値』（ミネルヴァ書房、二〇一三年）。

日本のみならず「アジア」各地域、及び「アジア」の外からの視線も含め、近代の「アジア主義」思想について多面的に考察したもの。

長谷川雄一編『アジア主義思想と現代』（慶應義塾大学出版会、二〇一四年）。
近現代日本の「アジア主義」思想に対する分析とともに、現代の「アジア」における地域主義の構想にまで視野を広げた共同研究の成果。

梶谷懐『日本と中国、「脱近代」の誘惑　アジア的なものを再考する』（太田出版、二〇一五年）。
中国及び日本の現状について分析したうえで、西洋近代由来の「一国近代主義」の限界を指摘し、「国家中心の社会から人間中心への社会へ」の動きを「アジア」から始めていくことを提言する意欲的な著述。

植民地

浅野豊美

はじめに

「植民地」と「殖民地」二つの訳語が使われるが、前者は「民を植える」地を意味し、他方、後者は「民を殖やす」地の意味である。この二重の漢字表記が存在する背後には、原語の意味に関する複雑なニュアンスが現実の社会実体の側に存在していたためと考えられる。「植民」については、植えられる民が無人の原野に植えられるのか、あるいは異なる人種の居住によって異なる「風土」が存在している地に植えられるのかという点によって、植民地の性格は大きく異なってくる。また「殖民」についても、殖やされる民とは移住してきた民のみを意味するのか、それとも現地住民をも含めた民全体を指すのかという問題が容易に指摘できよう。

さらに、こうした植民・殖民（特に断らない限り、まとめて「植民」と呼称する）概念の背後には、関連する政治概念として「文明」対「野蛮」という二項対立概念が存在している。「野蛮」の類似概念として「未開」があり、そうした地域を「開発」し「文明化」（「開拓」、あるいは「拓殖」）するための手段としてヒトを移し・植えるというのが、「植民」あるいは「殖民」概念の本質を構成している。その上で、現地の住民と移住してきた住民とはいかなる関係で結ばれているのか、宣教・労働・土地所有などをめぐる現地の住民との接触関係の様相や、現地民社会との間で築かれる「社会群」同士の特殊な結合関係と生産関係の形態いかんにより、そして実際に移動する人間集団の性格により（官僚・軍人・宣教師・商人・工場経営者・農民等）、さまざまなニュアンスを伴った概念として植民地概念は編成されるといえよう。

こうした植民地概念をめぐる定義を、以上のように大きく二つに分けて整理したのが、東京帝国大学で植民政策学講座を新渡戸稲造から継承した矢内原忠雄であった。矢内原は、母国からの人口の「移住定着を以て植民の主概念」とするものと、人口の移動に加えて「統治権」という政治的権力の延長を植民概念の要素とする定義を対比させている。(1) その上で最終的には、「移住社会群と原住社会群との接触に基く社会的諸関係」、つまり植民者の「意識的行動」による「価値関係的行為」を含んだ「社会現象」として植民概念を定義する。矢内原がどのような歴史的文脈の中で、こうした概念を唱えたのかについては後述したい。

他方、大英帝国の公用語であった英語原文において植民地概念に対応するのは、colony, settlement, dependency である。colony とは移民を送出するにあたっての未開拓地という意味に使われるため、「植民」と「殖民」の両者を含む広義に使われる一方、settlement は「植民」一般との関係が深い傾向にある。settlement colony「定住植民地」は、先住民が大きな影響力を持たなかったオーストラリア等の地域を指す言葉として主に使われる。それに対して dependency「属領」は、現地の「民」全体を保護し殖やすという意味の「殖民」と親和性がある。「属領」においては、母国からのヒトの移動は官僚・軍人・宣教師・商人にのみ限定され、逆に現地社会からは、少数の現地人エリートが本国・あるいは同帝国内部の他の従属地域へ向かって、留学・出稼ぎ・傭兵等のために移動するという構造が存在する。また、英帝国の植民地には、本国が直接にその予算と総督の任命による立法によって経営される colony と、現地社会が独立した予算や立法府としての議会をもつ間接経営地域としての dominion があった。前者は国民を形成している本国から周辺地域社会に及ぼされる政治的法的支配に従属した地域としての「属領」dependency ということができ、後者は、かつて定住植民地 settlement であった地域といえる。

これにたいして日本帝国の植民地は、遠い将来において拡大された国民社会の一部となると期待された「外地」と、純粋な属領としての租借地・委任統治領から構成されていた。前者は、特別会計の独立程度、内地法の施行手続き、特別立法が委任された総督府等の行政機関への民意の反映程度（中央・地方の参政機関）などの点で、地域と時代によりかなりの変動があり、樺太を除く実際の社会実体としては属領に近く、しかも大量の植民による現地での社会的政治的コントロールが徹底していた点で、独特の植民地であったといえよう。以下、多義的な植民地概念が生み出された歴史的背景、それが近代日本に受容された経緯、そして現代に至る脱植民地化の様相を論じていきたい。

一　歴史の中の植民地

植民地概念は、今日でいうグローバルヒストリーと共にあった。産業革命が本格化する一九世紀前半まで、西欧からの植民活動は南北米大陸やオーストラリアなど、現地住民の抵抗力が弱い、或いは住民そのものが希薄であった地域に向けられ、そこには定住植民地（settlement colony）が築かれていった。同時代において人口が密集していたトルコ・アフリカ・インド・アジア地域に対しては、西欧からは主に貿易を通じた商業活動のみが行われ、それに必要な程度だけ沿岸部分に小規模の settlement が築かれ、貿易港を形成している状態であった。

しかし、一九世紀後半になって、まずイギリスで産業革命が起こると、植民地はこうした貿易拠点にのみ留まるものではなくなった。東アジアにおいて一八四〇年に広東貿易システムの中心をなしていた広東港での阿片貿易を発火点としてアヘン戦争が起こると、貿易港の性格は、もはや恩恵ではなく、条約を根拠として外国人の居住、営業、往来等が自由にできる貿易拠点へと、しかも治外法権を伴うそれへと変化させられた。条約港とも呼ばれた開港場は、「租界」として中国で漢字に訳され、日本でも一八六〇年以後に「居留地」として流通した。「居留地」も「租界」も、settlement の漢訳である。その Settlement には専管か国際か、借地様式の違い等さまざまな種類があったが、外国人が居留地から一定距離以上に外出できず国内旅行免状が必要とされた点は共通であった一方、港湾の荷揚げや通関手続き等の港湾規則において、日本は中国とは違って、かなりの自由度を有していた。

居留地・租界においては、居留した西洋人の身体に対して本国の主権が属人的に及ぶという基本概念に基づき、「治外法権」と「治外行政権」が、属人的主権行使の形態として認めさせられた。領域的な主権を現地の政府当局は行使できなかったのである。他方、居留地・租界に現地の人間が出入することは可能であり、現地人が被告となる際には、現地の法廷で裁判を行うことが原則とされた。こうしてさまざまな法を背負った多国籍の人間が居住する空間である居留地・租界の内部には、教会・住宅・倉庫・商館・大学等が建築され、それらの設備が文化接触の窓口となって宣教や教育活動が行われた。西洋の宗教と政治理念も翻訳され東アジアにもたらされたのである。

しかしながら、一八七〇年代になって、独・伊が統一を遂げたのみならず、産業革命が仏独にも波及し、アメリカも加わった西洋諸国、すなわち「西洋列強」の拡張をめぐる競争が激しさを増していくと、貿易の拠点としての settlement coloy 定住植民地が置かれた港のみならず、河口の貿易拠点から河川を遡上した内陸部分が勢力圏として分割される傾向が生じていった。これが、属領としての公式植民地の起源である。地球上の陸地は、文字通りの植民地として公式帝国の一部に組み入れられ、地球上のあらゆる陸地は、南極を例外として諸列強に分割されることになった。これを一気に加速したのが、一八八四年から翌年にかけて開かれたアフリカをめぐるベルリン会議であった。列強が争い合って一気に世界を公式植民地に分割し尽くしたという意味で、その前後は「スクランブル」の時代といわれる。

このスクランブル以後の時代になると、東アジアの居留地・租界も「半植民地」化を推進する強力な道具となった。中国では、租界協定改正、越界道路建設等により周辺地域へ居留地が拡大され、外国人課税問題、居留地内の工場取締り、武器・麻薬等の紛争が多発することになる。また、居留地の境界を越えて植民者の影響力が内陸へと浸透していくにあたっては、日本人が地理的文化的近隣性ゆえに有利であった。それは日本が一八七六年の江華島事件によって居留地設定の口火を切った朝鮮でも同様であった。内陸への浸透が進む契機となったのも、領事裁判権と、それを支えた軍隊の駐留、領事による課税と領事警察権の行使から構成された治外行政権であり、これらに守られて植民活動は展開されたのである。

日本と清国のスクランブルの時代以後の運命を、明暗対照的に明確に二分したのが日清戦争であった。日清戦争開戦直前の段階でイギリスが譲歩して、五年後の居留地撤廃を定めた新通商条約が締結されたことにより、居留地・租界は、日本において一八九九年七月の義和団事件の最中に廃止された。これによりイギリス領事館が日本で保管してきた日本在住のイギリス居留民名簿や土地登記簿等は、横浜や神戸等の地方自治体に移管された。同時に、日本に居住する外国人にも「内地雑居」が認められ、それまで国内旅行に際して必要とされていた国内旅行免許の申請等、各種条約励行上の制限から居留外国人は解放された。

それと対照的に清国での居留地・租界は、日清戦争以後になると植民地化を強める効果を有した。二億両に及ぶ賠償金が課されたことにより、租界は治外行政権の拡張を通じて「租借地」へと発展させられていったのである。租借地は、現地の中国人にも列強の裁判権や行政権がおよんだ点で、少なくとも租借期限内においては準領土と同じ存在であった。しかし、列強が清国各地に租借地を設定したことは、中国の分割の危機を高めるものであり、それに反発したアメリカからは、門戸開放・機会均等という新たな原則が唱えられるに至る。

日本は、日露戦争以後に、ロシアが設定した旅順・大連租借地と満鉄経営権・付属地行政権を継承することにより、清国に対して新しい列強として君臨することになるが、アメリカの唱えた門戸開放原則にロシアから継承した権利と利益が抵触するかどうかは、それ以後、ワシントン体制を経て満州事変に至る日米関係の大きな争点となった(2)。また、朝鮮における居留地に係わる韓国政府の外交権は、日本に委託され、日露戦後に韓国に設定された日本の保護権の起源となった。そして韓国の条約改正をという外交問題に統監府と外務省が取り組むことで、結果として内政への統監の介入は強化されていくこととなるのである(3)。

二　反植民地主義運動

一九世紀末に世界が公式植民地によって分割され、日本と清国が対照的な運命をたどり始めた時代は、レーニンの帝国主義論の影響を受け、マルクス主義者を中心にして民族主義者をもまき込みながら、植民地からの「独立」や民族の「自決」を求める運動がインターナショナルという全世界的な組織とともに展開される時代の幕開けでもあった。

「半植民地」的「従属と支配」、「抵抗と抑圧」という構図が定着し、さまざまな政治紛争が語られることになるが、植民地、そして居留地・租界・租借地は、そうした国際紛争の舞台となった。つまり、大都市となって勃興して異人種間の接触が増大する以前の一九世紀末までは、植民による異人種間の紛争を解決する制度としての意味をある程度有していた租界・居留地は、世界的な勢力圏の分割傾向と、植民都市の勃興、工業化の進展、および、現地人の労働者化、ナショナリズムの勃興、そして共産主義的革命運動の拡大により、むしろ紛争を助長するものへ変化していったのである。

「従属と支配」という言説が定着していった背後で、内陸部への列強の影響力は飛躍的に拡大していた。工部局と呼ばれた土木建設を担当する部局が租界行政当局の代名詞となったことに象徴されるように、大都市としての租界は放射線状に延びた道路を伴った(4)。その道路が中国内陸部へと建設されていくにつれ、その道路は実質的な租界の一部として治外法権的空間の色彩を帯び、内陸部へ植民地支配が実質的に拡大されていった。さらに、租界・租借地に工場が建設され、大量の中国人労働者が雇用されることで労働争議が発生すると、「居留民保護」を名目とした実力行使も行われるようになった。他方、居留地を離れた「内地」で営業する外国人への課税や取締りができないことで、不法な武器密輸、阿片吸引、醜業も野放しとなり、紛争は助長されていったのである。

三　近代日本と植民地

近代日本が植民地を保有する帝国としての膨張を、周辺地域に向けて行うに際して、その最も大きな固有の特徴となったのは、大量の人間集団の移住をともなう形で膨張が行われた点、および彼等による現地社会の急速な変容が推進されていった点であった。西洋列強がアジア・アフリカを植民地にした際に、現地に移住したのは、現地社会の規模に比べて圧倒的少数の宣教師・軍人・官僚達に過ぎなかった。これに対して、日本帝国は、周辺の接壌地域に向けて、いわゆる「大陸浪人」と呼ばれた大量の「不良日本人」を、その政治権力による属人的保護の下に送り出した。彼等は、貿易・小売・金貸・精米・漁業等の分野において、現地社会を圧倒しつつ、小売店主・網元・地主という形で現地社会に君臨した。こうした社会的な底辺部分と合わせ、ソフト・ハードの社会インフラ、つまり個々人の権利を確定し、契約・取引を可能とする法と金融システム、そして港や鉄道等の産業基盤も、日本人が中心となって現地に整備されていた。これと西洋植民地でも見られた軍隊、警察、官僚が合体することによって、大量の日本人が周辺地域に移住することが可能となり、周辺地域は日本人の植民地と化していったのである。

植民地となった接壌地域と文化的距離が近いことがアジア主義と絡まって強調されることがあるが、それは食物、気候、漢字の親和性などを媒介にして、大量の人口が植民地へと送出されていった背景でもあった。西洋帝国においては権力的従属関係のみが存在し、大量の人口移動が存在しなかったのに比し、日本帝国には第二次世界大戦時終了時点で民間人三四〇万人にのぼった大量の在外居留民が存在した。他方、ロシアのシベリア・沿海州を例外として、西洋帝国が拡張したアフリカ、インド、東南アジアは、「属領」あるいは開発植民地に留まり、例外的に、南北アメリカ大陸やオセアニア大陸という人口希薄な地域のみが、「定住植民地」として大量の西欧移民を受け入れた。こうした日本人による植民の性格ゆえに、在外日本人社会群と現地人社会群との間には、「同化」と「差別」の両方を同時に内包するところの、独特の権力的従属関係が生み出された。このことは、日本の植民地に独特な色彩を加え、今以って現代の特異な歴史問題の起源となっている。

同化と差別の入り交じった植民地支配体制が築かれた、もう一つの理由は、帝国の中心部に国民という集団が創出され、文明国としての立憲主義に基づいて主権が行使されねばならないとされたためであった。日本の憲法体制自体が、主権国家としての承認を意味する条約改正を重要な外部的契機として導入され、その主権の担い手として、国民社会の急速な統合が教育によって推進されたことは言うまでもなかろう。国際社会に参加するために不可欠な、主権を有する国民社会を、教育とさらには選挙制度の拡大によって育成していく上で、帝国内部に新たに編入された周辺地域の人々は、少なくとも初期において、排除されざるを得なかった。近代日本の国民形成は、百姓・町人・士族という身分を越えて教育勅語や社会的啓蒙政策により急速に確立されたものであったが、周辺地域の人々もいずれ「同化」すれば参政権が与えられるという理念の下で、そうでない当分の間は政治的に「差別」するという構造が帝国法制として創出されたのである。これは西洋植民地の住民が本国の立憲政治の対象とは、そもそもみなされなかったことと対照的であった。大量の社会群の移動と人的社会接触を構造化するために、日本帝国においては、同化という理念と実体の法制度上の差別との間の格差は拡大していったのである。(5)

四　近代日本による西欧植民地経験の吸収

日本は英仏独の植民地統治制度を、台湾領有を直接の契機としてよく吸収した。台湾は気候の面でも、現地人の人口が濃密であった点でも、同一国民のセツルメントコロニーであったアメリカの西部開拓や北海道とは全く異なって、初期においては属領に近い存在であった。植民地台湾の領有は、植民地統治に関する学知の急速な流入を近代日本にもたらした。その中心的窓口となったのは、台湾において混乱する植民地統治体制の再編という課題を背負わされて、一八九八年三月に民政長官として赴任した後藤新平と、その周辺に組織された台湾旧慣調査会であった。

異民族が多数居住する土着社会を前提に、投資と搾取によって特徴付けられる「開発植民地」に関する実践知が、台湾統治関係者によって英仏独の各国の植民地統治経験の中に求められた。中心的関心となったのは、西洋植民地における統治組織、西洋本国政府内での植民地管理組織、植民地と中央との予算・人事・法律等であった。また、台湾における西洋外国人の存在を念頭に、公式植民地への膨張過程での第三国との国際問題処理、第三国の国民との錯綜する権利関係の処分にも関心が向けられた。このことは東アジアの居留地体制内部で拡大・膨張していった日本帝国の現実的な関係を反映するものであった。

具体的な例として以下を挙げる。台湾統治がまだ試行錯誤を続けていた段階の一八九七年五月に拓殖務大臣官房文書課から初版が発行され、台湾事務局に引き継がれた『馬多加須加児殖民論』（ルロアー・ボゥリュー著）においては、フランスが植民地帝国として十分に発展に成功しなかった原因と、それを克服するための処方箋の試みに関心が注がれている。統治失敗の原因は、忍耐力の欠如とフランスが植民地を国策上で最重要視しなかった点にあるとされた。その反省の上に、フランスのチュニジア占領以後に西洋国際政治に登場した保護条約の性格、農産物をフランス本国に輸出する際の関税、第三国外国人に対する行政を行う権利如何等の問題が論じられた。保護がそもそも国際政治においても「新語」で「不確実あいまい」であるとの指摘は（三〇頁）、スクランブル直後の時代において、属領の法的地位がまだ不安定であったことを物語っている。また、マダガスカル島の保護権が当時緊急の課題であったために、この題名が付されているが、論述はフランス植民地全般に及び、植民地における鉱山を中心とする産業経営、植民地防衛のための植民兵問題も論じられていることは、統治コスト節約への関心を示している。また、フランスの国家としての保護の下で、フランス国民がいかなる法的地位を得るのかという点にも言及がある。

イギリスの植民地概念を日本が学ぶに当たって、内閣におかれた台湾事務局が翻訳したものが、安遜『英国拓殖地印度及雑領地制度』（台湾事務局、一八九八年四月）、および、ルーカス『英国殖民誌』（台湾日日新報社、一八九八年）であった。

安遜とは、Anson, Sir William Reynell, bart（1843-1914）のことで、*The law and custom of the Constitution* が原著であった。翻訳を行ったのは遠藤剛太郎で、遠藤が台湾に赴任する直前に出版された。ルーカスの原著は、Lucas, Charles Prestwood, Sir,（1853-1931）による *Historical Geography of the British Colony* であった。翻訳の形式上の主導者は桂太郎であったが、後藤新平が実際はその抄訳を桂太郎台湾総督に見せ、台湾に赴任する官吏の教育用に紹介したことがきっかけであった。

ドイツモデルの紹介については、ヘルフェリッヒ『殖民行政組織改革論』（東京博文館、一九〇五年）がある。後藤新平が序文を書き、ドイツでの植民地関連省庁の基本改革が主な内容となった。Helfferich, Karl Theodor（1872-1928）は、ベルリン大学の経済学・金融関係の教授でドイツ政府外務省植民局に勤務した人物であった。翻訳したのは森孝三という台湾総督府警察官で、森はこのあと後藤新平の秘書となった。森が一九二三年に駐日ドイツ大使ゾルフと共にシベリア鉄道に乗車しベルリンを訪問したことは、後藤がドイツ式の植民統治モデルの導入に積極的であったことを示している。それは後藤がシュタインから衛生学を学んだのみならず、ドイツ自体が「植民行政組織には毫も歴史上の所憑」なく「無一文」の状態からドイツ帝国を創造し「比較的短期間内に幾多の変遷」を経験した点で、近代日本の植民地帝国参入に類似していたためであった。

特に焦点が当たっているのは、植民地行政が母国のどの省庁にどのような事情で委任されてきたのかという英仏独の事例と、その教訓を反映して計画され、短期間でドイツの植民帝国としての膨張を可能にしたドイツ植民地法制度であった。主な具体的焦点は、ドイツ植民省が設立された過程、総督や総督府評議会の役割や権限、予算配分の仕組み、民政と植民地軍の編成との関係等であった。こうした点は、一九一〇年に後藤が第二次桂内閣の逓信大臣時代に、日韓併合をにらんで設置した拓殖局の伏線となったと考えられる。後藤はやがて、同じドイツの植民政策学者でヘルフェリッヒの後輩にあたるゾルフとも親交を結び、前述のように秘書の森をゾルフと同行させる。ゾルフは植民地行政に関する列国の国際協力体制、および、トランスナショナルな宣教や企業活動を包摂した国際秩序を構想した学者であり、山本美越乃等にも影響を与えた人物である（ヴェー・ハー・ゾルフ著『将来の植民政策』有斐閣、一九二六年）。

五　近代日本とアメリカ
――植民地政策の相互影響――

太平洋の両岸で、スクランブル時期から日清戦争にかけて、急速に植民地帝国として台頭した日米両帝国は、台湾（一八九五年）・ハワイ（一八九八年）・フィリピン（一八九八年）・朝鮮（一九一〇年）という順で、西太平洋の覇権を競い合いながら、互いの勢力圏を分けていった。その際に植民地統治の技術やその前提となる国家学・国際政治学をも、競い合うように西欧、特にドイツから学び合っていた(6)。ジョンズ・ホプキンス大学に留学した新渡戸稲造、佐藤昌介、泉哲に象徴されるアメリカに留学した日本人学生達をハブとして、アメリカでの植民政策学が日本にもたらされた。例えば、ウィスコンシン大学で国際政治学と共に植民政策学を担当していたポール・ラインシュ（Reinsch, Paul Samuel, 1869-1923）の *Colonial Government*（1902）を初めて翻訳し、早くもその翌年に日本語で出版したのは、日向輝武『殖民史論』（自費出版、一九〇三年）である。日向による編著となっているが、実体は剽窃に近いものであった。

日向は明治時代中期、群馬県前橋で結成された「上毛青年会」に竹越与三郎等と名を連ねた民権の士であり、保安条例による投獄を恐れて、サンフランシスコに一八歳で渡米した青年であった。星亨の後援でハワイへの植民事業を一八八八年から手がけ、その一五年後の一九〇三年当時、日向はライバル会社六社を吸収合併して成立した「大陸殖民会社」の副社長となっていた。この会社は、保護下にあった大韓帝国政府移民保護法に基づいた韓国人移民送出事業にも、一九〇六年から取り組んだ。日向輝武『殖民史論』によれば、「投資植民地」は「開発植民地」とも呼ばれ、「移住植民地」（settlement colony）の反対概念であり、ラインシュの引き写しであった。

前述した矢内原の定義のように移住植民地は、本国の住民が大量に移民して、移住民のみで農業や商業・工業に従事するものを指すとされた。これに対して、投資、もしくは開発植民地は、少数の本国人が現地の住民を使って産業を起こしていくことに特徴があり、exploitation colony、すなわち「略奪植民地」とも呼ばれ、「多く熱帯地方に見るところにして、少数の欧人が、自然の富源を開発、利用するもの」と定義された。この開発（略奪）植民地が更に細分され、「商業的植民地、農業的植民地、起業的植民地」として概念化された。「農業植民地」こそ後に注目の的となる概念であった。

「商業殖民地」に該当するとされた具体的な地域が、南米、アフリカ、香港、マレーであったのに対して、「農業殖民地」は少数の欧州人が大農園（プランテーション農園）を経営する、セイロン、ジャワ、カリブ海の植民地が見本であった。「起業的植民地」には、インド、エジプト、フィリピンが該当し、現地人が土着の農法で耕作する一方、西洋人が「森林、鉱山を開発」し鉄道を敷設することで「工業を起こ」し棲み分けることに特徴が有るとされた。開発植民地は、投下された資本をもとに、現地の人間の労働力を搾取することを以って、exploitation colony と呼ばれることになる。この日向による分類こそ、搾取と結びついた植民地を批判する政治概念の起源となって、初期社会主義者による日露戦争への反対や帝国主義批判の基礎となったともいえよう。

ラインシュの名前を明記して初めて、正式に *Colonial Government* (1902) を訳したのが、日露戦後直後に出版されたラインシュ著・台湾慣習研究会訳『殖民地統治策』（台北：台湾慣習研究会、一九〇六年一月）であった。ラインシュの植民地統治への問題意識は、自由放任の時代が終わって列国が争って植民地拡張に乗り出しているという現状認識を踏まえたものであった。この本では、列国の植民政策の歴史、統治形式の分類、統治機関と司法制度が項目として立てられていた。門戸開放機会均等主義に則った現地住民の「進歩」への貢献という理想をいかに実現するかという問題意識が念頭に置かれていたことがわかる。

植民政策学は当時の日本の周辺地域への関与を占い、国際的な地位を左右する最先端の学問であった。日米の知的交流のハブとなった星一は、ラインシュの原文がニューヨークで出版された一九〇二年、アメリカに留学して『日米週報』等の雑誌を発行しており、同時期、後藤新平と初めて面会しニューヨークを案内している。さらに、その三年後には台湾総督府専売局長であった宮尾舜治がニューヨークを訪れ星と面会している。新渡戸稲造とも、星は一九〇〇年のパリ万国博覧会における雑誌の取材を契機に親交を結んでいたが、一九〇一年に台湾総督府の殖産局長に就任した新渡戸は、後藤新平の招きでニューヨークから台湾を訪れた星と現地で再会を果たし、統計の作成他を依頼している。第二次山縣内閣時代、農商務大臣であった曾禰荒助は、アメリカにいた新渡戸に台湾総督府殖産局長就任を働きかけたことがあり、伊藤博文も韓国統監となってからは、ニューヨーク視察で知り合った星に韓国統監府勤務を働きかけた。ニューヨーク・東京・台北を結ぶ、こうした人間関係の中から、正規のラインシュ翻訳本は刊行された。

ラインシュ（ランチとも表記される）は二冊目の本として *Colonial administration*（1905）を出版したが、これを翻訳したのが、ポール・エス・ランチ『植民政策』（東京同文館、一九一〇年二月）であった。ラインシュの前著が英仏等の植民地統治の大綱や法制度分析に過ぎなかったのに対して、この本は、英仏とアメリカの植民地フィリピンの実例を比較しつつ、財政、税務、教育と移民、現地住民の社会改良、通貨、商業、交通、土地、労働、警察と軍備等、実務的社会的側面が具体的に論じられている。日本での翻訳書出版に際して、著者のラインシュが翻訳者の松岡正男に寄せた日本版の序では、日本が台湾植民政策の成功によって「全世界より大信用を博し」、イギリス人の世界史的な「最善の植民地経験」が日本によって踏襲されたことが称えられている。

翻訳者の松岡正男は、ラインシュの講義を聴講したアメリカ留学経験者であり、『婦人之友』を創刊した初の女性記者、羽仁もと子の弟であった。松岡は、やがて京城日報、時事新報、マニラ新報社長を歴任し、『植民新論』（巖松堂書店、一九二二年）、『植民及移民の見方』（日本評論社、一九二六年）、『赤裸々に視た琉球の現状』（大阪毎日新聞社、一九四〇年）をも執筆した。ラインシュは、このあと、*International unions and their administration*（1907）という国際行政に関する著書を出版、一九一一年にはドイツのベルリン大学とライプチヒ大学の客員となった。一九一三年からは、ウィルソン大統領の指名で九年間も中国公使を務め、ワシントン会議では中国政府の特別顧問となり、一九二三年に上海で客死した。

以上に紹介した研究書に代表されるように、西洋の植民地統治経験は日本の植民地経営を支えるモデルの役割を果たした。そうした学知の受容は、北海道に対する拓殖経験、明治国家による日本本土の国民統合経験、台湾統治経験、そして韓国保護経験が融合する現場において受容されていたということができるであろう。次に、実際の植民地経営が台湾と朝鮮で開始されて以後、その経験がいかに反映されたのかを中心に、植民・殖民概念の変容をたどっていくこととしたい。

六　近代日本における独自の概念進化
——帝国的国民国家へ向けて——

台湾統治経験のエッセンスが体系的にまとめられた最初の事例と考えられるのが、持地六三郎『台湾植民政策』(冨山房、一九一二年)である。持地は、植民政策学が「学」として完成されたものではなく、各国に共通普遍の原理原則はないという立場から、台湾統治の実践一般を自己の経験に照らしてこの本をまとめたという。その材料は、ラインシュ同様に極めて実務的な分野に及んでおり、旧慣調査、司法制度、貨幣、灌漑、貿易・築港、交通、教育、衛生、理蕃、移民という分野が網羅され、その著述も理念的ではなく事実の記述が中心的なものとなっている。中央政府と帝国議会が台湾内の政策に干渉せず、実務レベルの「少壮官吏」に十分な活動権限が与えられたことが台湾統治成功の原因とされた。また、台湾統治が現地住民と内地住民の現実の利害調整を主要問題とする新段階に入ったとの認識の下に、「投資(開発搾取)植民地」から「農業植民地」へと台湾を転換させるべきことと、内地からの農業移民導入の促進が唱えられた。この両住民の利害調整への注目こそ、「植民地的公共性」という現代的問題関心に対応する。(7)

持地の農業移民重視の姿勢は、朝鮮についてもあてはまった。持地は植民地政策を本来的に「偽善的」なものとみなしたが、その中で唯一、現実的な処方箋となり得るのが、日本農民の移植であるとして、朝鮮の斎藤実総督に提言も行っている。日本本土の人口過剰状態を念頭に移民を重視し、あえて農業植民地として朝鮮や台湾を開発することの重要性を訴えたのである。(8)

英仏独のモデルの比較参照と摂取を基本として近代日本に導入された植民政策的学知は、近代日本のオリジナルな経験としての、北海道の拓殖経験と明治国家による国民統合経験を越えて、台湾・朝鮮統治経験と融合しながら、日本人農業植民者の移入によって期待される社会的「同化」と拡大的国民統合を長期の政治的な前提としながら、「差別」的な待遇によっても揺らがない政治的に安定した帝国的国民国家を、計画的植民政策によって建設するという方向に向かっていたのである。

農業移民重視の方向に植民政策学が形成されていった様相を象徴するのが、同じく新渡戸稲造を師と仰いでいたところの、東郷実と矢内原忠雄であった。

東郷実は、札幌農学校時代に新渡戸の薫陶を受けたが、台湾に赴任する直前に最初の著書『日本植民論』（文武堂、一九〇六年四月）を刊行し、後藤新平の題字、佐藤昌介、高岡熊雄、新渡戸稲造という植民政策学創世期の有力者の校閲を受けた。東郷もこの時既に、日本人の文化的特性からして農業植民を行うことを日本帝国の発展に最善としていた。しかし、人口密度や耕作可能地面積の点で、北海道はまもなく飽和状態に達し、台湾も新たな農業移民を受け入れる余裕はないとした点は、竹越と対照的である。東郷が台湾に代わって農業移民送出の有望な土地と期待したのが、日露戦後に勢力圏としてみなされた保護下の韓国と満州・シベリアであった。台湾に比して、そうした地域では現地住民の同化も容易であると期待されていた。日露戦後経営の中で、植民事業構想が盛り上がっていた様子は、「不満の講和に熱涙を注げるの同胞よ、真に国を愛せば其涙を拭ひ渾身の勇気を振るひ奮励一番鍬、鎌を執って起て」との言に要約されている。

前書執筆以後、東郷は台湾に赴任して一八年間、農政と移民の実務に従事した。その間、三年に亘ってドイツのベルリン大学に留学して国内植民地たるポーランドを視察し、更に、ドイツ領南洋群島を含む西洋の東南アジア植民地を巡視することで、東郷は楽観的同化論への批判を高めていった。一九一四年欧州大戦の開戦以前の段階で出版された『台湾農業殖民論』（富山房、一九一五年九月）において東郷は、「世界に於ける植民地土人の民族的自覚が将来資本的植民政策を危険ならしむるの傾向ある」として「民族的自覚に備へんが為め母国農民の移植を行ふの必要」ありとして警鐘を鳴らしている。東郷は「種族的競争」と「民族的競争」という時代認識の上で「複雑なる政治問題」へ関心を向けたが、この関心や基本概念は現代のナショナリズムに対するそれとほとんど同じである。

七　第一次世界大戦と民族自決主義への対応

「欧州戦争」と呼ばれた第一次世界大戦が長期戦の傾向を示し始めた一九一五年の初頭、既に日本でも「民族自決」原則は欧州戦争後の新しい世界の原則として注目されていた。植民地帝国の再編は第一次世界大戦の開戦と同時に開始されていたのである。例えば、小寺謙吉は二〇世紀末にアメリカのコロンビア大学とオーストリアのウィーン大学等で法学と政治学を学んで帰国し、衆議院議員を務めながら教育事業に専念した人物であったが、一九一五年の日本語による著書の中で、民族国家を今後の国際社会の基本単位とみなして、戦争を契機に民族の発展が推進されるべきことを訴えた(9)。小寺によれば、欧州戦争後には「民族を基礎とした る国家を建設して、国民的政治を行はしむる」必要があり、そのためには、「武断的政略を基礎として、民族本位の上に成立したる政治地図を変更せんとする」専制的帝国を「制圧」し「其の権力を破壊」しなければならなかった。また、国際連盟的な構想にも言及があり、戦後の英仏露三国が平和を維持していくためには、「民族本位の国家」を「国際団体の一員として、恰も国家に個人の存在せる如く、安全に其の生存を遂げしむる様に保障する道をと」れるようにする必要があった。「文化の程度」の低い帝国内の民族に対しては、「放任主義」と「干渉主義」を用いずに「各民族の健全なる発達を期するように仕向けなければならぬ」ともされた。第一次世界大戦の初期、バルカン戦争に対する関心がアメリカやドイツを経由して、「民族的自覚」の重要性となって浮上しており、植民地という政治概念は「民族国家」の障害、あるいは「従属地」と等価とされ帝国主義の抑圧と均しいものとみなされ始めたのである。民族の自主・独立と抵抗のアンチテーゼの中に、植民地は埋没しつつあった。

民族自決主義の興隆に対してイギリス帝国が変容を始めたことをいち早く日本に伝えたのは、内閣法制局長官を務め立憲同志会幹部ともなった江木翼の『英国植民地統治法の発達に就て』(一九一八年五月)であった。これは、カナダ・オーストラリア・南アフリカ・ニュージーランドなど、イギリスの定住植民地が「責任政治」へと極めて短期間に移行したプロセスを解説したものである。イギリスがインドやカナダのケベックでフランス人等の現地住民の法律を尊重しながら独自の行政・立法・司法制度を発展させてきたこと、第一次世界大戦を契機にして、植民地の住民にのみ選挙を通じて責任を負う自治政府が定住植民地で成立し、イギリス帝国が「法律上の連合」体へと変化していることが、驚きを伴いつつ講演形式で述べられている。

民族自決主義の興隆に対して前述の東郷が応えたものこそ『植民政策と民族心理』（岩波書店、一九二五年一〇月）であった。これは東郷がすでに一九二〇年には執筆を終えていたものを、台湾総督府を退官してから出版したもので、「科学」としての植民政策学の基礎の上に、異民族統治の学たる「民族心理学」を置こうとしたものであった。帝国の中の現地住民に対しては別個の政治組織による自治が行われるべきことが主張された。東郷から見れば、「同化政策は、其名は極めて美しいが、政治の実際は時に専制的従属政策と何等撰ぶところがない」ものであり、それは「固有の民族精神を打破し去らん」とするものに他ならず、「激烈なる反抗を惹起」して「悲惨な結果」を招くものにほかならなかった（三一七頁）。

実際、第一次世界大戦を契機とした脱植民地化の潮流に日本帝国もまた敏感に反応した。日本本土での普選運動が展開されると共に、三一独立運動や台湾議会設置運動が発生し大衆の時代がやってきたことを踏まえ、「同化」をまず制度として実現しようとした原敬による「内地延長主義」政策が登場した。これにより文化的な同化は直接には求めない「文化統治」政策が開始されたが、これこそ日本帝国の脱植民地化の萌芽ともいうべき帝国的国民国家を志向する試みであった。朝鮮と台湾の総督府制度においては、内外地の制度的撤廃が理念として掲げられ、武官しか総督となることができない状態が改められ、軍令機関としての機能が分離されて新設された朝鮮・台湾軍司令部に移行され、同時に文官も総督に任用可能となった。これは、民族心理自体を穏健な手法、すなわち平等な法制度の導入によって、国民という集団に予定調和する方向へと誘導できることを前提とした政策といえる。

しかし、教育や言論出版の自由に係わる実際の運用においては、かつての「専制的従属政策」と結びついた同化政策との違いが民族主義者には理解されなかった。その反面、こうした政策を逆手に取ることにより、台湾人留学生や土着の地主・士紳階級が中心となった台湾議会設置請願運動が始められた。それらはやがて過激化し、朝鮮からの独立運動にも共産主義者の影響が強まっていった。他方、植民地に移住した日本人居留民からの反発や不安も強まったことで、文化統治は挟撃され、萌芽的な脱植民地化の試みは何らの変革をも一九二〇年代に生むことはなかったのである。

東郷が「民族心理」に基づいて民族の「自覚」、ナショナリズムに着目した植民地の「科学」的分析を行ったとすれば、経済学という「科学」に基づいて植民地概念を変容させたのが、冒頭で取り上げた矢内原忠雄であった。矢内原は『帝国主義下の台湾』（岩波書店、一九二九年）において、「独占資本主義段階の帝国主義的特徴」という概念に即して「社会的事実の分析を試み」、その科学的分析の対象として植民地の「経済基盤」の解明を行った。第一次世界大戦後の民族自決主義の潮流の中で、専制的「支配」を伴うものとして植民地という制度が拒否される状況の中で、矢内原が志向したのが、「自主独立なるものの平和的結合」であった（『植民及び植民政策』岩波書店、一九二六年）。この自主独立の主体は、移住してきた集団を含む「社会群」であり、社会群が社会を構成し、その社会が国際的に結合、協同する世界（四七〇頁）が理想とされていた。

八　植民地帝国の解体と脱植民地化

日中戦争とそれに続いた日本の第二次世界大戦への参加こそ、一九二〇年代には不動の体制と思えた帝国日本の再編の契機であった。平野義太郎の大アジア主義研究に象徴されるように、「大東亜共栄圏」という秩序構想が、帝国内部の民族集団の自立化を前提とした多元的な構成を取る傾向にあったことは、すでに酒井哲哉によって指摘されている[10]。国際連盟や満州国に関与した金井章二と政治学者の蠟山政道もその例外ではなかった。

金井章次は、北里研究所助手を経て一九二〇年にイギリスに留学し、国際連盟事務局保険部で民族研究を行ったことがあり、一九二四年に満鉄入社して後は、地方部衛生課長に就任して衛生研究所所長も兼任した。満洲事変後は、満洲青年連盟理事長代理として「東北自由国」構想を発表し、満鉄を退社して奉天省治安維持会最高顧問、奉天省総務庁長、民政部理事官、間島省長、蒙疆自治政府最高顧問を歴任した人物であった。金井は、内モンゴルから帰国後、民族研究所協賛の一九四三年三月から一〇月にかけて行われた「近代的民族問題の本質」についての講演[11]で、「自主」の承認を求める「政治的に覚醒した近代民族の要請」に対し、「実力養成」を強調することで自主を認めてこなかった今までの政策は誤りであることを述べ、「自主性をめぐって政治的の処置を講ずる以外の方途はない」とした。また、民族の集団としての集合意志を研究する必要性も唱えられたが、これは、戦後のナショナリズム研究に通じるものであった。

日中戦争の長期化に際して唱えられた「東亜協同体」の議論において、その代表的な論者であった蠟山政道は、一九二九年の第三回太平洋問題調査会で満洲問題が取りあげられたことを契機に満洲に関心を有し始め、『日満関係の研究』（斯文書院、一九三三年）によって民族問題一般にその関心を向けた[12]。日中戦争が長期化する中で、一九三八年一一月の『改造』誌上に蠟山から発表された「東亜協同体の理念」[13]は、デモクラシーと民族自決主義に対する日本側からのアンチテーゼともいうべきものであり、帝国主義への反省がその基調をなしていた。

蠟山は民族の独立それ自体よりも、独立した民族をいかに結合させるかという理念の重要性を訴えた。これは、国民国家としての新興独立国の内政が不安定で、経済的自立の困難性ゆえに強国の覇権争いに巻き込まれやすく、「原子論的主権国家」の並列だけでは国際社会が抗争状態のままとなるからであった[14]。しかも、「民族相互の協同体建設」は「同化政策的帝国主義」とは全く異なるものであり、「民族主義同士が共存」する「民族相互の協同体」を日本が主導するにあたっては、「帝国主義的脱却」を行い、「民族主義の拡張としての帝国主義を清算」することが必要とされた[15]。その清算の具体的な手段とされたのは「ブロック経済よりは遥かに政治、技術、文化、精神等の諸要素を重んずる総合的計画」であった[16]。しかし、帝国主義への反省がどのように実行されるべきなのか、在外日本人居留民のさまざまな社会経済的特権をいかに実質的に除去していくべきなのか、その具体的な構想が示されることはなかった。他方、蠟山は一九四二年末からフィリピンの民族調査に関わり『比島調査報告』の中の「民族編」をまとめ[17]、フィリピン国憲法作成にあたっても中心的役割を果たした[18]。日本帝国自体の再編過程でも、蠟山は朝鮮と台湾に対する衆議院議員選挙法の拡張施行のための「政治処遇調査会」の委員として活発な発言をした[19]。

第二次世界大戦に際しての日本の敗戦は、連合国から強制された脱植民地化ともいうべき、移住民の強制引揚と財産の残置を特徴としたが、それは、外部から迫られた「帝国主義への反省」と「脱却」の強制的実行にほかならなかった。しかし、その過程は矢内原から見ても過酷なものであった。

一九五三年の段階において矢内原は、植民地に居住してきた日本人居留民の一斉引揚は在外邦人の生活基盤を完全に破壊した「民族的憎悪」の現れとし、それをもって第二次世界大戦後の戦後処理は、第一次世界大戦後の戦後処理に比べて「後退的であるとおもわれる節がある」と慎重な言い回しで述べた。[20] 恐らく、この矢内原の発言が何らかの影響を及ぼしたと考えられるが、同時期の一九五三年一〇月一五日、第三次日韓会談の財産請求権委員会の席上、日本側主席代表久保田貫一郎は「在韓日本人財産を米軍政法令第三三号によって処理したのは国際法違反であった」こと、「連合国が日本国民を韓国から送還したことは国際法違反である」旨の発言を行った。韓国側の反論は、日本人財産の接収は、総力戦の時代にあっては私有財産までが戦争目的のために動員されるので、「日本の権力機構のために伸張された力を切断するため」に行ったものであること、「被圧迫民族」の解放と民族の自決原則という高い国際法の原則が生まれたため、私有財産の尊重という旧い国際法の原則は修正されたと見なされるべきとするものであった。国際法上の正義を争う形をとりながら、実質的には財産が形成された歴史や植民地社会をいかに見るのかという歴史論争がここに開始されたのである。[21]

おわりに

近代日本の植民地概念が農業移民重視の方向へと収斂し慣用化したことを本文で述べたが、それに対応して日本帝国の脱植民地化は、徹底した日本人植民者の排除・強制送還をともなう「独立」となった。連合国の賠償政策も、日本人を引揚させ在外財産を残置させ、本土から重化学工業設備を搬出してくることで、旧植民地の統一朝鮮や中華民国中国の急速な近代化を図ることを核とした。しかし、冷戦と技術移転の困難さがこうした初期の連合国による脱植民地化政策を根本的に修正させ、戦後日本単独の経済復興と、漸進主義的な経済協力をアメリカのコントロールの元で行うという路線が採用されるに至る。[22] こうした国際政治の転換の中で、日本人引揚者は、その所持した私有財産が、本来日本政府の支払うべき公的な賠償へと実質的に組み入れられたことに対して反発した。それこそが戦後日本の国内制約要因となり、今に至る歴史問題の起源となったのである。いわゆる久保田発言は最初の「妄言」として韓国側に記憶されているが、引揚の体験を核とした日本人側の強い国民感情を代表するものであった。これに対して戦前に由来する請求権の全てを形式上放棄することを迫られた韓国側も、国内の国民感情を無視して外交に臨むことは、たとえ独裁的な政権でも不可能で、国内論理を別に用意する必要に迫られた。韓国側における、かつて民族の自決を否定され「同化」を強制されつつ日本の始めた戦争に動員されたことに由来する各種の請求権と、日本側の在外私有財産に由来する請求権をめぐるところの論争は、歴史とそれを支える集団的記憶と結びついて各々の強い国民感情の間の論争という形を取ることとなる。それは冷戦時代の安全保障という共通の利益と、その下で行われた経済協力が最優先であった時代においては、国際的次元と国内的次元にまたがった玉虫色の政治的枠組みの中に封じこめられていたと考えられる。(23) しかしながら一九九〇年代以後、冷戦終結と韓国の民主化、そして中国の台頭という状況の中で、激しい国民感情の衝突は再び解凍され、植民地支配に対する「責任」の所在や「反省」のあり方をめぐる歴史認識論争として表面化したのである。それを単なる空中での論争に終わらせないためには、「植民地」社会の性格を国際関係の中で展開した植民地とそれを保有した帝国の歴史に照らして、「民族」や「国民」という概念自体の検証をも意識しながら、国民国家史を超えた視点、即ち、国民国家というシステム自体が帝国的秩序の中で、いかに定着していったのかを説明し得るような枠組みでとらえることが必要である。その作業が今ほど求められている時代はない。

注

(1) 矢内原忠雄「植民及植民政策」(『矢内原忠雄全集　第一巻』岩波書店、一九六三(初版一九二六)年、一三―一四頁。
(2) 加藤陽子『満州事変から日中戦争へ』(岩波書店［岩波新書］、二〇〇七年)。
(3) 浅野豊美『帝国日本の植民地法制』(名古屋大学出版会、二〇〇八年、第二編)。
(4) 吉澤誠一郎『天津の近代』(名古屋大学出版会、二〇〇二年)一六一頁。
(5) 条約改正において重要であったのは、文明国という標準であった。これは、文明国民の生命と財産を安定して保護し得る司法制度と法律を具体的な指標としており、それができない地域には、属人主義による治外法権を前提にした領事裁判権が、文明諸国の側から敷かれることとなったのである。さらに、この領事裁判が領事行政権となって、土木工事や道路建設を伴う形で居留地以外の地域にも拡張された。さらに、居留地に存在した領事の司法権や、警察権を含めた行政権が母国の文明国民に対してのみならず、現地の住民にも適用されることで、領域的な支配を前提とした公式植民地の体制が形成されていったのである。詳しくは、以下の「序論」を参照。浅野豊美『帝国日本の植民地法制――法域統合と帝国秩序――』名古屋大学出版会、二〇〇八年。

(6) 酒井哲哉『近代日本の国際秩序論』(岩波書店、二〇〇七年)二〇〇―二一一頁。

(7) 松田利彦・陳延湲『地域社会から見る帝国日本と植民地――朝鮮・台湾・満州――』(思文閣出版、二〇一三年)。

(8) 浅野豊美「帝国日本の形成と展開――第一次大戦から満洲事変まで――」吉田裕・李成市他編(大津透・桜井英治・藤井讓治)(『講座日本歴史 第一七巻・近現代三』岩波書店、二〇一四年一二月)。

(9) 小寺謙吉『欧洲大乱の真因と交戦列国――附・膠州湾処分論――』(大正書院、一九一五年二月)二九六頁。

(10) 酒井哲哉『近代日本の国際秩序論』(岩波書店、二〇〇七年)二六二―二六九頁。

(11) 金井章次「大東亜建設と民族問題解決の課題 一九四三年三月二七日」(国策研究会『国策研究会週報――戦時政治経済資料――』第六巻、原書房、一九八二年)、同「日本的民族観の基底 一九四三年一〇月一六日」同書、第七巻。

(12) 蠟山は、東京帝国大学の学生であった頃の最初の満洲旅行の思い出に言及し、「満洲問題と云ふものが、先づ民族葛藤の姿において、当時未だ白紙の如き頭脳に湧然と浮かんだ」と回想し、民族とその「葛藤」についての思索こそが自己の思想の出発点であったことに言及している。蠟山政道『日満関係の研究』(斯文書院、一九三三年)二二九―二三〇頁。

(13) 蠟山政道「東亜協同体の理論」(『改造』一九三八年一一月号)(後に、同『東亜と世界』改造社、一九四一年、に所収、蠟山の東亜協同体論は同書に関連論文とともにまとめられている)。

(14) 蠟山政道『東亜と世界』(改造社、一九四一年)八四頁。

(15) 各民族が協力して協同体を建設する時代は第三期と位置づけられ、その前史である第一期は、西欧において資本主義の発展と呼応して民族国家の形成を実現した十九世紀半ばまでの時代、第二期は、それが変質して帝国主義となり民族国家形成以前の他の民族を支配するようになった時代とされた。蠟山、前掲書、一六二頁。

(16) 蠟山、前掲書、一八三頁。別な箇所では、「この地域を民族の防衛のために、産業の開発のために、大衆の厚生のために、活用するというが如き政治思想の前提が必要であり、科学や技術の一定の高さにおける水準が不可欠である。また協同体経済の機構と経営とが随伴しなければ、協同体地域の建設は架空」に終わるとも述べられている（同書、一六五頁）。

（17）比島調査委員会編（中野聡・早瀬晋三・寺田勇文解説）『極秘　比島調査報告　第二編統治』（龍渓書舎、一九九三年）。第二編の「統治」が蠟山によってまとめられ、一九六七年に英訳されている。

（18）一九三五年、アメリカからの独立を前提に制定されたのコモンウェルス憲法と、大東亜共栄圏下に制定されたラウレル憲法との違いは以下であった。政府の役割が「正義、自由及び民主主義の施政」から、「平和・自由及び道義に基づく世界秩序の創造」に修正され（前文）、「人民主権」に代わって「共和政体」の定義が行われたこと（第一条）、「統一と義務無きところに自由と権利」がないとされ、国家生活の観念と義務観念が強調されたこと（第七条）であった。前掲書『極秘　比島調査報告　第二編統治』一三六―一四六頁。

（19）浅野豊美『帝国日本の植民地法制』第五編参照。

（20）矢内原忠雄「民族の価値と平和の価値」（『矢内原忠雄全集　第二〇巻』岩波書店、一九六三年）一三―一四頁。矢内原が、第二次世界大戦の戦後処理が第一次世界大戦のそれにさえ劣るとして指摘した点として、引揚問題以外には、ソ連による捕虜抑留が解決されていない点、連合国の秘密協定で領土処分が協定された点、ドイツと朝鮮が秘密協定で分断された点、国際連合による安全保障措置が拒否権の存在により格別進歩したと見なされない点、戦争終了後長きにわたって講和条約が未締結のまま放置された点も挙げられた。

（21）高崎宗司『「妄言」の原形』（木犀社、一九九〇年）二三〇―二三五頁。

（22）浅野豊美『戦後日本の賠償問題と東アジア地域再編』慈学社、二〇一三年、二〇七―二一七頁。

（23）浅野豊美「民主化の代償――「国民感情」の衝突・封印・解除の軌跡――」（木宮正史編『日韓関係　一九六五―二〇一五　Ⅰ　政治』東京大学出版会、二〇一五年六月）三四九―三七〇頁。

参考文献

吉澤誠一郎『天津の近代』（名古屋大学出版会、二〇〇二年）。

条約港であった天津という都市を中心に、ナショナルな国民史的な枠組みではなく、統治を支える価値観、土着の地域的要因、そして国際的契機とが相互作用しながら、統治が行われていた様子をとらえている。

矢内原忠雄『植民及植民政策』（岩波書店、一九二六年）。

新渡戸稲造の伝統を引き継いだ矢内原の植民政策学講座の講義を、体系的に構造化して執筆されたもの。植民の定義から入り、世界各地域の植民政策学のエッセンスを、帝国主義的資本の動きと、植民活動というヒトの移動、そして支配の様相を中心にまとめたもの。

酒井哲哉『近代日本の国際秩序論』（岩波書店、二〇〇七年）。

「東西文明の調和」というイデオロギーが、列強との国際協調主義を基調とする外交と、帝国としての周辺地域の「文明化」に名を借りた「地域」支配との狭間に生まれたものであることを中心に、近代日本を帝国史と国際関係史の成果を元にとらえ返した試み。

浅野豊美『帝国日本の植民地法制』（名古屋大学出版会、二〇〇八年）。

条約改正によって近代法制が「継受」されたのと同じように、帝国の拡大に際しても帝国法制の整備が列強の側から要求されていたことに注目して、帝国の起源と展開を論じ、満州事変以後の帝国の拡大・変容のダイナミズム、そして帝国消滅後の法的権利の行方を法的論理の構造的展開や矛盾の露呈に注目してとらえたもの。

浅野豊美『戦後日本の賠償問題と東アジア地域再編』（慈学社、二〇一三年）。

戦後復興と賠償という二律背反的な課題が、占領下に復興優先に切り替えられたこと、しかし、それは無条件ではなく、日本が復興したら、その程度に応じて、経済協力を周辺地域に行わせる枠組みが存在したこと、アメリカの対日ガリオア援助資金返済問題との関係で、日韓国交正常化の際の請求権に関するアメリカの仲介者としての役割とその政治的背景をとらえたもの。

社会主義

大田英昭

はじめに

日本における政治思想の諸概念の中でも、「社会主義」という言葉には、毀誉褒貶を伴うさまざまなイメージがまとわりついてきた。その多くはマスメディアを通じて産出され一般に伝播されたものといってよい。そこにはこの語が指し示す思想・運動および体制に対するジャーナリスティックな価値判断が色濃く反映されている。注目すべきは、そうした価値判断が時代の推移の中できわめて大きな振幅を示していることである。とりわけ、冷戦が終結した二〇世紀末以降、日本の論壇における「社会主義」の評価は急速に否定的な方向へと振れていった。

マスメディアにおける「社会主義」イメージの揺れは、日本における社会主義運動・思想の具体的な推移と無関係ではない。社会主義運動を担った人々による「社会主義」理解も決して一様なものではなく、その中で主流となる思想は時代とともに大きく変化してきた。それに加えて、「社会主義」に関する論壇での議論や新聞報道、アカデミックな学術的研究、さらには社会主義思想・運動の撲滅を目指す官憲の見解など、さまざまな主体が時代の変動とともに織りなす諸言説が、日本の近現代史における「社会主義」概念を複雑に展開させていったのである。

本章は、日本における「社会主義」概念の展開を追跡するにあたり、一九世紀後期（社会主義概念の受容と形成）、二〇世紀初頭（社会主義思想の「革命」化と多様化）、両大戦間期（国際社会主義運動の分裂と日本）、第二次世界大戦後（冷戦構造の中の社会主義）という四つの時期を区分する。「社会主義」をめぐる多様な言説を各時期の歴史的背景のなかで分析することによって、この概念の通時的な全体像を展望することが、本章の課題である。

一　社会主義概念の受容と形成
――一九世紀後期――

日本語における「社会主義」という言葉の出現は、西洋語の socialisme（蘭・仏）・socialism（英）・Sozialismus（独）などの翻訳語として、一八七〇年代に遡ることができる。その概念の内容は、他の政治思想上の語彙とともに、明治初年の啓蒙的知識人によっていち早く日本に紹介された。例えば加藤弘之は、「貧富を均しうしよう抔《など》云う論」として「ソシアリスメ」を「コムミュニスメ」と並べて取り上げ、「衣食住を始め、其外私有の地面器物及び産業等に至る迄、都《すべ》て人々に任せることを止め、各人の私有というものを相合して、悉《ことごと》く政府で世話をやいて、右の如く貧富のない様にしよう云う、所謂救時の一法」である、と説明している(1)。そこで注意すべきは、「ソシアリスメ」は「治安の上に於て、尤《もっと》も害ある制度」だ、と断言されていることである。以後の日本の論壇や官憲における社会主義イメージの一つの原型がここに現れているといってよい。

自由民権運動が高揚しはじめる一八七〇年代末、新聞などの論壇ではヨーロッパの socialist についての紹介や議論がはじまった。この頃から、socialist を「社会党」とする訳語がほぼ定着するが、socialism を指す訳語については「社会党論」「社会党の主義」「社会党主義」「社会の主義」「社会主義」等々、いまだ一定していない。当時の論者の関心は、socialism という政治思想の理論体系よりもむしろ、二度にわたるドイツ皇帝暗殺未遂事件（一八七八年）の主犯とみなされた「社会党」の動向に向けられており、その危険性はしばしばロシアの「虚無党」のテロリズムになぞらえられた(2)。そして「社会党の主義」に対しては、これを「惨烈なる禍毒を含有する」「邪説」とし、「未発に予防」することを説く論調が(3)、民権派の新聞でも主流だった。

こうした中、長崎県で樽井藤吉《たるいとうきち》を中心に一八八二年四月、「東洋社会党」が結成された。樽井によれば、この党名は「東洋に興りたる社会党」という意味であるという。[4] 党の綱領草案に「我党は平等を主義となす」「我党は社会公衆の最大福利を以て目的となす」とあるところに、彼らの積極的な「社会党」イメージが表れているといえよう。この「社会党」という党名に官憲は苛烈に反応し、結党まもなく「治安に妨害あり」として内務卿による結社禁止命令が発せられ、樽井は集会条例違反で一年の軽禁錮に処された。政府寄りの『東京日日新聞』も、「財産公平の制を主義とする社会党」の「邪説」は「国家の安寧を破る」ものだとして、その「撲滅」を主張している。[5]

一方で、こうした「社会党の名を聞いてその景象に驚き、その実を考究せず直ちに之を撲滅せんと試むるが如き」風潮を批判し、「欧洲社会党」の歴史と理論について体系的な紹介を試みたのが、『朝野新聞』の城多《きた》虎雄だった。彼は同紙に長大な論説「論欧洲社会党」を連載し、その中で英独仏各国の「社会党」の歴史的発展を概観し、「社会党」は「財産共有の説」を主張するものではなく、「殖産の資本を挙げてこれを社会の共有に帰し、殖産配分の如きはこれを社会の公吏に委任しこれを管理せしむ」ることで、「民に貧富の別無く」「万民各々苦楽禍福を倶《とも》に共にするの美域に至る」ことを目指すものだと説明している。[6] この論説は、「社会党の主義」＝社会主義の理論と運動について、日本で初めて体系的に紹介したものといってよい。

資本制企業の勃興を経て産業革命が軌道に乗りはじめた一八九〇年頃になると、資本主義の発展に伴う貧富の格差や労資関係の矛盾など、欧米諸国で深刻化する「社会問題」に学界や論壇の注目が集まった。それとともに、ヨーロッパの「社会党」「虚無党」の動向をめぐる恐怖と好奇の入り混じった紹介にとどまらず、社会問題の解決を目指す理論の一つとして socialism についての具体的な検討が開始される。「社会党の主義」ならぬ「社会主義」という用語が論壇に定着するのはこの頃である。

例えば、新聞『日本』を主宰する陸羯南《くがかつなん》は「国民論派《ナシヨナリズム》」の立場から、自由経済論者の主張する「自由競争」の徹底が「富人専横」をもたらして国民的統一を危うくすることを批判し、「国家の権威」が「平等の原則」の立場から「社会主義《ソシヤリズム》の味方」として干渉する必要のあることを説いている。[7]「国粋保存」を唱える政教社の内藤湖南も、近年の「利己拝金の風」に対して、「社会主義」は「人類共存の理想」として孟子の「王者の道」にも通じるものであり、政府が率先してこれを採用すべきことを主張した。[8] また、東京専門学校や慶応義塾で法学を講じていた家永豊吉は、社会主義を「現時社会の組織を改革して経済上物品分配の方法を正し、以て人間の進歩を計る」ものと定義し、サン・シモンからマルクス、ドイツの社会民主党に至る近代社会主義の歴史を概説する中で、ビスマルクの社会政策も「社会主義」の枠の中に含めている。(9) このように「社会主義」を、「自由競争」主義の対概念として、国家が経済活動に介入し再分配を行う社会政策をも含めて捉える考え方は、当時の論壇に広くみられるものであった。

日清戦後の急速な産業発展の中で労働者のストライキが激増した一八九〇年代末、社会問題を解決する理論として「社会主義」に関心を持ちはじめる人々が、とくにキリスト教の影響を受けた知識人の中に多く現れた。哲学者の大西祝《はじめ》は、「社会主義」とは「政治上に得たる所の自主独立の思想を以て、経済上に被れる圧制に抵抗し、以て真正の自由と幸福を得んと欲するもの」であるという理解に立って、イエスの説く「「神の国」に社会主義の歴然たること」を指摘し、「現社会に社会主義を唱うるの必要」を訴えた。(10)

クリスチャンを中心に一八九八年に結成された「社会主義研究会」会長の村井知至《ともよし》は、「社会主義は私有資本制度を廃して共有或は国有資本制度となし、現今産業社会の峻刻なる法則たる競争に代ゆるに各人の協働《アソシエション》を以てし、公平なる富の分配を行いて社会全体の福祉を経画せんとする社会改良策」であると定義する。彼によれば、社会主義は「私利私心に基づく個人主義に反抗し社会全体の福利を計図する公共的精神の発露」であり、その本領は「平等主義」「人類同胞主義」および「基督教的道徳の真髄たる愛」にあって、この理想の実現は「社会進化の趨勢」に基づくものとされた。(11) こうした社会主義の倫理的・進化論的な把握と、明治国家体制内の社会改良家としての自己認識は、社会主義研究会の会員たちにおおむね共有されていた。

他方、東京帝国大学の研究者を中心とする「社会政策学会」の発起者の一人である桑田熊二は、「社会主義は共和政体とその原理を同じうするもの」で、「万世一系の皇統を以て建国の基礎」とする我が国において「社会主義の害」は恐るべきものになると断じた。(12) こうした見解に沿って、同学会は一八九九年七月に「趣意書」を公にし、「現在の経済組織を破壊」する「社会主義」は「国運の進歩に害」を及ぼすとしてこれに反対することを表明した。(13)「社会党」は国家にとって危険だときめつけた明治初年以来の官憲的発想は、以後も一貫して日本における社会主義観の一面を成しつづけるであろう。

二 社会主義思想の「革命」化と多様化
――二〇世紀初頭――

一九〇一年五月一八日、日本最初の社会主義政党である「社会民主党」が結成された。党の宣言書・綱領に掲げられた「社会主義」の内容は、「人類は皆同胞たりとの主義を拡張すること」（第一条）、「生産機関として必要なる土地及び資本を悉《ことごと》く公有とすること」（第二条）、「鉄道、船舶、運河、橋梁の如き交通機関は悉くこれを公有とすること」（第五条）、「財富の分配を公平にすること」（第六条）などの条文に表現されている[14]。第一条に掲げられた人類同胞主義に、当時の社会主義思想におけるキリスト教の強い影響を読み取ることができる。そして「社会主義を経とし、民主主義を緯と」して「純然たる社会主義と民主主義に依」って理想の実現に進むことが宣言されたように、民主主義と不可分のものとして社会主義が捉えられていたことにも注目したい。

社会民主党の結成二日後、同党は「安寧秩序に妨害あり」とされて治安警察法に基づき内務大臣によって結社禁止が命令された。さらに内務省は、党の宣言書を新聞に掲載することを禁止し、宣言書を掲載した新聞の発売頒布を停止した上、発行人・編集人らを告発するに及んだ。微々たる小政党に対するこうした官憲の過剰反応ぶりには、党の主張を国家秩序にとって危険な思想として断固撲滅しようとする姿勢が現れている。

このような弾圧に対して、社会主義を支持する人々は、自分たちを「社会主義の信者」＝「社会主義者」と自己規定し、「国家」や「資本主」のいかなる「圧制妨害」の下でも「主義の為めに尽す」という殉教者的な意識が生じてくる[15]。それに伴い、彼らの国家体制内の改良家としての自己認識は後退し、社会主義運動は「革命」を目指す事業であるという見方が共有されるようになった。例えば幸徳秋水は「社会主義的大革命が正々堂々として、平和的に秩序的に、資本家制度を葬り去」ることを説き、片山潜は社会主義に移行するために必要な「社会的革命」が労働者の政治的ゼネストによって勝ち取られるべきことを主張している[16]。彼らの「革命」概念は確かに進化論的であるが、それでも彼らが社会主義への移行を「革命」という言葉で捉えるようになったことは注意せねばならない。

日露戦後の一九〇六年二月、「国法の範囲内に於て社会主義を主張」することを掲げた「日本社会党」が結成され、ここに初めて社会主義政党が持続的な活動を開始した。一方、木下尚江・安部磯雄らクリスチャンはその前年の秋から、キリスト教の「神の王国」の建設として社会主義の実現を希求するキリスト教社会主義の結社「新紀元社」に拠って運動を始めていた。さらに同じ頃、山路愛山らは「国体」を重視する立場から、ベルンシュタインの修正主義に共感しつつ「日本流の社会主義を建設」することを目標として「国家社会党」を旗揚げしている。また北輝次郎（後の一輝）が国家有機体論の立場から、国家主権の発動による社会主義の実現を目指す「純正社会主義」の理論を打ち出したのもこの頃である。[17] このように日露戦後、「社会主義」を標榜する多様な運動や理論が並び立つようになった。

こうした複数の社会主義思想・運動の間には、やがて相互の反目が起こってくる。とりわけ、普通選挙を手段とする政治運動と労働組合運動とを通じて「合法的」な社会主義革命を目指す議会政策派と、普選の政治運動を無意味としゼネスト等労働者の「直接行動」による社会主義革命を一挙に目指す直接行動派との対立は、しだいに深刻なものとなった。

議会政策派の片山と田添鉄二は「万国社会党」（国際社会主義運動、とくに第二インターナショナル）の正系を自任する一方、直接行動派を「無政府主義者」と断定し、国際社会主義運動の主流が「社会民主々義」へと発展しつつあるなか、「無政府主義」はもはや「社会主義」のカテゴリーに入らないと主張した。[18] 他方、直接行動派の幸徳や山川均は、議会政策派の主張を「社会改良論」「国家社会主義」とみなし、自分たちこそ真の「革命的社会党」であると明言した。[19] また、中間的立場にあった堺利彦は、議会政策派と直接行動派を、それぞれ国際社会主義運動内の「軟派」（修正主義者）と「直接派」（反議会主義者）に擬す一方、自分の立場こそ「硬派」の「マルクス派」であるとアピールした。[20] このように、誰が正統な「社会主義者」であるかをめぐって、理論・運動上の争いが激しく繰り広げられたのである。

他方、社会主義を取り締まる側の官憲には、前記のような論争とは全く無関係に、誰が「社会主義者」であるかを弁別する基準があった。[21]「その主義は国家の存立と相容れず、到底これが存在を認むべきにあらざる」ものだという、国家の治安的観点からの弁別である。内務省警保局の文書『社会主義者沿革』（第一）が、「国家社会党」を「社会主義に何等関係を有せざる」ものとして警察の監視対象から外しているのも、社会主義理論の上からの検討ではなくて、同党は「国家の存立」にとって無害だという治安上の判断であろう。なお同文書は一九〇八年七月現在の「社会主義者」の人員を四六〇名とし、「片山派」「木下派」「堺派」など人間関係で派閥を分ける一方、思想上の区分を行っていない(22)。

一九一〇年の「大逆事件」は、官憲における「社会主義」認識の一つの転換点となった。事件の被告は「社会主義者」とも「無政府主義者」とも報道されたが、大審院の判決理由では、社会主義者のうち「無政府共産主義をその信条と為す者、若《も》しくはこれを信条と為すに至らざるもその臭味を帯ぶる者」が起こした事件と断定されている(23)。そして大逆事件後にまとめられた『社会主義者沿革』(第三)は、「従来社会主義者と称せるものの内には無政府主義者、共産主義者、社会主義者、土地復権を唱うる者及びその他国家の存在を否認する者の総てを包含し居り、これに対して単に社会主義者なる名称を用うるは誤解を生ずるの虞《おそれ》ある」ことを指摘した(24)。それは、「社会主義者」というカテゴリー内部の思想上の区分に応じて異なる方針・方法をもって取り締まることの必要性が、官憲にも痛感されたからだろう。こうして、従来広義の「社会主義者」として一括されていた人々には新たに「特別要視察人」の名称が与えられ、「急進的に無政府主義の実現を期する者」「漸進的に無政府主義の実現を期する者」「選挙権を拡張し議会政策に依り社会主義の貫徹を期せんとせるもの」等に区分されて、それぞれのいわば危険度に応じた取り締まりが実施されてゆくのである(25)。

三　国際社会主義運動の分裂と日本

――両大戦間期――

大逆事件以後逼塞していた日本の社会主義運動が再び高揚してくるのは、第一次世界大戦後のことである。大戦末期にロシアで勃発した革命による「社会主義国家」の出現と、続いて起きた国際社会主義運動の「共産主義」(第三インターナショナル＝コミンテルン)と「社会民主主義」(旧第二インターナショナル)への大分裂は、一九二〇年代以降の日本の社会運動にきわめて大きな影響を与えたのと同時に、「社会主義」概念にも変容をもたらしてゆく。

一九二〇年、堺利彦は「社会主義思想」の歴史的発展を論じ、現代における諸潮流として「正統マルクス派」「修正派」「無政府主義」「サンジカリズム」「ギルド社会主義」に加えて、「『労働階級の独裁政治』を標語」とする「ボリシェヴィキという社会主義の一新形式が発生」し、「国際共産党と称し、第三インタナショナルの運動を起し」たことを指摘している(26)。おりから社会「改造」の機運が高まっていた同年末に結成された「日本社会主義同盟」は、一個人にも種々の社会主義思想が同居するような渾沌とした状況を反映し、「広義の社会主義思想を中心とする最も広汎な共同戦線」として出現した(27)。この団体は翌年五月官憲によって解散を命令されたが、それは種々の「社会主義」がロシア革命後の新しい情勢に応じて分化してゆく時代の幕開けを意味していた。

こうした変化は、社会主義運動を取り締まる側の官憲資料からも読み取ることができる。一九二一年一月の『特別要視察人ノ近状及其ノ取締ノ概況』は、「最近各種の新思想流入し著しく混乱しその〔特別要視察人の――引用者注〕系統主張を明にするは至難」としていたが、翌二二年一月の『最近ニ於ケル特別要視察人ノ概況』になると、「要視察人の系統」の筆頭に「過激派的傾向を有する共産主義者」なる新しいカテゴリーを作り、これについて「従来要視察人等は露国過激派の主張に対しては多少の同情を表するに過ぎずして、理論としてはこれを排斥するの状況に在りしが、主義実現の過程として一時無産階級独裁の方式に拠るは止むを得ざる所なりとするの論議漸次行わるるに至り、現在に於ては我大多数社会主義者は「ボルシェヴィ《ママ》ズム」を目標とするに至」った、と指摘しているのである(28)。

第一次世界大戦後「サンジカリズム」から「ボリシェヴィズム」へと移行した山川均は、自分の新たな「社会主義」観を次のように披瀝する。「空想の社会主義は科学の社会主義〔マルクス主義――引用者注〕となった。そして科学の社会主義は実際上の社会主義となった。この実際上の社会主義を、便宜上ボリシェヴィズムまたはコミュニズム〔共産主義〕と名づけて居る」、そしてこの「ボリシェヴィズムにはマルクス以後における五〇年間の、新しい経験が加わって居る」、と(29)。ここには、空想的社会主義↓科学的社会主義〔マルクス主義〕↓ボリシェヴィズムないし共産主義〔マルクス・レーニン主義〕という、社会主義思想のいわば〈正しい〉発展の経路が想定されるようになったことが示されている。こうした見方を共有する人々によって、コミンテルン日本支部として日本共産党〔第一次〕が結成される一方、国際社会主義運動におけるボリシェヴィキ国家の正統性を認めない無政府主義者との間(30)

で激しい論争が行われた（アナ・ボル論争）。

大正デモクラシーの機運が高まり普選の実現が近づいた二〇年代半ば、無産政党の準備と結成の過程で、政治運動における社会主義思想の具体化をめぐり新たな対立が生じてくる。日本労働総同盟の麻生久は、「無産階級政治運動」の目的として「資本家的経済組織の必然的な崩壊を容易ならしめ」るために「政治的権力を無産階級の手中に攫取する」ことを挙げたうえで、議会の「デモクラシイ」を通じて目的の実現を図る「社会民主党」と、「無産階級の独裁」を奉じる「共産党」との政策の違いを説き、日本の無産政党は「社会民主党の右翼、すなわち社会政策的綱領を主として革命的綱領を副としたもの」を採るのがふさわしいという見解を示している(31)。とりわけ「共産主義者」の排除をめぐる見解の違いから、新しく生まれ出た無産政党は左派（労働農民党）・中間派（日本労農党）・右派（社会民衆党）に分裂することになった。

ただし当時の日本の社会主義者の多くは、ヨーロッパのように「共産主義」か「社会民主主義」かという二者択一的な旗幟を鮮明にしていたわけではない。例えば、第一次共産党の指導者だった山川・堺らは、二六年に再建された共産党には参加せず、コミンテルンの指導を拒絶したものの、必ずしも「ボリシェヴィズム」を放棄したわけではなかった。「労農派」と呼ばれた彼らは、運動の上では中間派に接近しながら、思想の上では「社会民主主義」に対して批判的であった(32)。社会民衆党の赤松克麿は、こうした労農派ないし中間派の態度を「共産主義と社会民主主義との混合酒」として批判し、「自ら社会民主主義と堂々と名乗ることに一種の引け目を感ずることは、我国社会運動に流行する左翼的虚栄心である」と述べている(33)。他方、コミンテルンおよび日本共産党は、その指導下にない無産政党各派をまとめて「社会民主主義者」とみなして打撃を与える対象とし、なかでも「労農派」＝「「左翼」社会民主主義者」の「裏切的役割を暴露」することに力を入れた(34)。ここでの「社会民主主義者」とは、コミンテルンが社会主義運動内部の敵と認めた者を名指す記号であった。

無産政党はいずれも「社会主義」の文字を明文上の主張として綱領等に掲げることを慎重に避けていた。ただし内務省・特高警察は、「無産政党運動は社会主義的指導に支配」されていると断定し、その右派は「社会民主々義を信条とし」、左派は「共産主義的色彩」を帯び、中間派は「左翼社会民主々義的色彩」を帯びるものとして、いずれも官憲の監視下に置いた(35)。とりわけ「共産主義者」には治安維持法を適用して苛酷な弾圧を行い、二八・二九年に合わせて二〇〇〇名以上を検挙して労働農民党を結社禁止とした。地下の日本共産党中央も三〇年代前半に壊滅に追いやられた。官憲にとって「共産主義者」というカテゴリーは、思想内容を表す概念というより、むしろ「国体」に対する敵として治安維持法を適用するための記号であって、戦時体制の強化につれてその範囲は次第に拡大していった。

こうした官憲による弾圧の激化とともに、社会主義者が日本ナショナリズムに傾斜し国家統制経済の主張へ転じる例が目立ってくる。「一君万民」という「日本独自」の「愛国精神に立脚した社会主義運動」として「日本と満洲とを綜合した単一統制経済機構」の実現を提唱するようになった赤松克麿が社会民衆党を離脱して「国家社会党」を設立するなど、「国家社会主義」を標榜する政治運動が満洲事変後に簇生した。「国家社会主義」者の離脱後に無産政党各派が合同して結成された社会大衆党も、盧溝橋事件直後の三七年一一月、従来の「資本主義を打破し無産階級の解放を期す」綱領に代えて、「国体の本義に基き」「資本主義を改革し以て産業の計画化と国民生活の安定を期す」ことを謳う新綱領を採択した。こうした社会大衆党の転向を、官憲は「我が国の歴史と民族性に沿える社会主義を断行し我が国を盟主とする東洋社会主義の実現を目的とし、今次事変を目的実現の一契機たらんと企図」するものとみなしつつ、警戒も怠らなかった。(37)四十年、社会大衆党は自発的に解散して近衛新体制運動に参加、大政翼賛会に合流していった。

四　冷戦構造の中の社会主義
――第二次世界大戦後――

一九四五年八月の敗戦後、連合国軍の占領下に置かれた日本では、治安維持法など弾圧法規の撤廃や政治犯釈放によって、社会主義の運動と言論がたちまち息を吹き返した。戦前の無産政党各派の関係者を中心に同年一一月、日本社会党の結党大会が開かれ、「社会主義を断行」することを綱領に掲げるとともに、経済政策として「社会主義計画経済の実現」「重要産業の国有化」などを列挙した。(38)一方、敗戦後再建された日本共産党は、当面の目標として「ブルジョア民主主義革命」の完遂を掲げ、次の段階における

「人が人を搾取することなき社会主義制度」の実現は「民主主義的人民共和政府」によって「平和的教育手段をもって」遂行されるとした。(39)

敗戦直後の経済破綻による民衆生活の窮乏は、現状の打開策を「社会主義」に求める世論を高揚させた。「社会主義に立脚して無産階級解放の実践に参加することは、今日の知識階級の義務なのである」(40)という哲学者田辺元の発言が示すとおり、リベラルな知識人にとっても「社会主義」の道義的権威は著しく高まっていた。四七年の総選挙では、重要産業の国家管理などの「社会主義政策」を掲げた社会党が一四三名の当選で第一党となり、社会党首班の片山哲内閣は発足直後の世論調査で六七・八パーセントの高い支持を受け、支持理由は「社会主義政策に賛意」が最多であった。(41)しかし「社会主義政策」は増産を目的とする統制経済政策へと変質し、民衆の窮乏を改善できなかったために支持が急落した。

中国における共産党政権の確立（四九年）や朝鮮戦争の勃発（五〇年）など、東アジアにおける冷戦の激化に伴う東西両陣営間の国際政治的・イデオロギー的対立は、社・共両党の内部に深刻な矛盾を引き起こしてゆく。「占領下の平和革命」論を掲げていた共産党は五〇年、国際共産主義運動を束ねるコミンフォルムから批判を受けて動揺し、おりからのレッドパージを契機に党中央委員会が解体した後、ソ連および中国共産党の支持を受けて中国革命をモデルとする武装闘争方針を打ち出した主流派と、その方針を非難する反主流派との間で互いを「分派」とみなす分裂状態となった。こうした混乱は、武装闘争路線が撤回され党の統一が回復された五五年まで続いた。

他方の社会党内では、理念とする「社会主義」の内容とその実現方法について激しい論争が行われ、路線対立が激化した。そのため社会党は五一年、戦前の労農派のマルクス主義を理論的支柱とする左派と、西欧の社会民主主義政党に倣い「民主社会主義」と「反共」を掲げる右派とに分裂した。五五年に左右の社会党は再統一したが、その綱領は「共産主義を克服して、民主的に平和のうちに社会主義革命を遂行」することを党の任務とし、東西両陣営のいずれにも与さず「真の独立の達成と確保」を目指すという、冷戦構造における微妙なバランスを考慮したものになった。そして社会党の目指す「社会主義」とは、「人間による人間の搾取を廃し、私的利潤のためではなくて、公共の利益を中心として遂行される」もので、「そこでは重要産業の公有化と計画経済により、生産力の発展、生活水準の引上げ、完全なる雇傭および社会保障ならびに所得のより平等なる分配が実行される」と規定された[42]。

五〇年代後半から始まる、東側「社会主義」体制国家群の内部におけるイデオロギー対立は、東西両陣営間の対立にもまして、戦後日本の社会主義運動に影を深く落とすことになる。五六年二月のソ連共産党大会におけるスターリン批判と、同年秋のハンガリーに対するソ連の軍事介入（ハンガリー動乱）は、国際共産主義運動におけるソ連の絶対的な権威が綻びはじめるきっかけとなった。それらの事件の衝撃を受けて、五〇年代末からトロツキズムを媒介に「反スターリン主義」を標榜する新左翼諸派の思想と運動が勃興してくる。さらに同じ時期に始まる中ソ対立と、それに続く日本共産党とソ連共産党および中国共産党との対立によって、世界観の唯一性を主張するマルクス・レーニン主義（ボリシェヴィズム）の内部に正統を自任する多様な思想が錯綜し、相争うことになった。

五〇年代後半から進む高度経済成長もまた、社会主義運動のあり方に再検討を促してゆく。社会党書記長の江田三郎は、「ソ連、中国型とはことなった近代社会における社会主義のイメージを明確にする」必要を説き、その基盤として「米国の平均した生活水準の高さ」「ソ連の徹底した社会保障」「英国の議会制民主主義」「日本の平和憲法」の四つを挙げた[43]。大量生産・大量消費のいわゆる「大衆社会」状況に見合うような「社会主義のビジョン」を打ち出そうとした江田の主張は、しかし、社会主義理論に混迷をあたえるという批判が社会党内から浴びせられ、党の理論的基調として労農派マルクス主義に基づく社会主義革命路線が堅持された[44]。

一方、戦後「革新」勢力を支えてきた多くの人々の意識が経済成長とともに変化しつつある状況をふまえて、新しく登場してきた「市民」意識やその運動の意義を見据えながら社会主義を捉え直そうとする理論的な努力も現れた。例えば平田清明は、「具体的な人間がひらの市民として相互に自立して対応し、その所持する物を、したがって意思を、交通しあう社会」としての「市民社会」を継承し「勤労者の個体的所有を再建」して「自由な人間の連合」へと高めてゆくところに、「社会主義」本来の意義を展望した[45]。また松下圭一は、「先進資本主義国」の社会主義運動における「市民的自発性」の喚起の重要性を説き、とくに自治体レベルでの市民の政治参加にこそ「革新運動」の新たな展開の鍵があるとした[46]。六〇・七〇年代にいわゆる「革新自治体」が各地に叢生してゆくのは、社会主義をめぐるこうした新しい思想的営為を背景としていた。

チェコスロバキアにソ連・東欧諸国が軍事介入した事件（六八年）は、マルクス・レーニン主義を統治イデオロギーとする「現存社会主義」国家のあり方に対して、社会主義を理想とする人々もまた根底的な疑問を抱きはじめる契機となった。それは、一九二〇年代以来日本の社会主義思想において主流の地位にあったマルクス・レーニン主義の相対化を促してゆく。

例えば、ロシアのボリシェヴィキ革命における民主主義の抑圧に対するローザ・ルクセンブルクの批判に光が当てられ、さらに初期マルクスに遡ってマルクスの思想自体を捉え直す試みも始まった。また、エンゲルスが「空想的社会主義」と呼んだ一九世紀前半フランスの社会主義や、イギリス社会主義の独自の伝統、ならびにプルードンなどアナーキズムの再検討によって、「社会主義」の思想史におけるマルクスの相対化も進められた(47)。日本社会主義史研究においても、二〇年代以前の無政府主義や社会民主主義の意義を再評価し、とりわけ明治期の未分化な社会主義思想に多様な発展の可能性を見ようとする見解が現れ(48)、八〇年代以降に本格化する「初期社会主義」の研究へとつながってゆく。それらの研究は総じて、教条化したマルクス・レーニン主義による独占から「社会主義」を解き放つことで、その豊かな内容と可能性を取り戻そうとする試みであったといえよう。

おわりに
――ポスト冷戦期における「社会主義」の行方――

以上、一八七〇年代の日本に「社会主義」が紹介されて以降、およそ一〇〇年にわたるこの政治概念の推移を追跡してきた。「社会主義」は一方の極において、近代社会の欠陥を根本的に解決するいわば希望の福音として強固な信念の対象となり、他方の極においては、社会の秩序を根底から脅かす危険な妄想として排撃の対象となった。現実政治の場で展開されたその運動や体制についての認識および価値判断のあり方に応じて、「社会主義」という概念の内容は鋭い対立のなかでさまざまに揺れ動いてきたのである。

一九八九年に起きた東欧諸国の体制崩壊から、九一年のソ連解体に至る一連の出来事は、「社会主義」をめぐる日本の言説状況を一変させ、論壇・学界を問わずこの言葉をもっぱら否定的に扱う風潮が急速に広がった。そうした言論のあり方を丸山眞男は次のように批判している。「日本というのはひどいね、極端で。二重三重のおかしさですね。第一にソ連的共産主義だけが社会主義じゃないということ、第二にマルクス・レーニン主義は社会主義思想のうちの一つだということ、それからたとえマルクス・レーニン主義が正しいとしても、それを基準にしてソ連の現実を批判できるわけでしょ、それもしていない。ソ連や東欧の現実が崩壊したことが、即、マルクス・レーニン主義全部がダメになったということ、それから今度はそれとも違う社会主義まで全部ダメになったことをとっていう短絡ぶり、ひどいな(49)」。

とりわけ、戦後五〇年間にわたり「社会主義」の理念を高く掲げ続けた日本社会党が、一九九六年に「社会民主党」へと党名を変え、党の理念から「社会主義」の文言を完全に消し去ったのは、この言葉をめぐるイメージの凋落ぶりを象徴する出来事であった。一方、日本共産党は九四年の党大会で、ソ連の体制を「社会主義の生成期」としてきたそれまでの規定を捨て、ソ連社会は「社会主義」と無縁の専制的支配の体制であったと断定した。「社会主義・共産主義への前進をめざす」ことは同党の現行綱領でも謳われているものの、当面の実践的な政治課題のはるか先にある理想として、いわば棚上げされた状態にある。

冷戦終結から二〇年以上経過した現在、日本における政治的対立軸として「社会主義」が再び浮上する兆しは今のところみられない。はたして日本の「社会主義」は、すでに過去の政治思想として歴史的役割を終えつつあるのだろうか？　それとも、社会を前進させる生きた思想として将来新たに発展する可能性をもっているのだろうか？　こうした問いに答えることはもとより小稿の課題を超える。少なくとも今言い得るのは、「社会主義」が提起してきた近代資本主義の諸問題は、二一世紀に入って解決の目途がつくどころか、ますます混迷の度を深めているようにみえることである。

注

（1）　加藤弘之『真政大意』（一八七〇年）（『明治文化全集第二巻　自由民権篇』日本評論新社、一九五五年）一〇二頁。

（2）　「残忍卑怯なる暗殺は頻に日耳曼《ジャーマン》、魯西亜《ロシア》の諸国に行われ、人心恂恂、太《はなは》だその所を安んぜず、これ即ち社会党虚無党の所為に出で……」（「明治十一年中の重要紀事（五）」（『東京日日新聞』一八七九年一月九日））。

(3)「闢邪論」第一―六(『朝野新聞』一八七九年八月一〇日―九月一六日)。
(4)中村義三編『内外政党事情』(自由出版社、一八八二年)一九九頁。
(5)「東洋社会党」(『東京日日新聞』一八八二年五月一八日)。
(6)「論欧洲社会党」(『朝野新聞』一八八二年六月二三日―八月二日)。
(7)「自由主義如何」(一八九〇年一月)(『陸羯南全集』第一巻、みすず書房、一九六八年)。
(8)「社会主義を執れ」(『亜細亜』一八九二年五月二日)(『政教社文学集(明治文学全集三七)』筑摩書房、一九八〇年)。
(9)家永豊吉「近代独仏に於ける社会論の沿革」(『六合雑誌』一八九三年一月―五月)。
(10)「社会主義の必要」「社会主義とは何ぞや」(『六合雑誌』一八九六年一一月・一二月)。
(11)村井知至『社会主義』(労働新聞社、一八九九年)一三、七〇、八六頁。
(12)桑田熊三「国家ト社会問題(第二)」(『国家学会雑誌』一八九六年二月)、同「労働問題の主義」(『太陽』一八九九年三月五日)。
(13)「社会政策学会趣意書」(一八九九年七月)(『社会政策学会史料』別巻一、御茶の水書房、一九七八年)。
(14)「社会民主党の宣言」(『労働世界』一九〇一年五月二〇日)。
(15)「圧制に明間あり」(『労働世界』一九〇二年一〇月一三日)。
(16)幸徳秋水『社会主義神髄』(朝報社、一九〇三年)(『幸徳秋水全集』第四巻、明治文献、一九六八年)五一六頁、片山潜『我社会主義』(社会主義図書部、一九〇三年)(『片山潜・田添鉄二集』青木書店、一九五五年)一二一頁。
(17)木下尚江「日本国民の使命」(『新紀元』一九〇五年一一月)、山路愛山「国家社会主義梗概」(『独立評論』一九〇五年一二月)、北輝次郎『国体論及び純正社会主義』一九〇六年(『国体論及び純正社会主義(北一輝著作集Ⅰ)』みすず書房、一九五九年)。
(18)片山潜『万国社会党』(渡米協会・出版協会、一九〇七年)(『片山潜著作集』第一巻、河出書房新社、一九五九年)二六四頁、田添鉄二『近世社会主義史』(相愛社、一九〇八年)(前掲書『片山潜・田添鉄二集』)二五二―二五四頁。
(19)幸徳秋水「東京の社会運動　第二信」(『大阪平民新聞』一九〇七年九月二〇日)、山川均「正直なる採決」(『日本平民新聞』一九〇七年一一月五日)。
(20)「社会主義研究会」(『社会新聞』一九〇七年六月二三日)。

(21) 内務省警保局『社会主義者沿革』第一（一九〇八年）（松尾尊兊編『社会主義沿革1（続・現代史資料1）』みすず書房、一九八四年）四頁。
(22) 同書、四―九頁。
(23) 内務省警保局『社会主義者沿革』第三（一九一一年）同書、二四一頁。
(24) 同書、一〇七頁。
(25) 内務省警保局『特別要視察人情勢一班』第六（一九一六年）同書、四四九頁。
(26) 堺利彦「社会主義思想の淵源及び其発達」（『恐怖 闘争 歓喜』聚英閣、一九二〇年）。
(27) 赤松克麿「友愛会の創立からサンヂカリズムの凋落まで」（『日本社会主義運動史（社会科学）』改造社、一九二八年二月）。
(28) 松尾尊兊編『社会主義沿革2（続・現代史資料2）』（みすず書房、一九八六年）四〇―四二、一〇二頁。
(29) 山川均「無産階級の独裁か共産党の独裁か」（『社会主義』一九二一年九月）（『山川均全集』第三巻、勁草書房、一九六七年）四〇一頁。
(30) 大杉栄はレーニンの新経済政策を「国家資本主義」とみなし、「労働組合は国家の附属物となり、その主なる機能は労働に関する政府の命令の伝達となった」ボリシェヴィキ国家の状況を激しく批判した（「労農ロシアの最近労働事情」「労農ロシアの労働組合破壊」（『労働運動（三次）』一九二二年九・一〇月）飛鳥井雅道編『大杉栄評論集』岩波書店、一九九六年）。
(31) 麻生久『無産政党の理論と実際』（科学思想普及会、一九二五年）一八―二二、二八―二九、九四―九六頁。
(32) 例えば山川均は、「社会民主主義」は「ブルジョアの政治思想であって、プロレタリアの政治思想ではない」と断じている（山川均『無産者運動』南宋書院、一九二七年）一四三頁。
(33) 赤松克麿『社会民主主義の旗の下に』（忠誠堂、一九三〇年）序文。
(34) 「日本問題にかんする決議（二七年テーゼ）」（『日本共産党綱領文献集』日本共産党中央委員会出版局、一九九六年）。
(35) 内務省警保局編『社会運動の状況（昭和四年）無産政党運動』七四五頁。
(36) 赤松克麿『新国民運動の基調』（東京中央講演会、一九三二年）二六―二八、九九頁。
(37) 内務省警保局編『社会運動の状況（昭和十二年）無産政党運動』五四四―五四五頁。
(38) 「結党大会の綱領と政策」「結党の宣言」（一九四五年一一月二日）（『資料日本社会党四十年史』日本社会党中央本部、一九八六年）。
(39) 「日本共産党第五回大会宣言」（一九四六年二月二十五日）（前掲書『日本共産党綱領文献集』）。

(40) 田辺元「社会党と共産党との間」(『改造』一九四六年七月)(『田辺元全集』第八巻、筑摩書房、一九六四年)。
(41) 『毎日新聞』(一九四七年七月二一日)。
(42) 「党綱領」(一九五五年一〇月)(前掲書『資料日本社会党四十年史』)。
(43) 江田三郎「社会主義の新しいビジョン」(『エコノミスト』一九六二年一〇月九日)。
(44) 六六年の社会党大会で承認された社会主義理論委員会の報告書「日本における社会主義への道」は、「革命を通じていわゆる福祉国家の限界を突破した社会主義にむかって前進しなければならない」と主張し、その過程で「ある種の階級的支配を行わねばならぬ」必要にも言及している(前掲書『資料日本社会党四十年史』)。
(45) 平田清明『市民社会と社会主義』(岩波書店、一九六九年)七三—一二五頁。
(46) 松下圭一「〈市民〉的人間型の現代的可能性」(『思想』一九六六年六月)(同『戦後政治の歴史と思想』筑摩書房、一九九四年)。
(47) 例えば、日本政治学会編『西欧世界と社会主義(年報政治学)』(岩波書店、一九六六年)、廣松渉『マルクス主義の成立過程』(至誠堂、一九六八年)、伊藤成彦「新しい社会主義像への模索」(『思想』一九七三年一二月)、河野健二編『プルードン研究』(岩波書店、一九七四年)、など。
(48) 代表的なものとして、松沢弘陽『日本社会主義の思想』(筑摩書房、一九七三年)。
(49) 「同人結成のころのこぼれ話」(一九九二年六月)(『丸山眞男集』第一五巻、岩波書店、一九九六年)。

参考文献

村井知至『社会主義』(労働新聞社、一八九九年)。

日本で最初に社会主義の主張を体系的に論じた著作。アメリカから一九世紀末の日本に伝えられたプロテスタントの社会福音思想の影響下、人類同胞観と進化論に基づけられた倫理的な社会改良説として本書が打ち出している社会主義像は、当時の見解を代表するものである。

幸徳秋水『社会主義神髄』(朝報社、一九〇三年)。

二〇世紀初頭の社会主義思想の代表作。『共産党宣言』『空想から科学へ』などに依拠して社会主義理論の概要をスケッチしつつ、日本の社会主義運動の方向をデモクラシーの課題と不可分の形で提示した。刊行直後に清国で漢訳が出版されるなど、東アジア世界に社会主義を伝播する役割をも担った。

山川均『社会主義の話』(千倉書房、一九三〇年)。

「社会主義」概念の定義の検討から、社会主義思想の発展過程、史的唯物論および剰余価値学説の概略、「過渡期」たるソ連社会の分析、社会民主主義と共産主義の対立にまで説き及ぶ、戦前の日本で最も充実した社会主義の概説書。三三年に上海で中国語訳が刊行されている。

平田清明『市民社会と社会主義』(岩波書店、一九六九年)。

「プラハの春」およびソ連・東欧諸国による軍事介入前後の時期、独自の視点から新しい社会主義像を提示した論文集。マルクスの再解釈を通じて、「マルクス・レーニン主義」において欠落してきた「市民社会」の自由と社会主義とを再結合する理論が追求されている。

市　民

都築　勉

はじめに

本章が行う作業は主に二つある。一つは、明治以来の日本語の文献の中に「市民」という言葉の用例を探すことである。もう一つは、それがどういう意味であるにせよ、「市民」という言葉で表されるような人間もしくは人間の集まりが、やはり明治以来の日本の社会においていかなる状態で存在したかということを考察することである。言うまでもなく、この二つの作業は記号と指示対象の遭遇を双方の側から追跡する試みにほかならない。

本章は特に二〇世紀の日本における「市民」という言葉の使用法の顕著な変化を一九三〇年前後、一九六〇年前後、一九九〇年前後の三つの時期に見出す。以下の文章はこの三つの時期の変化について時代順に述べる。その前にいわば前史として明治以後一九世紀に関する記述を置く。

一　一九世紀の使用例

明治維新以後一九世紀末までの、ということはほぼ明治時代いっぱいの日本語の文献において、人々の集合表象は圧倒的に「人民」であり、「民衆」や「国民」や「臣民」などが使われることはあっても、「市民」という言葉が登場することは極めて稀である。例えば一八九一年の陸羯南の『近時政論考』は当時のさまざまな政治的立場を比較分類した優れた書物だが、そこには「市民」の語はまったく現れない。周知のように羯南自身の立場は「国民論派」であるが、明治一四年の政変以後の自由党と改進党の動向に触れて「改進論派の以て自由論派と異なる所は実にリベラール派とデモクラシック派との差異に均しからん」と述べ、「自由論派は自由論派というよりはむしろ一の平民論派《デモクラシー》というべし」とみなし、「泰西においてリベラール論派と称する者は中等の生活を権利の根源とし、個人自由を政治の標準となす」とまことに見事に要約しながら、このどちらの担い手についても、要するにシトワイアンが想定される場合もブルジョワが想定される場合も、「市民」という言葉は用いられない(1)。

一八八七年の中江兆民の『三酔人経綸問答』も南海先生と洋学紳士と豪傑君という立場の違う三人による政治的対話編だが、各々の言説の中に「市民」の語は現れない。そこでは例えば紳士君の発言としてこういうふうに言われている。「若し百萬数の国民中三人の貴族有る時は、九十九萬九千九百九十七人は、此三人の爲に自己尊貴の幾分を毀損せらるゝを免れず。此も亦算数の理なり、極て明白なり…《ママ》吾儕人民や、貴族や、皆若干元素より組成したる同一肉塊なり」(2)。たとえ「国民」の中に「貴族」が含まれることがあっても、それ以外の大多数は「人民」と表象されている。逆にその兆民がルソーの『社会契約論』のシトワイアンを「士」と訳したことも有名な事実である(3)。つまり古代ギリシア以来の政治的に能動的な「市民」は、兆民においてむしろ江戸時代のような儒教社会における支配的身分の役割と同定されたのである。

これらに対して、例外的に早い「市民」の使用例は一八七五年の福沢諭吉の『文明論之概略』にある。そこで福沢は次のような対比を行っている。「譬へば田舎の百姓は正直なれども頑愚なり、都会の市民は怜悧なれども軽薄なり」(4)。この後の福沢の学校と他の学校の違いを指摘するような一文は、「市民」の語が「都会」の住民と強く結び付いていたことを示している。

この点で興味深いのは徳富蘇峰で、彼の初期の立場は「平民主義」であったから、主語は当然「平民社会の人民」(5)のような形で出て来るが、中に「もし試みに徳川将軍家斉公全盛のときに死したる江戸の市民をば、今、墓中より呼び起こし、銀座頭街の中央に立たしめよ」(6)という表現が見られる。これは「市民」が近代化以前の江戸時代にもすでに存在しえたことを告げる一文であるが、それがやはり江戸のような街場の住民であったことを示している。

明治から大正になり、一九一六年の吉野作造の「憲政の本義を説いてその有終の美を済すの途を論ず」は大正デモクラシーの誕生を告げる文章であるが、そこで彼は「国家の主権は法理上人民に在り」という民主主義と「国家の主権の活動の基本的の目標は政治上人民に在るべし」という民本主義を区別している。(7) しかし注目されるのは、その吉野が同じ論文で古代ギリシアの都市国家に触れて「都会の市民が概して言えば国民の全部であった(8)」と述べている点である。

これらは要するに「市民」が都会の住人であること、遡って近代以前について見てもいわゆる「市井の民」であることを示している。したがって都会の生活様式が人口の大半を覆うに至らない工業化以前の農業社会の、主に一九世紀の段階では、「市民」が「国民」のすべてであると名乗る条件はいまだ成立していなかったと考えられる。

福沢の『文明論之概略』にはもう一つ歴史的に重要な「市民」の位置付けがある。それは西洋文明の発達に触れて、「斯の如く市民の群を成して独立するものを「フリイ・シチ」と名け、或は帝王の命を拒み或は貴族の兵と戦ひ、争乱殆ど虚日あることなし」と述べている部分である。それに続けて福沢は「フリイ・シチ」の説明として「『フリイ・シチ』は自由なる市邑の義にて其人民は即ち独立の市民なり」と言い、イタリアのミラノやドイツのリューベックの例を挙げている。(9) これはもちろん西洋の自由都市もしくは自治都市の説明であるが、「市民」がそうした自由都市の人間であることはずっと時代が下り、マルクス主義が完全に弾圧された後の一九三〇年代末に、講座派マルクス主義者の羽仁五郎によって、「ミケルアンヂェロはフィレンツェ自由都市の市民である(10)」という形で、守るべき自由の最後の砦として呼び起こされることになる。

二　一九三〇年前後の変化

日本近代史においてはあたかも日露戦争の直後から、同時代的にも民衆の台頭が指摘されるようになるけれども、(11) 社会の大きな転換と、したがって言葉遣いの顕著な変化は一九二〇年代の後半に訪れる。時代はちょうど大正から昭和への変わり目であった。

社会の転換とは第一次世界大戦がもたらした工業化の進展と、一九二三年の関東大震災からの急速な復興が築き上げた、東京をはじめとする大都市の発達である。そこに新しい人々が集まり始めていた。まずは目に見える、「百聞は一見に如かず」の資料から。小津安二郎の一九三二年の映画『生れてはみたけれど』は、電車は走るが家屋はまだあまりない東京の郊外に引っ越して来たサラリーマンの家族を描いている。子どもたちも近所の新しい仲間にいじめられるが、ある日、家では威張っている父親が新しくできた仲間の父親にへつらう姿を目撃する。相手は子どもたちの父親が勤める会社の重役なのである。子どもたちにはサラリーマン社会の秩序がわからない。父親もうまく説明できないが、今後そうした秩序が社会に広まる予感は持つという筋立てである。

この三年前すなわち世界恐慌の年に、小津は『大学は出たけれど』（このフィルムは今日残っていない）を作っているから、すでに高等教育を受けた者の就職難は社会問題になっていた。[12] しかし田中真澄も言うように、「一九二〇年代のモダニゼイションがもたらした一九三〇年の東京。モダン都市であり失業都市であったその空間が意味したものを、小津安二郎の映画はよく表現し得た」。[13]

主人公を演ずるのが同じ斎藤達雄ということもあるが、一九三七年の『淑女は何を忘れたか』も同じく東京の中流社会を描いている。こちらの主人公はドクトルというあだ名の大学の病理学の教授であるから当時の社会的地位は相当高かったはずであるが、家では妻に頭が上がらないという設定である。洋室と和室から成る住居の様子や生活様式が『生れてはみたけれど』と同様、昭和戦前期の風俗をよく伝えている。むしろ両作の決定的な違いは、前者が無声映画で、後者がトーキーという点であろう。五年の間の変化である。

小津は『淑女は何を忘れたか』の公開後に召集され、二年間を中国戦線で過ごす。帰還して最初に構想されたのは『お茶漬の味』だったが、時局に合わないことから製作は中止された。興味深いのはこの映画が同じ構想に基づいて一九五二年に制作されることである。[14] そこに登場するのはエリート・サラリーマンを夫に持ちながら、観劇や旅行に日々を過ごす裕福な妻である。真面目な夫は地方出身らしく、生活は質素である。御飯に味噌汁やお茶をかけて食べるのが好きなのだが、妻は下品だと軽蔑する。夫はインティメットでプリミティブな生活が好ましいと述べるが、ここで英語が使われるのが印象的である。彼はこの時代に南米ウルグアイに出張する。ともかくインテリではあるのだ。

この映画のハイライトは夫婦二人でお茶漬を食べて和解をするシーンである。ところが驚くべきことに、それほど大きな家ではないのに妻は自分の家の台所のどこに何があるのかわからない。台所に入ったことがない。ふだんは「女中」が食事の世話をしているからである。ここからわかるのは昭和戦前期から長い戦争を間に挟んで一九五〇年代の前半に至るまで、日本の中流社会には連続性があったということである。それは象徴的には「女中」と呼ばれた女性がいる社会である。別のジャンルを参照するために野上弥生子の小説『迷路』を見ると、そこには東京の山の手や別荘のある軽井沢や主人公の故郷の大分でそれぞれ豊かに暮らしながら、それゆえに自由主義的な思考の持ち主として、必ずしも時局に賛同しない人々が描かれている。この小説は中断を挟んで一九三六年から五六年まで書き継がれている。戦争という長いエピソードと、戦前と戦後の政治的断絶はあるにせよ、その間の社会生活の基本的な連続性が、この作品を同時代的な読み物にしていたと考えられる。ちなみに松下圭一の大衆社会論が発表されるのが一九五六年、加藤秀俊の中間文化論がその翌年である。人々の社会生活の大転換はその後に訪れる。

少し先を急ぎ過ぎたかもしれない。一九三〇年前後すなわち昭和戦前期の日本に話をもどす。このようにして登場して来た中流階級もしくは中間層の人々に名前を与えたのは当時の左翼すなわちマルクス主義の陣営である。それはすなわちフランス語のプチ・ブルジョワの翻訳語としてのプチブルないしは「小市民」であった。例えば講座派マルクス主義者の旗頭であった野呂栄太郎は「労働者、農民及び小市民の生活苦」(15)に言及し、同じく羽仁五郎は幕末の日本に「農民的・小市民的ブルヂョア民主主義闘争の端初」(16)を見る。あるいはやはり講座派の論客平野義太郎においては「最も徹底したブルジョア民主主義変革たるこれらの政治革命（とくにフランス）は……ブルジョア社会のための全き根柢からの変革だつた。そこで、その市民社会のための変革は……」(17)というように、「ブルジョア社会」と「市民社会」はまったく等価の語として使われている。この平野論文が掲載された『日本資本主義発達史講座』が刊行されるのは一九三二年であるが、その後マルクス主義が弾圧されるようになると、「ブルジョワ」の語はもっぱら「市民」に置き換えられて行く。

もとよりマルクス主義の視点から見れば、「小市民」もしくは中間層はやがて本来のブルジョワとプロレタリアの両極への階級分解のゆえに没落を免れない存在である。だから蔵原惟人は「資本主義社会における小ブルジョアジーの位置は……ブルジョアジーとプロレタリアートとの中間に位しており……資本主義の発達と共に経済的、政治的に益々圧迫されてゆく」[18]と述べ、この蔵原理論に依拠した若き日の宮本顕治は例の小林秀雄と争った『改造』の懸賞論文で、一九二七年に自死した芥川竜之介を典型的なプチブル作家とみなしたのである。[19]プチブルは存在の基盤がもともと不安定であるために経済的、政治的にはむしろ階級協調的で、思想的、道徳的には博愛、正義、人道等の加担者であると言われる。[20]だから立派だと言うのではなくて、だから頼りないという意味である。

けれどもたとえ没落の運命を背負っていたとしても、そしてマルクス主義の予想に反して二〇世紀の先進諸国はむしろ中間層としてのプチブルを増大させることになるのだが、そうした人々は二つの世界戦争の間の時代に初めて大量に層として出現した。そして当然のことだが彼らは左右両翼の勢力にとって自陣営への取り込みをねらわれる対象になった。当時の日本においてそうした事情を鋭く見抜いたのは戸坂潤である。

以下の考察のために戸坂の一九三五年の『日本イデオロギー論』からファシズムの規定を引用すると、「独占資本主義が帝国主義化した場合、この帝国主義の矛盾を対内的には強権によって蔽い、かつ対外的には強力的に解決出来るように見せかけるために、小市民層に該当する広範な中間層が或る国内並びに国際的な政治事情によって社会意識の動揺を受けたのを利用する政治機構が、取りも直さずファシズムであ」る。[21]そしてそうした存在の基盤の不安定性ゆえに起こる「小市民的中間層に於ける意識の原始化」が彼らをして「神秘主義」に向かわせるのである。ここで戸坂は「日本主義的ファシズム」という言葉を用いているが、彼の分析が日本ファシズムの天皇制ファシズム化に届いているのは確かであろう。[22]このような戸坂のファシズム論は、学生時代の一九三六年に「市民層が市民社会の最近の段階に於て、中間層イデオロギーを摂取する必要に迫られてファシズム国家観を開花せしめた」[23]と書いた丸山眞男にも明らかに影響を与えている。ここで丸山において「市民」も「市民社会」も歴史的にはともかく、いささかの現在的価値も認められていない。

戸坂の分析でなお注目に値するのは、上述のような彼のファシズム論が「知識階級」論と結び付いている点である。戸坂によれば「知識階級」というのは「社会科学的に云えば非科学的な俗流概念」[24]で、そうした議論を試みるのは「サラリーマン主義的インテリ論、社会学的現象主義的インテリ論[25]」である。しかし自らをそのような集団に属すると考える人々が「無産者階級でもなければブルジョア階級でもない。なぜなら自分達は教育があってそして政治家や実業家よりもズット文化的だ。だからこの二つの階級に対立する何物かで自分達はあるのだ、とそう考えるのは一応彼等として無理ではない[26]」。つまり「小市民的中間層」と「知識階級」を重ねて捉える視点からは、彼らの不安定性と教育水準の高さは決して矛盾しないのである。戸坂の議論はカール・マンハイムの「自由に浮動するインテリゲンチャ」のいわば消極面を見ていることになる。

これまでの議論では市民の小市民性を少し強調し過ぎたかもしれない。しかし同じ戦間期のワイマール共和国と同様に日本社会においても中間層の増大が見られ、彼らが市民的生活様式の原型を作ったこと、そして主に左翼陣営からではあるが当時はそうした中間層の不安定性、非合理性が着目されていたことを記憶に留めなければならない。

言葉の使用頻度からすれば、一九三七年の日中戦争の勃発と同時に戦時下の人々の集合表象はより多く「国民」の中に吸収されて行く。同年の国民精神総動員運動がそれであり、また一九四一年のそれまでの小学校の国民学校への転換がその例である。もちろん「国民」という言葉自体は以前から存在したけれども、今や総力戦の下で改めて国家構成員の側面が強調されたのであった。

もとよりここに極めて先駆的な例外がある。それは一九一三年に学校教師を辞めて岩波書店を創業した岩波茂雄の「開店案内」の挨拶状にある。そこで岩波はこのように述べている。「独立自営の境涯を一市民たる生活に求めて左記の処に書店開業仕り」、「独立市民として善良なる生活を完ういたしたき[27]」。書店の開業時であるから、まだ後のように多くの著者たちと交流があったとは思えない。とすれば、すでにその時点で岩波の中には西洋の自治都市の親方職人の伝統からマックス・ウェーバーの資本主義の精神に至る「市民」の姿が思い浮かべられていた。こうした「市民」の使い方は決して昭和戦前期の日本において主流になるには至らなかった。しかし刊行すべき作品であれば吉田松陰の全集も『日本資本主義発達史講座』も出すという信念の持ち主が、このような「市民」像を抱いて出版文化に携わったということは決して忘れてはならないことであろう。

三　一九六〇年前後の変化

すでに小津安二郎の映画や野上弥生子の小説『迷路』に触れて述べたように、「市民」の語の発達史にとって一九四五年の日本の敗戦はそれほどの大きな転換はもたらさなかった。敗戦によってひとたびマルクス主義に対する弾圧が解け、焼け跡と窮乏の中で社会主義革命の現実性が高まったときに、一時は「ブルジョワ」と同義語だった「市民」が政治の主役になることはなかった。

例えば芸術至上主義を掲げて敗戦直後にいち早く活動を開始した『近代文学』グループは「戦後思想史の中心的なペース・セッター」(28)と言われ、共産党という党もしくは組織に対して個人としての文学者を対峙させる彼らの主張は「せんじつめれば、自分が主語で、主語は自分を除いてないという角度からの問題設定」(29)だったと言われる。しかしその彼らが一人称を名乗るとき、しばしばそれはもちろん彼らを時代の象徴にさせた「わたくしたち三十代」(30)であったが、社会的な自己規定は荒正人にせよ平野謙にせよ、「小市民インテリゲンチャ」(31)だった。このことは彼らがかつて「政治と文学」の関係が最初に問題になった一〇年前の地点に立ち続けて戦後を迎えたことを意味するが、敗戦直後の知的状況が本章でこれまで見て来た昭和戦前期のそれと基本的に連続していることを示している。つまりたとえ「小市民インテリゲンチャ」の数は増大しつつあったとしても彼らは決して国民のすべてとは言えず、不安定であるとは言えその相対的に恵まれた生活条件のゆえに常に無産者もしくは労働者に対して負い目を感ずる立場だった。

戦後改革を論ずるときの一人称がどのように表されたかという問題は、一九五〇年の丸山眞男の「ある自由主義者への手紙」によっても考察することができる。すなわちそこでは「自由人をもって任ずる無党派的な知識人もその主体性を失わないためには無党派的知識人の立場からの現実政治に対する根本態度の決定」(傍点原文。以下同様)(32)が必要だと言われている。丸山は自分を「無党派的知識人」と称しているのである。これが一九五〇年代の後半だったら「市民」になるところである。この一九五〇年の論文にも「市民」という言葉は登場する。それは「ソ連型民主主義」に「西欧の市民的民主主義」が対比させられる場面である。(33)ここに現れる「市民的」は先に見た彼の学生時代の一九三六年の論文で「市民層」とか「市民社会」と言われていたのと基本的に同類の表現で、「ブルジョワ的」と言うのとほとんど変わらない。つまり「市民」という語の発達史にとっての第二の転換は一九四五年ではなく、それから一〇年余りが経った一九五〇年代後半に訪れるのである。それだけ冷戦の緩和（「雪融け」）という意味でも経済成長の開始という意味でも、一九五〇年代の前半と後半には大きな違いが存在した。

さて、一九五〇年代後半の変化はどのような形で訪れるか。途中経過的に言うと、小津の『お茶漬の味』と同じ一九五二年の黒澤明の映画『生きる』の主人公は、ある市役所の市民課の課長である。これは市だから市民課なのか、微妙なところである。町だったら町民課だったかもしれない。市民課は土木課や衛生課や下水課などが多数並ぶ中にあって、いわば苦情処理係である。それまでは事なかれ主義だったその課長が、沼地を公園に変えるために最後の力を傾ける。

論壇における変化あるいは新たな問題提起は何と言っても雑誌『思想』一九五六年一一月号の小特集「大衆社会」と、特にそれに寄せられた政治学者松下圭一の「大衆国家の成立とその問題性」に始まる一連の大衆社会論であるが、そうした思想的背景の検討に先立って政治運動の世界を見ると、一九五八年一〇月の警職法改悪反対国民会議の呼びかけの文章が画期的である。当時の岸内閣が日米安保条約の改定を控えて警察官職務執行法の改正案を国会に上程すると、反対運動は国会の内外で急速に盛り上がった。社会党の中でも安保改定に関しては後に一九六〇年一月の民社党の結成に至るような左右両派の対立が存在したが、治安立法の強化に対しては戦前の国家権力による弾圧の記憶を持つ左右両派がともに強く反対した。それと同時に「デートもできない警職法」というスローガンの普及に見られるように、院外の反対行動もにわかに拡大した。そこで社会党などが組織した警職法改悪反対国民会議は「市民の皆さん、立上って下さい」に始まる呼びかけの文章を作成したのである。もちろん本文の中で再度「市民の皆さん、立ち上《ママ》がって下さい」と書かれた後には「すでに全国の労働組合、学者、文化人はこぞって立ち上りました」という言葉があるし、その後には「市民、農民の皆さん、漁民の皆さん」という呼びかけもある。[34] つまり国民会議を名乗る組織において「市民」はまだ「国民」と等価になってはいない。「国民」の一構成要素たるに止まる。しかしこの後急速にその量が拡大して行くことを思わせる。かつての「小市民」の名残りは秘めているが、今や「市民」である。

それから半年後の一九五九年三月に結成された安保条約改定阻止国民会議の同じく呼びかけの文章には「国民のみなさん」と

「労働者のみなさん」という表現はあるが、「市民」という言葉はない[35]。その背景には警職法の場合は社会党、総評の他に全労が加わっていたのに対して、安保の方にはその全労が抜けて共産党がオブザーバーとして入っているという相違がある。安保反対の方がより左にシフトした結果として「市民」が落ちたということは十分考えられる。しかしこの一九五八年前後になると、もはやあちこちの文献の中に我々は「市民」という言葉を見るようになるのである。

端的な例は『中央公論』の一九五七年三月号に載った社会学者加藤秀俊の「中間文化論」と同九月号の「戦後派の中間的性格」である。前者で日本文化が「ひょうたん型」から「ちょうちん型」になりつつあること、すなわち中間層と彼らに担われた中間文化の拡大を指摘した加藤秀俊は、後者においてそうした人々の群れを「あたらしい市民層」と呼んでよいのではないかと述べている。

さらに講演としては一九五八年一〇月に行われ、翌年一月の『毎日新聞』に掲載された有名な丸山眞男の「『である』ことと『する』こと」では、民主主義は「非政治的な市民の政治的関心」によって支えられるという発言として現れる[36]。すでに一九五六年一二月に刊行された『現代政治の思想と行動』上巻における一九四七年の「日本ファシズムの思想と運動」への補註で、戦前の日本における「本来のインテリ」と「擬似インテリ」の大きな隔絶が戦後著しく流動化したと述べた丸山であった[37]。丸山と言えば昔から「市民」という言葉を多用していたと思われるかもしれないが、前述したように一九五〇年代の前半までは彼もまた政治的主体を一人称で「我々何々」と呼ぶときの言い方に実は苦慮していたのである。

より学問プロパーの著作であるが、内田義彦が自分たちの世代を一世代上の講座派マルクス主義者たちの「社会青年」と対比して「市民社会青年」と名付けたのも、一九五九年のある論文の中でのことだった[38]。すなわち後の一九九〇年代の新しい市民社会論との間に多少の意味の違いは認められるものの、このとき内田によって「市民社会」の概念に普遍的な、内田の言葉で言えば歴史貫通的な価値が付与されたことは明らかである。

次に、以上の諸例を踏まえて、松下圭一の大衆社会論の考察に移ろう。松下の主張は、二〇世紀の欧米諸国における、科学技術の発達と生産力の上昇に伴う、労働者の「大衆化」もしくは「国民化」であった。「独占資本主義段階においては、市民階級に対立していた労働者階級を社会過程の前面に進出せしめ、労働者階級を中核に新中間階級をもふくめた圧倒的人口量は、体制内在的には〈大衆〉として、その存在形態を付与される」。今や一九世紀の「市民社会」は二〇世紀の「大衆社会」に取って代わられた。旧中間層の中心が小地主、自営業者であったのに対して、新中間層の中心がサラリーマン、組織人であることを改めて確認しておこう(39)。

労働者の「国民化」は労働者の「国民」への編入でもある。マルクスとエンゲルスによれば祖国を持たないはずの労働者が、社会政策と普通選挙により祖国へ愛着を持つようになった。第一次世界大戦と第二インターの崩壊がその間の変化を示す。「国民」はその名の通り、「階級」よりも「民族」により多くの忠誠を捧げる。松下によれば、従来の左翼はナショナリズム・シンボルの吸引力に対する関心が乏しかった(40)。

松下は以上のような歴史的展開において日本も基本的に欧米諸国と変わらないと考えていた。だから彼の批判は講座派的なマルクス主義者に対してのみならず、大塚久雄や川島武宜らのような「近代主義者」、「近代一段階論者」にも向けられる。近代もしくは「市民社会」は決して究極のゴールではない。今や「近代・現代二段階論」すなわち「大衆社会」の問題こそが提起されなければならない(41)。

すでに明らかなように松下圭一の大衆社会論は、二〇世紀における「市民」もしくは「市民社会」の終焉を告げるものであった。彼が新中間層の増大をもって成立したと見るのは「大衆」であり「大衆社会」である。ところがその松下が一九六六年になると「『市民』的人間型の現代的可能性」を説き、改めて政治的主体の像として「市民」を掲げるようになる。すなわち「明治百年の歴史のなかで、はじめて『市民』が成立する社会的条件が成熟してきたと診断しうる時点に、日本もたった」。「いわば市民は、かつての歴史的実体性から切断されて、政治理念としての普遍的エートスを意味するようになった」。「今日の問題は大衆民主主義という前提のもとでの市民的人間型の形成である(42)」。この間に何があったのか。言うまでもなく六〇年安保であり、松下に即して見ればさらにその後の一九六〇年代、七〇年代における「地域民主主義」から「シビル・ミニマム」を経て「市民自治」へと至る議論である。六〇年安保から見よう。

日米安保条約の改定問題は一九五七年の岸内閣の成立とともに争点化してその政治過程は三年に及んだから、これまでに見た一九五〇年代後半の日本社会の一大転換という文脈の中にあったわけである。その中で「市民」という言葉の発達史から見た場合の、一九五八年一〇月、一一月の警職法改正反対運動の意義についてはすでに述べた。安保改定は一九六〇年五月の岸内閣による衆議院での強行採決によりまさに六〇年安保と呼ばれる出来事になることで、日本の戦後史に大きな刻印を残した。このときの強行採決がもたらした巨大な混沌の中から、改めて政府や国家権力に抵抗する人間として、「市民」の姿が浮かび上がって来た。

例えば丸山眞男について見ると、一九六〇年の早い段階で「人民の自己武装権」について論じた短い文章には「人民」も「市民」も「国民」も出て来るけれども、「市民」の語に特別の思い入れがあるわけではない(43)。五月三日の憲法記念日に行われた講演では「非職業政治家の政治活動」とか「政治を目的としない人間の政治活動」という表現があり(44)、明らかにすでに触れた前年の「『である』ことと『する』こと」の「非政治的な市民の政治的関心」を思わせるが、そこでもそれを別に「市民」と言い換えているわけではない。丸山の場合はむしろ新安保条約の成立後のいわゆる「総括の季節」の中で、改めて「市民」という言葉への意味付与が行われたと考えるべきである。

岸内閣の強行採決に促されて「市民」の視点をいちはやく掲げたのは『思想の科学』のグループであった。同誌の一九六〇年七月号は「緊急特集・市民としての抵抗」を組んだ。そこに掲げられた強行採決に抗議する声明の署名者（評議員）の中には鶴見俊輔、久野収、日高六郎、竹内好らの名前が見えるから、これらの知識人たちが後に「市民派」と呼ばれたことが示すように、「市民」という言葉の容器に新たな内容を盛り込む担い手になった。なお丸山はこの研究会の評議員でなかったために声明には参加していないが、創刊当時からのこの雑誌との関係や他の機会における発言等から鑑みて、「市民派」に近いと言うか、まさに「市民派」の最大の思想家であったことがわかる。

久野収はこの号に「市民主義の成立」という対話編を寄せているが、「市民主義」という言葉がその後あまり定着しなかったことが示すように、必ずしもわかりやすい文章ではない。しかし久野が「〝市民〟とは、〝職業を通じてのみ生活をたてている人間〟」と言うのは、彼自身も敷衍するように、むしろ逆に職業と生活を切り離すことができる人間という意味であった(45)。だから農業を営む農民も「市民」なのである。そしてもちろん職業を通じた協力も重要だが、職業の違いを超えた連帯も可能かつ必要である。同じ号でこのあたりのことを明快に述べたのは先に見た「中間文化論」の加藤秀俊で、彼は「市民とは、平凡で平和な日常生活を確保するためには政治的行動に出る人間のことである」と言っている。具体的には、早朝に行われたストの応援に出かけた後で家に帰り、昼寝をしてから早慶戦を見に行くような人々である[46]。これはその後の時代を見通した極めて鋭い指摘だったと言える。

加藤秀俊が指摘するような人々はまさに六〇年安保の渦中から出現した。それは従来の組織された労働運動や学生運動の担い手とは異なる人々だった。一九五〇年代後半の一方スターリン批判やハンガリー事件によって、他方経済成長の予兆によって、共産党や社会党などの既成政党に率いられた社会主義運動が行き詰まりを見せたとき、一つの選択は、新しい左翼運動の誕生に期待をつなぐことだった。学生運動で言えば全学連の主流派を形成した新左翼のブントの学生たちであり、知識人で言えば彼らを支持した清水幾太郎や吉本隆明らの人々である。もう一つの選択は、革命運動ではなく戦前の政治体制に引き戻そうとする政府への抵抗運動に、戦後民主主義の担い手を見出すことである。つまり「安保派」もしくは「革命派」も、彼らによって対抗的に「市民派」と呼ばれた人々も、ともにポスト・マルクス主義という意味では共通の特徴を有していた。

「市民派」の人々の当時の状況認識をもう少し見てみよう。丸山は強行採決後の状況の中に「既存の革命的な組織とはなんら関係のない至るところで怒りや行動が爆発しているという現象[47]」を見ていた。丸山はすでに一九五〇年代後半において日本に社会主義革命が起きる展望はないと考えていた。それよりも日本国憲法を真に体現した政治体制を作ることが重要だと考えていたのであり、その担い手となるべき人々を広い範囲に求めていた[48]。六〇年安保から一年後のある対談では「市民とは街頭市民とかなんとかいう実体的なんじゃなくて、日本じゃ組織労働者が他の国民と共有している民主主義の担い手という側面をいうのです。その側面の自覚がなければ、結局大企業労働者のエリット主義になりやすい[49]」と言っている。ここでは当時の総評などの組織労働者にもっと広い政治の舞台に出て来るように呼びかけているのである。丸山の視点は政治過程論的あるいは現代政治学的と言うべきもので、政党や利益集団に率いられた運動以外の、人々の新たな政治参加の形態に着目していることがわかる。それが「市民」的行動様式なのである。

一方強行採決後の状況を「民主か独裁か、これが唯一最大の争点である。……そこに安保問題をからませてはならない」と規定して、安保問題より民主主義の建て直しを優先させた竹内は、結果として「人民の抵抗の精神が植えつけられたこと」を何よりも高く評価した。彼における「抵抗の精神」は直接には魯迅の「掙扎」の概念に由来し、アメリカにおける市民的不服従の伝統や、福沢諭吉が西郷隆盛を評価した「日本国民抵抗の精神」とも共鳴するものだった[50]。それは民主主義の制度的保障を求めると言うよりも、その精神的基盤を一人ひとりの人間の中に構築しようとする試みである。「市民」もしくは「市民運動」の概念の中核が竹内において参加よりも抵抗に置かれていたことは、この概念の歴史を考える上で忘れてはならないことである。

ところで六〇年安保の最中に鶴見俊輔は興味深いエピソードを記している。それは五月一九日の強行採決の後の二六日の時点では道行く人がデモに入って来るようでなければ駄目だと久野収を嘆かせたのに、六月四日になると画家の小林トミが「誰デモ入れる声なき声の会」というプラカードを掲げて歩き出したら、二人が三〇〇人になったという話である[51]。こうして生まれた「声なき声の会」はその後の市民運動の原点になった。

この運動がそれから五年の歳月を経てアメリカの北ベトナム爆撃をきっかけにして、鶴見や久野や高畠通敏らによってベ平連（「ベトナムに平和を！」市民文化団体連合」。後に「文化団体」が取れて「市民連合」となる）の運動に発展する。その際にリーダーにはむしろ六〇年安保の経験がない者の方がよいという鶴見の発案で推薦された作家の小田実は、一九六五年四月のデモの最初の呼びかけにおいて「私たちは、ふつうの市民です」と名乗り、「ふつうの市民ということは、会社員がいて、小学校の先生がいて、大工さんがいて、おかみさんがいて、新聞記者がいて、花屋さんがいて、小説を書く男がいて、英語を勉強している少年がいて、／つまり、このパンフレットを読むあなた自身がいて」と書いた[52]。あらゆる職業（もちろん退職した人や主婦や学生も含む）や年齢の人々を含む「ふつうの市民」（！）。ここにようやく「市民」の概念はその外延を潜在的にはすべての人々に広げ、党派を超えたもしくは無党派の人々の共通の政治参加のあり方を示す一般的な用語となったのである。

もちろんそこには「プロ市民」という皮肉な言葉遣いが教えるようにそうした市民運動を積極的にオーガナイズする人々がいた。彼らの多くは旧左翼運動の経験者でもあった[53]。しかしこれも小田の言葉であるが、「ひとりでもやる」、「ひとりでもやめる」の精神が、そこに存在していたことも確かである。[54] このようなべ平連を一つの原型とする「市民運動」がいかなる歴史的性格を有するものであったかの検討は、本章の最後に行うことにしたい。

すでに述べたように「市民」という言葉の発達史にとって一九六〇年代のもう一つの蓄積は、松下圭一の「市民自治」及びその文脈における「市民参加」の理論である。松下の六〇年安保そのものに関する発言は少ないが、反対運動が退潮する局面でいち早く「地域民主主義」の発展に焦点を設定した眼識には鋭いものがあった。「地域民主主義」はその後自治体改革、そして多くの「革新自治体」の実現につながり、それを下から支える人間像としての「市民」の役割が強調された。「官治・集権体制から自治・分権体制への転換」である。「市民」はただひたすら保育園の増設を求めるのではなく、自ら必要な保育園の数を策定して首長・議会と討論しなければならない。[55] 松下も当時は「市民運動」の言葉を用いていたが、やがて彼自身がかつての「大衆社会」を「都市型社会」に改めるのに伴って、次第に「市民活動」の言葉に取って代わられるようになる。[56]「市民活動」においては行政・自治体職員と「市民」との有機的な連携も求められる。「市民運動」と「市民活動」の歴史的関連についても、次節において一九九〇年前後の変化を見る中で考察を試みたい。

四　一九九〇年前後の変化

「市民」概念に関する二〇世紀の日本で三度目の大きな変化は、一九八九年の東欧諸国の自由化と民主化を契機に訪れた。これまでの二度の、すなわち一九三〇年前後、及び一九六〇年前後の転換についても、実はその都度のマルクス主義もしくは社会主義の退潮が原因であった。一度目は国家権力の弾圧に由来し、二度目は一方スターリン批判やハンガリー事件、他方高度成長の始まりによるものであった。しかし三度目は一九八五年のゴルバチョフのペレストロイカから始まって、ついにソ連型社会主義の崩壊にまで至った。

一九八九年には日本国内でもさまざまな出来事が生じたが、世界的に重要なのはまず六月の中国北京の天安門事件であった。当初日本の論壇では、そこにかつての六〇年安保と同様の「市民社会的成熟」を見出す議論があった。[57] しかし中国では学生たちの民主化要求運動は戦車によって制圧された。続いて起きた一一月のベルリンの壁の崩壊に至る一連の出来事は、東欧の国々においてフランス革命からちょうど二〇〇年目の年に、かつてと同様の市民革命、すなわち自由化と民主化を求める市民の運動が生じたことを全世界に告げる事件となった。それはやがてソ連自体の解体・消滅に至る。あるソ連研究者は一九九一年のいわゆる八月革命を目撃して、「ソ連ではじめて『市民社会』と『国家』の争いが行われ、市民が国家に勝利した」[58] と述べた。

本来なら資本主義より進んだ社会主義を標榜する政治体制で、改めて自由と民主主義を求める運動が起きた。その担い手は国境を越えて広く「市民」と表象された。それは全体主義的な支配に抗議する人々の声であった。しかしその後にそうした「市民」は、それまで長く自由と民主主義を掲げて来た国々においても、より一層の自由と民主主義を求める運動の担い手として注目されるようになった。しかもこれらの諸国で従来オルタナティブな政治経済システムの地位を占めて来た社会主義は、その権威を失墜させざるをえなかった。ここに「新しい市民社会論」と総称される理論が、改めて既存の政治体制の変革の理論としても、さまざまな地域においてさまざまな人々により構想されるようになった。

ここで「新しい市民社会論」の詳細を語る余裕はない。しかしその中でおそらく最も有名なユルゲン・ハーバーマスの『公共性の構造転換』の「一九九〇年新版への序言」については言及しておく必要があるだろう。ハーバーマスはそこで西洋のそれまでの概念である古代的な政治的市民社会 societas civilis でも、近代的な脱政治的・経済的市民社会 bürgerliche Gesellschaft でもなく、Zivilgesellschaft という言葉を用いて、この意味での「《市民社会》の制度的な核心をなすのは、自由な意思にもとづく非国家的・非経済的な結合関係である」と述べている。具体的には教会、文化的なサークル、学術団体、独立したメディア、スポーツ団体、レクリエーション団体、弁論クラブ、市民フォーラム、市民運動、同業組合、政党、労働組合、オルタナティブな施設などであり、それらの組織に共通する形態を一言にして言えば、結社すなわちアソシエーションである。[59]

ここにハーバーマスによって提起された市民社会は、非国家的のみならず非経済的であると宣言された。つまり近代の市民社会は絶対主義国家に対立する市民（ブルジョワ）により形成され、そうした市民たちの自由な経済活動によって支えられていたのであるが、今や国家のみならず経済、市場、資本もまた市民に対立するファクターとして位置付けられた。この点は一九五〇年代末に内田義彦が唱えた「市民社会」が、「一物一価の法則」や経済的合理主義をその推進力としていたのと大きく異なるところである。

これまでに述べた世界の動きは、同時代の日本ではどちらかと言えば「対岸の火事」のように受け止められた。しかし戦後五〇年の年である一九九五年を境として、事態は日本でも急展開を遂げた。この年に日本で起きたのは一月の阪神大震災と三月のオウム真理教による地下鉄サリン事件であった。そこで改めて問われたのは市民社会の安全であった。それは狭義の安全保障、すなわち対外的な安全のみならず、それに加えて国内の自然災害、テロ、感染症、環境破壊などからの安全を含む広い概念であった。もちろん二〇一一年の東日本大震災を経験した今となっては、原発からの安全もそれに含まれる。そしてこれらの危機に対処する消防や警察や自衛隊の充実のみならず、そもそも市民社会が市民社会として、ハードとソフトの両面でいかなる備えを構築するべきかが問題となった。しかしこの問題については、遺憾ながらまだ十分な議論が行われているとは言えない。

阪神大震災を契機に注目されたのはボランティア活動であった。後に長野県知事になる作家の田中康夫は、大阪からバイクで物資を神戸に送り届ける活動を通じて、「出来ることを出来る範囲で行なうのがボランティアなのだと思う。そして、阪神大震災とは、イデオロギーに関係なく人々がボランティアし得た、初めての契機となるのではないか」と述べた。(60) つまり市民社会はボランティア社会なのである。

こうした経験に基づいて一九九八年には議員立法によって特定非営利活動促進法が制定された。それまで任意の市民団体はその名義で銀行に口座を作ることもできず、さればと言って明治時代に公布された民法第三四条の公益法人は、社団法人も財団法人も設立の要件が厳しく、かつ監督官庁の厳格な指導下に置かれて、その活動は必ずしも自由ではなかった。超党派で作られたこの法律の名称は当初「市民活動促進法」だったのであるが、自民党議員の反対によって改められた。(61) しかしそこで規定された特定非営利活動法人がＮＰＯ法人と略称され、ひいてはこの法律もＮＰＯ法と言われるようになって、実質的に市民活動が広く公認されるようになった。それまで目に見える日本の市民団体は専門職化した大規模団体か、自治会・町内会のようなものかであり、一九六〇年代以降の市民運動の蓄積を顧みない研究者からは、「日本における市民社会の二重構造」が指摘されていた。(62) ともかくＮＰＯ

法の成立は、この両者の中間領域を埋める重要な契機となった。

さらに東日本大震災と福島の原発事故を契機に、原子力発電に反対する運動が広がった。国会周辺でのデモも継続的に行われ、加えて再登場した安倍内閣がいわゆる安保法制の制定を推進すると、それに対する抗議のデモも連日のように起きた。この経験が改めて我々に教えたことは、原発や憲法改正や解釈改憲に反対する運動は、やはり市民運動ではあっても、市民活動とはなかなか呼べないことである。市民運動には国家権力に抵抗する市民のイメージがある。反対運動という意味では市民運動は基地や原発や廃棄物処理施設などのいわゆる迷惑施設の建設に反対する住民運動と根を同じくする。しかし住民運動が自覚的に地域のエゴイズムに立脚しようとするのに対して、市民運動はむしろ直接的な生活利益を離れた平和の理念や共生感情に基づくという傾向が見られる。(63)

ただし安保法制に反対する二〇一五年の運動においては、学者として、学生として、子どもを持つ母親として抗議する行動はしばしば見られたが、これらの人々をすべて包含する運動の担い手のイメージは当初形成されにくかった。運動の中ではかつての六〇年安保に言及する人も多かったけれども、さまざまな団体が「市民連合」を形成したのは安保法制が成立して三か月後のことであった。(64)

また一九九〇年代以後、特に二一世紀に入り、日本社会に次第に格差が広がりつつあるという認識が形成されるようになった。所得や資産の格差のみならず、それまでの社会的地位の非一貫的な社会に代わって、さまざまな資源が比較的少数の人々に集中し、それらが世代を超えて相続されるという傾向も指摘されている。もしそれらの指摘が事実であれば、「市民」という象徴が社会のすべての人々を包含する契機はそれだけ損なわれることになる。中間層だと自他ともに認める人々が減少し、社会の構造がかつて加藤秀俊の言った「ちょうちん型」から再び「ひょうたん型」へと逆転すれば、「市民」の連帯感が失われる恐れがある。「国民」シンボルには、ナショナリズムに訴えることによってそうした格差から人々の目を逸らさせ、とりあえずは一体化させる働きが認められるけれども。

逆にそうした格差社会の認識と同時代的に、「市民」的連帯が実は社会資本と言われるような人間的絆の蓄積であるという指摘も行われるようになった。そうした議論においては、「市民」的共同体は何よりも「市民」の徳性の発揮によって担保される。[65] ボランティア社会としての市民社会が「市民」的行動の動機付けをなおそれぞれの人々の自発性に求めていたのに対して、そこでは何らかの共同体への所属が前提になっている。

もちろん「地球市民」という言葉が示すように、「市民」という象徴は、人々を国内におけるさまざまな社会集団の束縛から解き放つ力を持つだけでなく、ときに彼らに国境を超えた同じ一つの共同体の構成員であるという自覚を抱かせる力をも有する。それもまた確かに想像力や共感や連帯感に由来するという意味では、「市民」が成り立つ一つの拠り所は、人々の心の中にあるであろう。

おわりに

以上において、主として二〇世紀の一〇〇年間の変化に注目し、その前後の若干の時代を含めて、「市民」という日本語の言葉の使われ方を考察して来た。この言葉にとっても、それが表す指示対象の方においても、現在の状況は必ずしも順風満帆ではない。それはあるいはこの言葉がどうしても翻訳語のバタ臭さを拭い切れない事情にもよるかもしれない。しかしこれまでに述べたように、この言葉への注目が日本の近現代史の幾度かの重要な転換期を切り開いて来たことも事実である。その意味で我々はこの言葉を手放す必要はないであろう。

注

（1）陸羯南『近時政論考』（岩波書店〔岩波文庫〕、一九七二年）五〇―五一頁。

（2）中江兆民『三酔人経綸問答』（岩波書店〔岩波文庫〕、一九六五年）一二七頁。

（3）「其の律例を議するよりして称して士と曰い、其の法令に循うよりして称して臣という」（「民約訳解巻之一」第六章民約、一八八二年（『中江兆民全集』一、岩波書店、一九八三年）九二頁、よみくだし文、一六〇頁。
（4）福沢諭吉『文明論之概略』（岩波書店〔岩波文庫〕、一九六二年）一九頁。
（5）徳富蘇峰『新日本之青年』（近代日本思想大系八「徳富蘇峰集」筑摩書房、一九七八年）九頁。
（6）徳富蘇峰『将来の日本』（日本の名著四〇、中央公論社、一九七一年）六七頁。
（7）吉野作造「憲政の本義を説いてその有終の美を済すの途を論ず」（『吉野作造評論集』岩波書店〔岩波文庫〕、一九七五年）三八頁。
（8）同書、三七頁。
（9）福沢、前掲書、一七四頁。
（10）羽仁五郎『ミケルアンヂェロ』（岩波書店〔岩波新書〕、一九三九年）八一頁。
（11）一つだけ例を示せば、吉野作造の「民衆的示威運動を論ず」（一九一四年）（日本の名著四八、中央公論社、一九七二年）。
（12）高等教育を受けながら資産に恵まれて働かない者の原型は鴎外の『かのように』（一九一二年）の主人公五条秀麿やその友人の綾小路のような「高等遊民」である（『森鴎外全集』三、筑摩書房〔ちくま文庫〕、一九九五年、二八七頁）。そのような人物は『それから』（一九〇九年）の代助や『こころ』（一九一四年）の先生や『明暗』（一九一六年）の津田のように漱石の小説にも繰り返し登場する（この二人の文豪は勤勉であったが）。昭和の初めになると一方高等教育機関の普及と他方金融恐慌、世界恐慌等の影響により高学歴で働かない者だけでなく、働けない者が増大する。
（13）田中眞澄『小津安二郎周游』（上）（岩波書店〔岩波現代文庫〕、二〇一三年）一一七頁。
（14）蓮見重彦『監督小津安二郎』（筑摩書房〔ちくま学芸文庫〕、一九九二年）巻末の「監督作品目録」を参照。
（15）野呂栄太郎『日本資本主義発達史』（岩波書店〔岩波文庫〕、一九五四年）四頁。
（16）羽仁五郎「幕末に於ける政治闘争」（『日本資本主義発達史講座』第七巻、岩波書店、復刻版、一九八二年）三頁。
（17）平野義太郎「ブルジョア民主主義運動史」同書、第三巻、七頁。
（18）蔵原惟人「プロレタリヤ・レアリズムへの道」（『日本近代文学評論選〔昭和篇〕』（岩波書店〔岩波文庫〕、二〇〇四年）四五頁。
（19）宮本顕治「「敗北」の文学」同書、八九頁。
（20）蔵原、前掲論文、同書、四五―四六頁。

(21) 戸坂潤「日本主義の帰趨」(『日本イデオロギー論』岩波書店〔岩波文庫〕、一九七七年) 一九七頁。
(22) 同書、二〇五頁。
(23) 丸山眞男「政治学に於ける国家の概念」(『丸山眞男集』第一巻、岩波書店、一九九六年) 三一頁。
(24) 戸坂潤「インテリ意識とインテリ階級説」前掲書、二九二頁。
(25) 戸坂潤「インテリゲンチャ論に対する疑問」同書、三〇八頁。
(26) 戸坂「インテリ意識とインテリ階級説」同書、二九四頁。
(27) 岩波茂雄「開店案内」(十重田裕一『岩波茂雄』ミネルヴァ書房、二〇一三年) 三三頁掲載。
(28) 久野収、鶴見俊輔、藤田省三『戦後日本の思想』(講談社〔講談社文庫〕、一九七六年) 一四頁、鶴見報告。
(29) 同書、二八頁、久野発言。
(30) 荒正人「第二の青春」(『第二の青春・負け犬』冨山房〔冨山房百科文庫〕、一九七八年) 二六頁。
(31) 荒正人「民衆とはたれか」同書、五三―五四頁、並びに『近代文学』第三号の『近代文学』同人と中野重治との討論「民主主義文学の問題」における平野発言を参照。
(32) 丸山眞男「ある自由主義者への手紙」(『丸山眞男集』第四巻、岩波書店、一九九五年) 三一八頁。
(33) 同書、三三〇頁。
(34) 『資料戦後二十年史』一 (日本評論社、一九六六年) 一三三―一三四頁。
(35) 同書、一四四―一四五頁。
(36) 丸山眞男「『である』ことと『する』こと」(『丸山眞男集』第八巻、岩波書店、一九九六年) 三八頁。
(37) 丸山眞男「現代政治の思想と行動第一部追記および補註」(『丸山眞男集』第六巻、岩波書店、一九九五年) 二五六―二五七頁。
(38) 内田義彦「知識青年の諸類型」(『内田義彦著作集』第五巻、岩波書店、一九八八年) 八七頁。
(39) 松下圭一「大衆国家の成立とその問題性」(『増補版現代政治の条件』中央公論社、一九六九年) 一一、一九頁。引用箇所は『戦後政治の歴史と思想』(筑摩書店〔ちくま学芸文庫〕、一九九四年) 収録のもの (一七頁) では字句に若干の変更が見られるが、ここでは前者に依拠した。
(40) 同書、二四頁、及び、松下圭一「マルクス主義理論の二〇世紀的転換」同書、九〇頁。

(41) 松下圭一「日本における大衆社会論の意義」同書、二四三頁。
(42) 松下圭一「『市民』的人間型の現代的可能性」同書、二一二、二一三頁。
(43) 丸山眞男「拳銃を……」(『丸山眞男集』第八巻) 二七九—二八一頁。
(44) 丸山眞男「現代における態度決定」同書、三一四—三一五頁。
(45) 久野収「市民主義の成立」(『思想の科学』一九六〇年七月号)。
(46) 加藤秀俊「日常生活と国民運動」同書。
(47) 開高健、竹内好、丸山眞男「擬似プログラムからの脱却」(『丸山眞男座談』四、岩波書店、一九九八年) 一一三頁。
(48) 丸山眞男「政治的判断」(『丸山眞男集』第七巻、岩波書店、一九九六年) 三三三、三三五頁。
(49) 佐藤昇、丸山眞男「現代における革命の論理」(『丸山眞男座談』四) 一四六頁。
(50) 竹内好「民主か独裁か」(『竹内好全集』第九巻、筑摩書房、一九八一年) 一一〇頁、「なぜ勝利というか」同書、一六三頁。
(51) 鶴見俊輔「いくつもの太鼓のあいだにもっと見事な調和を」(『鶴見俊輔集』九、筑摩書房、一九九一年) 一九〇—一九一頁、「先祖さがし」(『鶴見俊輔集』八、筑摩書房、一九九一年) 一二七—一二九頁。
(52) 『資料・「ベ平連」運動』上巻 (河出書房新社、一九七四年) 六頁。
(53) 一九六六年から一九七四年の解散時までベ平連の事務局長を務めた吉川勇一は、そのようなオーガナイザー役の代表的存在であった。絓秀美は日本共産党から「ソ連派」として分かれベ平連に参加した人々として、吉川の他に、いいだもも、武藤一羊らの名前を挙げている (『革命的なあまりに革命的な』作品社、二〇〇三年、一七一—一八頁、『一九六八年』筑摩書房 [ちくま新書]、二〇〇六年、一〇〇頁参照)。
(54) 久野収、小田実「ベ平連とは、脱走兵援助活動とは何だったのか」(関谷滋、坂元良江編『となりに脱走兵がいた時代』思想の科学社、一九九八年) 四九〇頁。
(55) 松下圭一「シビル・ミニマムの提起」(前掲『戦後政治の歴史と思想』) 二〇二、二〇五頁。
(56) 松下圭一『現代政治*発想と回想』(法政大学出版局、二〇〇六年) 一六四—一六五頁、及び、大塚信一『松下圭一　日本を変える』(トランスビュー、二〇一四年) の巻末に寄せられた松下の「私の仕事」三四四—三四五頁を参照。
(57) 中嶋嶺雄「鄧小平は勝ったのか」(『中央公論』一九八九年七月号)。

(58) 下斗米伸夫「新ロシア革命はどう展開するか」(『世界』一九九一年一〇月号)。

(59) ユルゲン・ハーバーマス『[第2版] 公共性の構造転換』(細谷貞雄、山田正行訳、未来社、一九九四年) xxxviii頁。

(60) 田中康夫『神戸震災日記』(新潮社 [新潮文庫]、一九九七年) 一六頁。

(61) 辻本清美『へこたれへん』(角川書店、二〇〇五年) 一四四―一五四頁。

(62) ロバート・ペッカネン『日本における市民社会の二重構造』(佐々田博教訳、木鐸社、二〇〇八年) 参照。

(63) 住民運動の意義については、栗原彬、高畠通敏「住民運動の思想」(高畠通敏『討論・戦後日本の政治思想』三一書房、一九七七年)を参照。

(64) 『朝日新聞』(二〇一五年一二月二一日)。

(65) 社会資本の有無に注目し、日本でも翻訳が広く読まれている文献として、ロバート・D・パットナム『哲学する民主主義』(河田潤一訳、NTT出版、二〇〇一年)を挙げておく。二〇〇〇年に長野県知事に就任した田中康夫は、『社会的共通資本』(岩波書店 [岩波新書]、二〇〇〇年)の著書がある宇沢弘文を中心にまとめられた提言 (二〇〇四年) をもとに、コモンズという概念を自らの施策の土台に据えようとした (議会等の合意が得られず、目立った成果は上げられなかったが)。そこではパットナムらの著作からヒントを得つつ、しかしパットナムのイタリア研究が南部の農村より北部の都市に社会資本の蓄積を見出すのに対して、教育や福祉の実践をむしろ小さな村から始めて水平的に国へと及ぼそうとする発想が見られる。社会資本に注目するときの出発点の違いが窺えて興味深い (田中康夫『日本を』講談社、二〇〇六年、参照)。

参考文献

『思想の科学』一九六〇年七月号「緊急特集・市民としての抵抗」。

六〇年安保に際して「市民派」知識人の拠点になった思想の科学研究会の声明と討論、久野収「市民主義の成立」、鶴見俊輔「根もとからの民主主義」などを収める。

高畠通敏『政治の論理と市民』(筑摩書房、一九七一年)。

高畠の著作は栗原彬、五十嵐暁郎編『高畠通敏集』(全五巻、岩波書店、二〇〇九年) で読めるが、ここにはそこから「市民の政治学」が生まれた彼の最初の論文集を挙げる。

松下圭一『市民自治の憲法理論』（岩波書店［岩波新書］、一九七五年）。

松下の著作も多数あり、主要なものは松下圭一『戦後政治の歴史と思想』（筑摩書房［ちくま学芸文庫］、一九九四年）で読めるが、ここには市民の立場から鋭い憲法・行政法解釈を試みたこの本を挙げる。

高木仁三郎『市民科学者として生きる』（岩波書店［岩波新書］、一九九九年）。

「市民」は普遍をめざす表象だが、その内実は一人ひとりの個性的な生き方によって充たされることを教えてくれる本である。

丸谷才一『たった一人の反乱』（講談社［講談社文芸文庫］、一九九七年）。

本文では昭和戦前期の階級社会としての日本の市民社会のあり方を背景に持つ野上弥生子の小説『迷路』を参照したが、もう一つ戦後日本の市民社会のあり方を市民運動とはやや異なる観点から描いた丸谷の作品を挙げておく。

人名索引

〈ア　行〉

〈カ　行〉

〈サ　行〉

〈タ　行〉

〈ナ　行〉

〈ハ　行〉

〈マ　行〉

〈ヤ　行〉

〈ラ　行〉

〈ワ　行〉

田《た》崎《さき》嗣《ひで》人《と》　1970年生まれ
関西大学政策創造学部ほか非常勤講師
「南原繁における『戦後』」(『政治思想研究』第6号，2006年)「日中戦争期における長谷川如是閑の日本文化論」(『国際公共政策研究』第18巻第1号，2013年)

萩《はぎ》原《はら》　稔《みのる》　1974年生まれ
大東文化大学法学部准教授
『北一輝の「革命」と「アジア」』(ミネルヴァ書房，2011年)，『大正・昭和期の日本政治と国際秩序』(共編著，思文閣出版，2014年)，『近代日本の対外認識Ⅰ』(共編著，彩流社，2015年)

浅《あさ》野《の》豊《とよ》美《み》　1964年生まれ
早稲田大学政治経済学術院教授
『南洋群島と帝国・国際秩序』(編著，慈学社，2007年)，『帝国日本の植民地法制——法域統合と帝国秩序——』(名古屋大学出版会，2008年)，『戦後日本の賠償問題と東アジア地域再編——請求権と歴史認識問題の起源——』(編著，慈学社，2013年)．

大《おお》田《た》英《ひで》昭《あき》　1974年生まれ
東北師範大学（中国）歴史文化学院教授
『日本社会民主主義の形成——片山潜とその時代——』(日本評論社，2013年)，「堺利彦の思想形成と非戦論——その平和的秩序観を中心に——」(小正路淑泰編『堺利彦——初期社会主義の思想圏——』論創社，2016年)

都《つ》築《づき》　勉《つとむ》　1952年生まれ
信州大学経法学部教授
『戦後日本の知識人——丸山眞男とその時代——』(世織書房，1995年)，『政治家の日本語——ずらす・ぼかす・かわす——』(平凡社新書，2004年)，『丸山眞男への道案内』(吉田書店，2013年)

執筆者紹介（執筆順，＊は編者）

＊米原《よねはら》　謙《けん》　1948年生まれ
中国人民大学講座教授
『徳富蘇峰』（中央公論新社，2003年），『日本政治思想』（ミネルヴァ書房，2007年），『国体論はなぜ生まれたか』（ミネルヴァ書房，2015年）

相原《あいはら》耕作《こうさく》　1970年生まれ
明治大学政治経済学部専任講師
「国学・言語・秩序」（『日本思想史講座３　近世』ぺりかん社，2012年），「文字・文法・文明――江戸時代の言語をめぐる構想と闘争――」（『政治思想研究』13号，2013年），「言語　真淵と宣長」（河野有理編『近代日本政治思想史――荻生徂徠から網野善彦まで――』ナカニシヤ出版，2014年）

片山《かたやま》慶隆《よしたか》　1975年生まれ
関西外国語大学英語国際学部准教授
『日露戦争と新聞――「世界の中の日本」をどう論じたか――』（講談社，2009年），『小村寿太郎――近代日本外交の体現者――』（中央公論新社，2011年），「一九世紀末における『時事新報』のアメリカ観」（『メディア史研究』第36号，2014年）

出原《いずはら》政雄《まさお》　1948年生まれ
同志社大学法学部教授
『自由民権期の政治思想』（法律文化社，1995年），「近代日本における西洋平和思想の受容――カントとトルストイを中心に――」（千葉眞編『平和の政治思想史』おうふう，2009年）

武藤秀太郎《むとうしゅうたろう》　1974年生まれ
新潟大学経済学部准教授
『近代日本の社会科学と東アジア』（藤原書店，2009年），「今井嘉幸と李大釗」（『孫文研究』第55号，2014年），「吉野作造と中国知識人――キリスト教青年会（YMCA）との関連を中心に――」（『吉野作造研究』第12号，2016年）

菅原《すがわら》　光《ひかる》　1975年生まれ
専修大学法学部教授
『西周の政治思想――規律・功利・信――』（ぺりかん社，2009年），「「文明開化」と「進化論」」（苅部直ほか編『岩波講座　日本の思想』第４巻，岩波書店，2013年），「マジックワードとしての「立憲主義」――脱魔術化と再生の試み――」（松田宏一郎ほか編『自由主義の政治家と政治思想』中央公論新社，2014年）

宮村《みやむら》治雄《はるお》　1947年生まれ
成蹊大学アジア太平洋研究センター客員研究員
『丸山真男「日本の思想」精読』（岩波書店，2001年），『新訂日本政治思想史』（放送大学教育振興会，2005年），『戦後精神の政治学』（岩波書店，2009年）

政治概念の歴史的展開 第10巻
「まつりごと」から「市民」まで

2017年1月20日　初版第1刷発行

＊定価はカバーに
表示してあります

編者の了
解により
検印省略

編　者　米　原　　謙©
発行者　川　東　義　武
印刷者　田　中　雅　博

発行所　株式会社　晃　洋　書　房
〒615-0026 京都市右京区西院北矢掛町7番地
電　話　075(312)0788番(代)
振替口座　01040-6-32280

ISBN978-4-7710-2789-3

印刷　創栄図書印刷(株)
製本　(株)藤 沢 製 本